京都で育まれてきた日本の伝統と文化の真髄

〜京都造形芸術大学「京都学」〜

監修　大野木啓人

京都新聞出版センター

目次

まえがき

芸術とは何か。人間とは何か。

本学は藝術の力による「藝術立国」の理念のもと、東洋の思想を基盤にした藝術教育を行っています。学問と宗教、芸術と文化の都である京都、その京都を題材にしたこの「京都学」というのも本学らしい取り組みと言えるでしょう。

藝術は唯一のものを作ろうとする試みです。自然科学はひたすら対象を観察します。社会科学はひたすら対象を考察します。技術はひたすら同じものを作ろうとするのです。これらの融合は困難ではありますが、理解と連携を深めていくことは可能です。

活断層が6本もある京都盆地には、分厚い堆積層が発達しています。伏見では500メートルを超える堆積層の厚みを誇っています。そのような堆積層から汲み出される水は、茶の湯、和菓子、京料理、ゆば、日本酒から、最近の半導体に到るまで、時代ごとの文化や産物を生み出してきました。そういう地震科学の見地からも京都の文化を捉えることはできるのです。

本学らしいこのような講義をご支援いただきました京都市、文化庁地域文化創生本部を始め関係の皆様、特に学生たちに素晴らしい講義を繰り広げていただいた講師の皆様に心より御礼を申し上げます。京都学の講義の臨場感の一端を紙面にて感じていただければ幸いです。できれば、本書に出会って頂いた皆様が、京都に、そして本学にお越し頂き、生に「京都学」を受講しその臨場感を味わっていただければと思います。

京都造形芸術大学学長
尾池　和夫

なぜ「よい使い手」、「よい作り手」なのか

かなり前の話になりますが、京都の伝統文化や工芸などについて話し合う会がありました。その席上で有名な塗師（漆工芸）の方が、家元などの「使い手」の横に座られて、「よい使い手がいたから、よい作り手が出来るのです」、また「使い手のみなさんは時には無理難題に思える注文や、厳しい注文を出されます。」と話されました。そして京都の伝統工芸について「京都にはこうした、時には厳しい、そして素晴らしい使い手がおられたからこそよい作り手が育ち、素晴らしい伝統工芸品が造られ、守られてきたのです。」ともおっしゃられたのです。その席には舞の家元や華道の次期家元など京都の伝統文化や工芸のリーダーの皆さんが多く参加されていました。

このようなメンバーが一同に会するというのは京都ならではの光景なのかもしれません。その時以来、「よい使い手」、「よい作り手」というフレーズは私にとっての「宝物」のような存在になりました。

科学と技術の進歩により、私たちの生活は大きく変容しました。確かに、GAFAをはじめとするIT企業が提案する生活は非常に未来的・先進的で便利なものであり、なくてはならないものとして私たちの生活の中に浸透してきています。他方で、伝統工芸という言葉の響きはどこか古臭く今のライフスタイルとマッチしていないかのように感じることも少なくありません。しかしながら、本当にそうなのでしょうか。社会が必要としていないものであれば、当然に淘汰されてきてい

るはずなのです。

「伝統工芸」や「伝統文化」。これらは決して過去の名声や技術にしがみついているものではありません。むしろ、「作り手」、「使い手」の皆さまは、その時代にあわせて絶えずイノベーションを続けている、その意味において優れた文化の担い手なのです。新しい時代の価値に向き合い、生活や社会を便利に豊かにするためにたくさんのアイデアが生まれる、文化と工芸というのは両輪のように機能してきました。京都には平安京が建都されて以来、悠久の歴史の中で多くの伝統や伝統文化が育まれ、その結果、優れた工芸品を輩出してきました。茶道や華道、舞、能、狂言といった伝統文化や、御所や寺院に携わる人々の生活文化は、茶道具や清水焼、漆器、友禅、西陣織、扇子、金属工芸、京菓子等々の工芸品を育んできました。門川京都市長の講義（2018年5月1日）の中でも述べられていたように、京都市指定の伝統工芸は今日74品目にもおよび、そのひとつひとつは京都の伝統や文化、行事、生活などと密接に結びつき、その文化を支えています。

「京都学」は文字通り「京都で育まれてきた日本の伝統と文化の真髄」に触れるための講義であり、私たちの足元にある日本の文化を学び直すための講義でもあります。平成30年度のテーマは「よい使い手、よい作り手」でした。冒頭のエピソードにもありましたが、京都の地でしか感じることができない「使い手」と「作り手」の切磋琢磨により育まれてきた伝統工芸を通じての京都の文化を学んで欲しいと考えたからです。この京都には歴史に支えられた文化が脈々と息づいています。本学の「京都学」は、まさにそれらを学ぶきっかけになると思います。

京都造形芸術大学顧問　宇野佳男
京都造形芸術大学准教授　岡村暢一郎

門川 大作 氏

京都市長

京都市教育長を経て、平成20年より第26代京都市長。現在3期目。市民と共に汗する「共汗」と創造的な政策の「融合」をキーワードに、徹底した「現地現場主義」で全国のモデルとなる市政改革を進めている。

「京都学」素晴らしいです。

私が市長に就任した10年前、「京都力で京都から日本を元気にしていこう！」、「オール京都で取り組もう！」、こういったことを真正面に掲げました。正直、マスコミ等からは「京都力って分からへん」、「オール京都って説明不足や」という声が多かったです。しかし私はそれを言い続けました。そして先だって西脇知事が就任されるときの挨拶の場で「安心、いきいき、京都力」と、「京都力」を説明なしで使われましたが、これに対して「分からへん」という声は挙がりませんでした。また、「オール京都」という言葉も使われていました。10年の変化が感慨深いです。「オール京都」という言葉の意味は、京都に伝わる歴史力、文化力、地域力、ものづくり力、そして人間力を、しっかりと京都のすべてのみなさんと一緒に活かしていこうというものと、私は理解していますが、この「オール京都」の言葉の意味こそ、この間オール京都で理解が深められてきた、このように感じます。

そして私の二期目のときに、公約で「京都を世界の文化首都に！」ということを掲げました。ほとんど反響もなく共感を得られませんでした。しかし、訴え続けました。そしてオール京都で取り組み、文化庁が機能を強化して、京都に全面的に移転することが決まりました。

京都造形芸術大学のこの「京都学」の講座も、昨年立ち上がった文化庁地域文化創生本部から応援していただくことになりました。隔世の感を覚えると同時に、この間のみなさんのご尽力に感謝しきれません。

さて、今回は、「京都の文化と伝統産業」と題し、「全国津々浦々とつながり、イノベーションを生み出す日本の宝、世界へ！未来へ！」をテーマに話をさせていただきます。とりわけ全国津々浦々とつながるということをしっかりと押さえていきたいと思います。

明治維新から今年（２０１８年）は１５０年。明治維新は日本が近代国家への道を辿る記念すべき年であります。しかし、京都では、千年以上続いた都が事実上東京に遷ってしまった年でもあります。また、その以前の幕末の頃には、京都は洛中、市内中心部の６割が火災で焼け、東本願寺も焼けてしまい、西本願寺がなんとか残るという状況でした。人口が34万人から23万人まで激減するなど、まさに都市存亡の危機に直面しました。

そんな時、私たちの先人達は立ち上がり、日本最初の地域制の「番組小学校」を64校創設・運営しました。また、琵琶湖疏水をひいて発電所を完成させ、その電力で市電を走らせ、西陣織のジャカード織りを実現させました。また、現在の市立芸術大学や市立銅駝《どうだ》美術工芸高校の前身となる画学校や、市立京都工学院高校の前身である工業高校を創設し、染織、京友禅、陶器、磁器、漆芸《しつげい》などのものづくりの芸術家や匠や職人を育ててきました。

千年を超えて脈々と続いてきた京都の最大の特性は何だろうと考えたとき、「ものづくり」と「ものがたりづくり」の伝統、「作り手と使い手」が相互に刺激をし合い、豊かな感性を育て、匠の技や知恵が創造、継承され、人づくりが行われ、さらに、それらがイノベーションを起こして、大学のまちとしてさらに発展し、先端産業も栄えるまちとなった。これが最大の特性であり、そうしたことを基盤に置いたまちづくりが、千年を超えて山城盆地の中で行われてきたのだと思います。

そして今、人口の1割が大学生であり、特に芸術系大学が多い。また多くの研究所が集中する。伝統産業から多様なイノベーションが起こって、先端産業につながる、さらにiPS細胞まで作られる。こういう京都のまちであります。

私は、京都は「観光都市ではない」と言っております。宗教あるいは自然との共生、京都に伝わる日本人の暮らしの美学、生き方の哲学を基本としたまちづくりなどが観光的に評価されているのだと思います。それを観光的にも活かそうということで、あらゆる取組をしてきたのも京都です。昭和5年の昭和恐慌のときに京都市に観光課が作られました。2年後には、京都市の観光担当の部署は創設90周年を迎えます。これからも京都力を、京都学を大事にしながら、観光のための観光ではなく、あらゆる京都の文化、伝統を継承する営みが観光的にも評価される、こういうまちづくりを推進していきたいと思います。

また、世界には歴史を有する都市はたくさんあります。京都市はパリやフィレンツェ、ボストン、西安をはじめとする世界の117の歴史都市とともに歴史都市連盟を作り、今年で30年になります。4年ごとに選挙が行われますが、歴史都市連盟の会長を京都市長がずっと務めています。世界に歴史都市はたくさんありますが、千年を超えて都市の機能が一度も遮断されていない歴史都市というのは稀有であります。いや、人口100万以上の都市では京都だけではないかと言われています。なぜでしょう。それは建都のコンセプトであります。794年に平安京が作られました。そのときのコンセプトは「平安」。すなわち「平和」や「安心」、「安寧」です。それまでの都は、平城京とか長岡京とか地域の名前をつけるのが普通でした。

もう一つ私たちが誇るべきは、世界に開かれた都

世界文化自由都市宣言

都市は、理想を必要とする。その理想が世界の現状の正しい認識と自己の伝統の深い省察の上に立ち、市民がその実現に努力するならば、その都市は世界史に大きな役割を果たすであろう。われわれは、ここにわが京都を世界文化自由都市と宣言する。

世界文化自由都市とは、全世界のひとびとが、人種、宗教、社会体制の相違を超えて、平和のうちに、ここに自由につどい、自由な文化交流を行う都市をいうのである。

京都は、古い文化遺産と美しい自然景観を保持してきた千年の都であるが、今日においては、ただ過去の栄光のみを誇り、孤立して生きるべきではない。広く世界と文化的に交わることによって、優れた文化を創造し続ける永久に新しい文化都市でなければならない。われわれは、京都を世界文化交流の中心にすえるべきである。

もとより、理想の宣言はやさしく、その実行はむずかしい。われわれ市民は、ここに高い理想に向かって進み出ることを静かに決意して、これを誓うものである。

昭和53年10月15日　京都市

市であるということです。世界の歴史都市にはほとんど城壁があります。城壁を作って、城壁の外の敵から中を守るという発想で作られました。平安京には城壁がありません。今も御所には堀がありません。常に世界に開かれた都市でありました。こういう都市の理念を大事にして私たちは40年前に、京都市の最高の理念として、市会の議決を得て「世界文化自由都市宣言」を宣言し、世界を視野に文化を基軸とした都市経営をしてきました。

今回の京都造形芸術大学の「京都学」もこの「世界文化都市宣言」の理念と共通していると思います。この講座のテーマである「作り手と使い手」は、つまり「ものづくりと文化」です。京都は宗教都市です。仏具、神具がある、印刷がある、染物、織物がある。自然との調和の中に林業、宮造り、木工がある、京町家、お酒、京焼・清水焼、造園とあらゆるものづくりがあります。京都市指定の伝統産業は74品目に及びます。ものづくりが、文化を、使い手を支え、料理、華道、茶道、香道、舞、能・狂言、歌舞伎、祭礼、花街《かがい》などと見事に融合し刺激し合い、文化を支えて新たな先端産業を生み出しています。これらに暮らしの美学、生き方の哲学がさらに刺激を与え合って、そしてあらゆるものづくりが融合しながら文化を支えていく、新たな産業や先端産業を生んでいます。島津製作所は江戸時代、仏具屋さんでした。また、任天堂は花札屋さんだったことはよく知られています。お酒・発酵食品が創薬になり、バイオになる。印刷や染めが、半導体製造装置になる。あるいは、能・狂言などが新しい舞台芸術にもなり映画やマンガ・アニメなどに発展していく。こうしたまちが京都であります。そして同時にノーベル賞の受賞者も多く輩出しております。こういうまちは、世界で稀有だと思います。

15年前、「京都創生」の取組がスタートしました。4年前から国をあげて「地方創生」の取組が始まりましたが、行政が真正面から「創生」という言葉を使ったのは、京都市が初めてだと言われています。京都があらゆる努力をし、世界の宝「京都」を守り創造する、同時に京都だけの努力で解決できない課題は、国家戦略として国と共にやっていこうということです。そのときに大切なのは「京都は決して小さな東京になってはならない」という視点です。こういう視点で様々な取組を市民ぐるみで展開してきました。特に三つを重視。一つは環境も含めた「文化」です。もう一つは「景観」であります。そして「観光」であります。このときにフレーズとして作ったのが「日本に、京都があってよかった。」です。そのことをまず京都の人たちが自覚しよう、そしてあらゆる取組を市民ぐるみで実行しようと。その結果、いくつもの成果があります。例えば、紫式部が源氏物語を書かれた。そのことが紫式部日記で確認された千年後の11月1日を「古典の日」にしようという法律も京都から取り組み、制定されました。あるいは和食をユネスコの無形文化遺産にする取組も京都から始まりました。そして文化庁の全面的な移転につながります。

何よりも私たちが大事にしている文化は生活文化です。今の文化庁がそのまま京都に移転するのではあまり意味がありません。それだけではダメだということで、文化芸術基本法や文科省の設置法が改正され、機能を強化しての移転となりました。文化・芸術というと、ヨーロッパでは一定の階層以上の一部の人のものであったと言われています。日本における、京都に伝わる文化というのは、例えばどんな小さな長屋でも、小さな床の間があり、そこに一輪の花を生ける、そういう心があった。こういうことを大事にしてきました。魯山人が一番こだわった食器は何だったのか、箸置きと言われています。箸置きに芸術性を求める、こういう誇るべき文化です。

「いただきます」「ごちそうさま」という習慣も大事な文化です。先祖や農家の人たちや漁師、料理を作ってくれた人に感謝をするとともに、神様仏様自然に感謝をするのも大切な生活文化です。私は毎日きもので過ごしていますが、「服育」も大切です。「襟を正す」「折り目正しい」「袖触れ合うも多生の縁」も服飾文化からです。また住まいで人を育てる「住育」は床の間、仏壇、神棚、生け花・華道、茶道、香道、畳文化などが基盤ですね。「起きて半畳、寝て一畳」も「住育」がなければ伝わりません。地域とのつながりとしての地蔵盆、お祭りなどご近所が助け合って生きることも文化です。

京都は京都議定書誕生の地です。20年前人類史上初めて地球温暖化防止のための国際的な取り決めが京都において成立しました。京都議定書、これを大事にしていこうということで、市民ぐるみで地球温暖化防止のために取り組みました。市民の生き方、「もったいない」。ごみを半減しようということで、おかげさまでこの20年足らずで、82万トンから41万トンに50％削減することができました。しかしこれからが大事です。政令指定都市20市の中で、市民一人当たりのゴミの量は政令指定都市平均が一日５７０g、京都市民一人当たりのゴミの量は一日４１７gと京都は他の政令指定都市に比べて30％近く少なくなっています。そのため、ごみ処理のために使う税金は、年間１５４億円減りました。みんなでものを大事にする、ごみを作らない、分別する、こうした取組が大きく前進しています。

エネルギー消費量、これもピーク時から27・２％減りました。しかし、温室効果ガス排出量は思うように減少していません。これについてはこれからの大きな課題です。パリ協定の実践へ取り組まなければいけないと思っています。

「自然との共生」も生活文化です。景観、風景、風土を大切に。地域社会でみんなで豊作を願い、先祖に感謝し、子孫に思いを馳せ、より良い生き方をするのが〝ソサイエティー〟〝コミュニティ〟です。日本では「社会」と書きますが、「〝社〟に〝会〟う」という解釈は説得力があると私は思います。

「景観問題」では、10年前に、６つの条例を施行しました。「高さ規制」として、京都市は45ｍのところを31ｍ、31ｍのところを15ｍに規制しました。「デザイン規制」も強化し、屋上屋外広告物は全面禁止し、パチンコ店などの光る看板は撤去してもらう。実行率は96％に達し、３万１２０軒の建物から看板を撤去していただきました。その一方で京都ならではのデザインは大事にしようということで顕彰制度を充実するとともに、眺望景観・借景を守り、歴史的景観を大事にしていこうという取組を進めています。

次に「観光」です。20年前、京都の入洛観光客の41・７％はマイカーでした。昨年には8・7％にまで減りました。「歩くまち京都」として、公共交通中心の取組のために94のプロジェクトを推進しています。こういうことも文化としてやっていかねばなりません。

観光政策というのは、あらゆる政策の総和です。従って、観光だけのまちづくりというのはありえない。「みる」という漢字は、普通に「見る」、指し示して「視る」、言葉を使って「診る」、手を使って「看る」、ではこの「観」はなんだろう。目の光を観る、歴史観あるいは人生観、世界観の「観」。こんな観光を大事にしていこうということで、様々な取組を進めております。

明治4年に日本で最初の博覧会を西本願寺で開催しました。そして昭和2年京都駅に観光案内所を作る。昭和5年に観光課を作る。そのときに、同時に北山、東山、鴨川周辺を事実上日本で最初の風致地区に指定しました。昭和5年というのは、昭和恐慌が起こり、一番厳しかったときであります。一番どん底のときに、観光課を作り、そして今につながる景観政策をスタートしました。京都の歴史を大事にしながら今を見据え、未来を展望し実行していきたいと思います。

京都はなかなか難しいまちでもありました。イデオロギー対立が起こる。様々な激論が起こる。なかなか実行に移せない。このように言われましたが、今日では隔世の感があります。先ほどの景観政策はその象徴です。

約30年前、大阪で花博が開催された時に京都の観光客は4000万人でした。その後、また3000万人台に落ちています。桝本前市長のときに10年間で5000万人にしようという方針を示され、市民ぐるみで実行していただきました。100の事業を展開し、私が市長に就任したときにちょうど2年前倒しで5000万観光都市が実現しました。2015年には観光都市としての質を高めることを目標にして116の取組をスタートしました。「暮らすように旅する」「歩いてこそ京都」「京都市民の京都再発見」「心で見る京都」「観光客の不満をゼロにする」など7つのプロジェクトを実行しました。そして次に、2020年に東京オリンピック、パラリンピックに照準を合わせて、現在191の事業を展開しております。観光の質を向上させる。観光都市としての質を向上させつつ量も確保する。決して量を目標にしておりません。外国人が京都に来て、中国製品などを買って帰られたら観光客にとって〝ほんまもん〟ではなく、また、京都の伝統産業・文化の継承につながらない。したがって〝ほんまもん〟

の京都を見てもらう。〝ほんまもん〟を買ってもらう。〝ほんまもん〟を体験していただく。こうした取組を今進めています。

そして伝統産業です。「伝統的な技術、技法を用いること、そして伝統的な文化、生活様式に結びついているものであること。京都市内で企画され、その主要な工程が京都市内で行われていること」。こうしたことを京都市伝統産業活性化推進条例で明記しました。国が指定したものが17、京都府指定が15、京都市のみの指定が42、全部で74品目を京都市の伝統産業として定めています。そして国が伝統工芸士として認定している人が全国で４０６０人おられますが、そのうちの９６３人が京都にはおられます。これは国の指定する伝統産業ですので、それ以外の伝統産業を含めると、おびただしい数の伝統産業の作り手が京都におられることになりますので、これらの人々を活かさなければもったいないということになります。

京都の伝統産業の特質は、長い歴史の中で、継承・発展させてきた、そしてその根本は朝廷の文化、あるいは儀式、あるいは宗教、そういったものと結びついて、そして歴史によって磨き抜かれてブランド力を高めてきた。それらは今も暮らしの中に脈々と息づいてきた生活文化を創造している。衣食住、地域の絆、自然との共生、こうしたものを大事にしていかなければ伝統産業の活性化はあり得ません。伝統産業の作り手がおられるから、あらゆる伝統文化が成り立つ。宗教行事も成り立つ。お祭も伝統産業なしに成り立ちません。その伝統産業もバラバラではなく74の伝統産業がかみ合って融合して成り立っているのです。

先ほども少し申し上げましたが、伝統産業は伝統文化や伝統芸能あるいは宗教、こうしたものとしっかりと支え合っております。そしてそれらの総合的な産地として京都が機能している、これらはきめ細かい分業体制、家内工業で支えられています。どの一つが欠けても、どの工程が欠けても伝統産業として、ものづくりとして成り立ちません。また、いろんな伝統産業が、茶道、華道、舞、宗教行事、祭などを支えています。今、西陣織が世界最高の織物と評価されています。しかし、一方で西陣織や京友禅をはじめとする伝統産業は厳しい状況です。これを伝えなければ、使い手が継承されません。文化が継承されません。

主な課題としては、需要の低迷、後継者の確保の問題、あるいは道具・原材料の確保、複雑な生産体制、流通体制などがあります。

様々な困難がありますが、「第3期京都市伝統産業活性化推進計画」を策定し、出荷額の増加を最大の目標に掲げ、平成29年度から10年間、徹底して頑張ろうということを決めました。そして活性化に向けた3つの視点「伝統産業×イノベーション」「伝統産業×文化・観光」「伝統産業×使い手」を軸に取組を進めています。

例えば販路開拓です。国内だけを見ているだけでは厳しいですが、世界を視野に入れているものづくりは元気です。今年は、京都市とパリ市が友情盟約を締結して60周年の記念の年でもあり、様々な取組を行い、パリから世界の市場を目指します。

また、現在、岡崎にある京都伝統産業ふれあい館のリニューアルに取り掛かっています。昨年、耐震補強で南座が閉まっていたため、岡崎のロームシアター京都で歌舞伎の顔見世興業が開催されました。顔見世興業に合わせて、ロームシアター京都の向かいにある京都伝統産業ふれあい館で「歌舞伎のモノコト展」を開催させていただいたところ大好評でした。歌舞伎の世界においても京都の伝統産業が使われている。しかし、その伝統産業は危機的である。みんなで危機感を共有しつつ新たなチャレンジをしなければならないと思います。

そして、様々な独自の伝統文化継承政策をやっております。まず、暮らしの中にしっかりと文化を大事にしよう。国宝・重要文化財も世界遺産も大事ですけど、もっと大事なものがあるのではないか、ということで、京都市独自に「京都をつなぐ無形文化遺産」という制度をつくり、生活の中の建物、京町家とか庭園、食文化とか地蔵盆とか花街の文化、あるいは和菓子の文化、着物の文化、京都の年中行事などを指定することとしました。また年中行事の節目を大事にしよう。このごろ鯉のぼりが減ったと嘆かれています。そうした年中行事の中に精神文化がある。また、伝統産業が脈々と息づいている。こういうことを大事にしていきたい。さらに日本の文化財制度は、有形か無形かを区別しますが、有形無形ではなく、地域性、歴史性、物語性を含めた集合体として認定していこうということを考え「まち・ひと・こころが織り成す京都遺産」をスタートしました。第一号として上京区の西陣で広げられる伝統文化を認定しました。北野天満宮、上七軒、西陣織、京町家があって暮らしの文化がある。それをトータルとして京都遺産としてみんなで大事にしていこう。そこには織物もあれば食文化もある。そして天神さんもお寺もある。こうしたことを大事にしていきたいと思います。

また、3月の春分の日を「伝統産業の日」として定めております。さらに、5年前に議員立法により、京都市が日本ではじめて「日本酒乾杯条例（京都市清酒の普及の促進に関する条例）」を制定しました。乾杯条例は、現在、全国142都市に広がりましたが、当時、乾杯を条例で奨励することはいかがなものかという意見がたくさんありました。京都では、市会で議論いただき、単なるお酒の条例ではなく、清酒の普及を通じた日本文化への理解の促進に寄与する条例であるという理念がベースにあります。今世界中の人が、和食に関心を持たれています。和食の店が外国に10万軒できました。この3、4年で5万軒から10万軒を超えるほどに増えています。そして日本酒がそれに伴ってどんどん右肩上がりで、海外への出荷額を増やしている。日本人の若い人が「日本酒で乾杯すると、おいしい」とおっしゃいます。「ワインみたいや」と。しかし、5年前には、10年間で日本酒は40％減り、素晴らしい酒蔵が次々と閉まっていく状況でした。これが現実で、日本人はそれぞれの地域に伝わる素晴らしいものづくり、その背景にある哲学に気付いていない。これを難しい顔して言うと、若い人に嫌がられる。そこで、伝統産業、伝統文化を大事にしようという趣旨を込めて「乾杯は日本酒で」という条例になりました。こういう経過があります。

そして和装産業の振興です。以前から私は、行事のときなど、美容室に頼んで1回3000円で着付けをしてもらっていました。しかし、10年前にパリに行くことになったときに、毎日パリの美容室で着せてもらうわけにはいかないので、一生懸命DVDを見て、妻に手伝ってもらって、着物を自分で着られるようにしました。パリへ行くと「着物ワンダフル！」と言っていただけました。きものほど世界中の服飾文化で評価されるものはないなと思います。それ以来ずっと着物です。10年前、毎日着物を着ているのが異様な雰囲気でした。今、まちを歩いていたら着物を着ている人がたくさんいらっしゃいます。異様さはなくなりましたが、笑えないこともあります。着物で歩いていたら、外国人だと思われるのです（笑）。もっと日本人も着物を着ましょうということで、京都市役所では「隗より始めるプロジェクト」として職員が率先してきものを着る機会を設けています。11月15日の「きものの日」であるとか、1月4日の仕事始めでは500人を超える職員が着物を着てくれるようになりました。そして、現在、和装の業界団体と一緒にきものをユネスコの無形文化遺産にしようという取組を行っています。

次に観光と連携した取組、とりわけMICE《マイス》、国際会議等の誘致であります。今年、二条城で木村英智さんがクラッシックカーのショーをされました。その前夜祭では、外国人の方も含めて、みなさんは全員着物を着ていましたが、日本人のスタッフだけは着物を着ていませんでした。一昨年になりますが、イタリアのフェラーリが、平安神宮で自動車ショーをされました。東福寺で前夜祭があったのですが、ここでも着物を着ていなかったのは日本人のスタッフだけで、外国人の方も含めて、他のみなさんは全員着物でした。着物を大事にしたいですね。

それには、教育の場でしっかりと伝統産業を子どもたちに学んでいただくことが大切です。そして匠の方々である作り手と、子どもたちがつながって、将来の作り手、使い手になってもらう。もちろん今の使い手にもなってもらいたいので、着物の着付け体験など様々なことをやっています。

3年前に、小泉進次郎さんが地方分権担当の政務官の時に、京都に来られ「門川さん、いつも着物ですね。京都の呉服の宣伝ですね」こうおっしゃるので、「それもありますが、そうとも限りませんよ。今日の袴は仙台平《せんだいひら》（※1）、着物は新潟の小千谷縮《おぢやちぢみ》ですね。京都の伝統文化は全国津々浦々のものに支えられているんです」と話しました。

他にも京料理では、一番大事なのは昆布出汁、鰹出汁です。京都では昆布も鰹も鰊《にしん》も取れません。しかし、

「にしんそば」は京都の素晴らしい食文化です。全国津々浦々の作り手や地場産業に京都の文化を支えていただいているのです。しかし、いずれも危機的状況です。東京中心の文化行政、東京中心の価値観、経済、効率性、競争原理なども大事ではありますが、それだけでは千年にわたって京都で培われた日本全国の文化は継承できませんし、それだけでは全国津々浦々とつながり、世界とつながり、未来につなぐことはできません。

また、小泉進次郎さんは復興担当の政務官もやっておられたのですが、「日本で一番良い繭ができるのは、福島の川俣《かわまた》と聞いています」と言ったら、「川俣も厳しい状況です。また川俣に行ったときに、着物の京都市長がそう言っていたと伝えておきます」とおっしゃっていました。

京都は、素晴らしい作り手と使い手が切磋琢磨して最高のものをつくりあげてきました。これを大事にしていかなければなりません。一方で、日本中の作り手の方々によって支えられている。同時に、京都ででてきたものが、日本中の使い手の方々によって使われている。だから成り立ってきたのです。それが、今日世界でも評価されようとしています。

文化庁が全面的に京都へやってきます。京都には、文化で日本中を元気にすることが求められています。文化と産業、観光、衣食住、景観、大学、国際交流、そして福祉、社会包摂、安心安全、私は最高の文化は一人一人の人間の尊厳を認め合う、障害のある人も、引きこもっている人も、お年寄りもみんながいきいきと暮らしていける、これこそが文化だと思います。そして、2015年9月に国連サミットで採択されたSDGs。「地球上の誰一人として取り残さない」持続可能で多様性と包摂性のある社会を実現するための17のゴールに向けて京都市も取り組んでいるところですが、こうしたことにも視点を置いた文化庁の京都移転であり、私たちがその先頭に立っていきたいと思います。

そして、冒頭にも言いましたように「日本に、京都があってよかった」、「そうだ 京都、行こう」。私たちには、もっともっと大きな夢があります。文化の力で日本を元気に、世界に発信し、これからは「世界に、日本があってよかった」、「そうだ 日本、行こう」と。このように京都が役割を果たしていかなければなりません。
京都造形芸術大学の、多彩で将来を担う若い世代の学生の皆さんのバイタリティーと芸術文化への取組は圧倒されるばかりです。何より、大学研究者や教職員の皆様がオープンで、学生から信頼を得ておられる姿に敬意を表します。京都市も共々に頑張っていきたいと思います。

［注釈］
（※1）絹袴地の一種。仙台藩の伊達《だて》綱村《つなむら》藩主が京都西陣の織工を招いて幕府への贈答などのために生産、きめ細かい織が好評を博し、仙台平の名称で全国に知られた。2002（平成14）年、重要無形文化財保持者（人間国宝）に認定された。

京都市指定伝統産業74品目

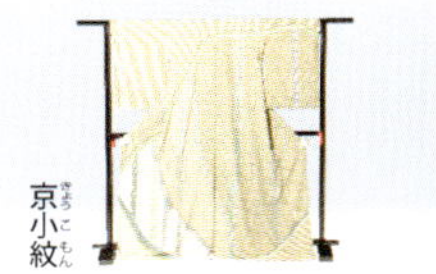
京小紋《きょうこもん》

京鹿《きょうか》の子絞《こしぼり》

京友禅《きょうゆうぜん》

西陣織《にしじんおり》

京《きょう》くみひも

京繍《きょうぬい》

京黒紋付染《きょうくろもんつきぞめ》

京房《きょうふさ》ひも・撚《より》ひも

◆染織

◆工芸

京仏壇《きょうぶつだん》

京仏具《きょうぶつぐ》

京漆器《きょうしっき》

京指物《きょうさしもの》

京焼《きょうやき》・清水焼《きよみずやき》

京扇子《きょうせんす》

京石工芸品《きょういしこうげいひん》

京《きょう》うちわ

京人形《きょうにんぎょう》

京陶人形《きょうとうにんぎょう》

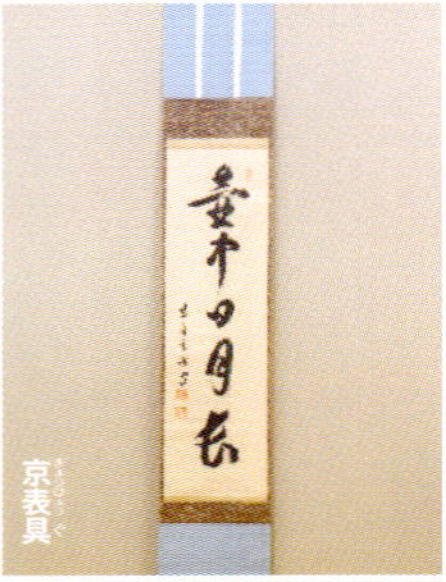
京表具《きょうひょうぐ》

京都の金属工芸品

京象嵌《きょうぞうがん》

京刃物《きょうはもの》

京《きょう》の神祇装束調度品

京の色紙短冊和本帖

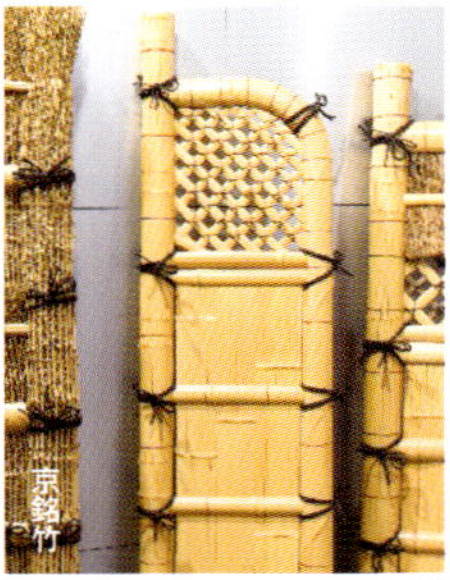
京銘竹

北山丸太《きたやままるた》

京版画《きょうはんが》

京袋物《きょうふくろもの》

京すだれ

京印章《きょういんしょう》〈印刻《いんこく》〉

工芸菓子《こうげいがし》

竹工芸《たけこうげい》

珠数《じゅず》

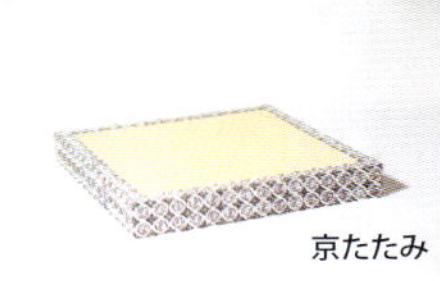
京たたみ

京七宝《きょうしっぽう》

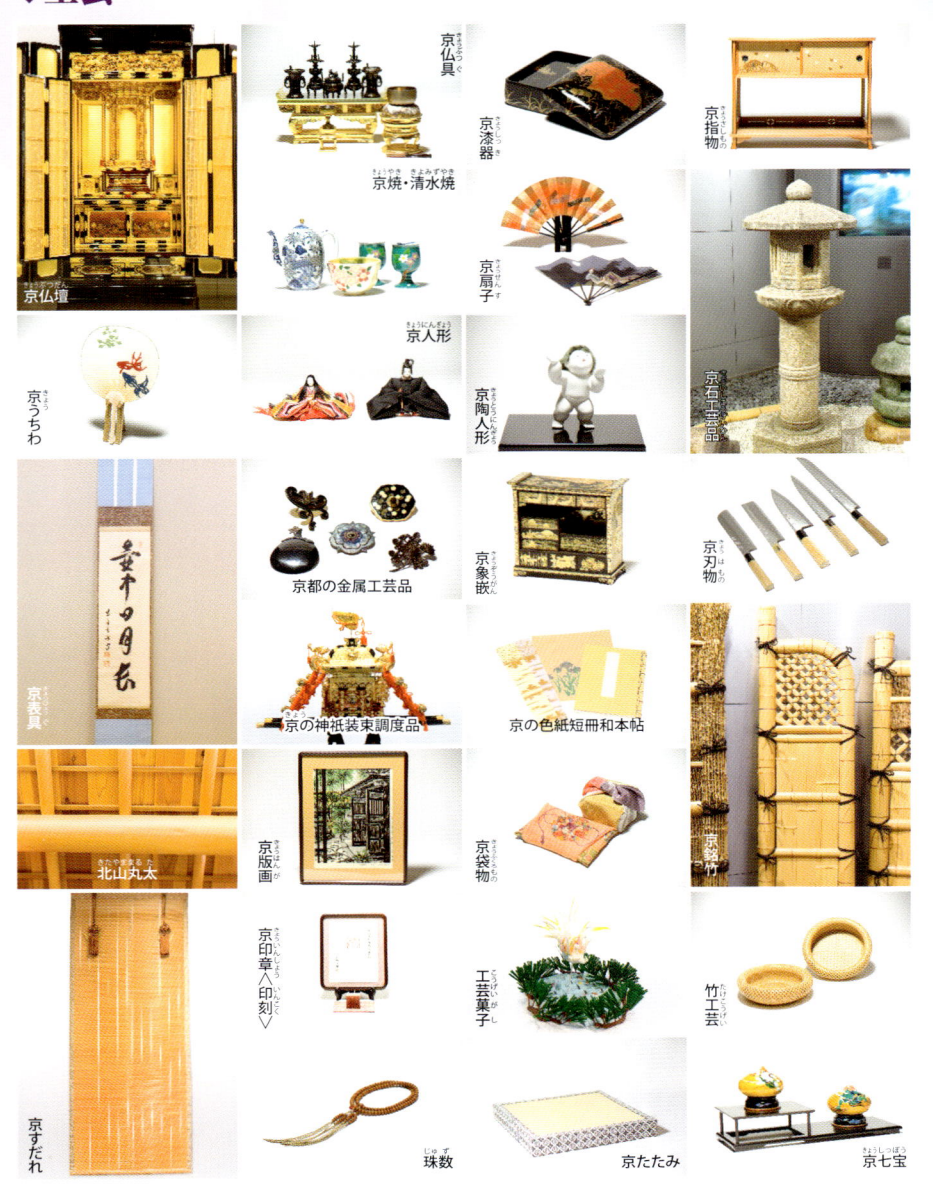

◆稀少な工芸

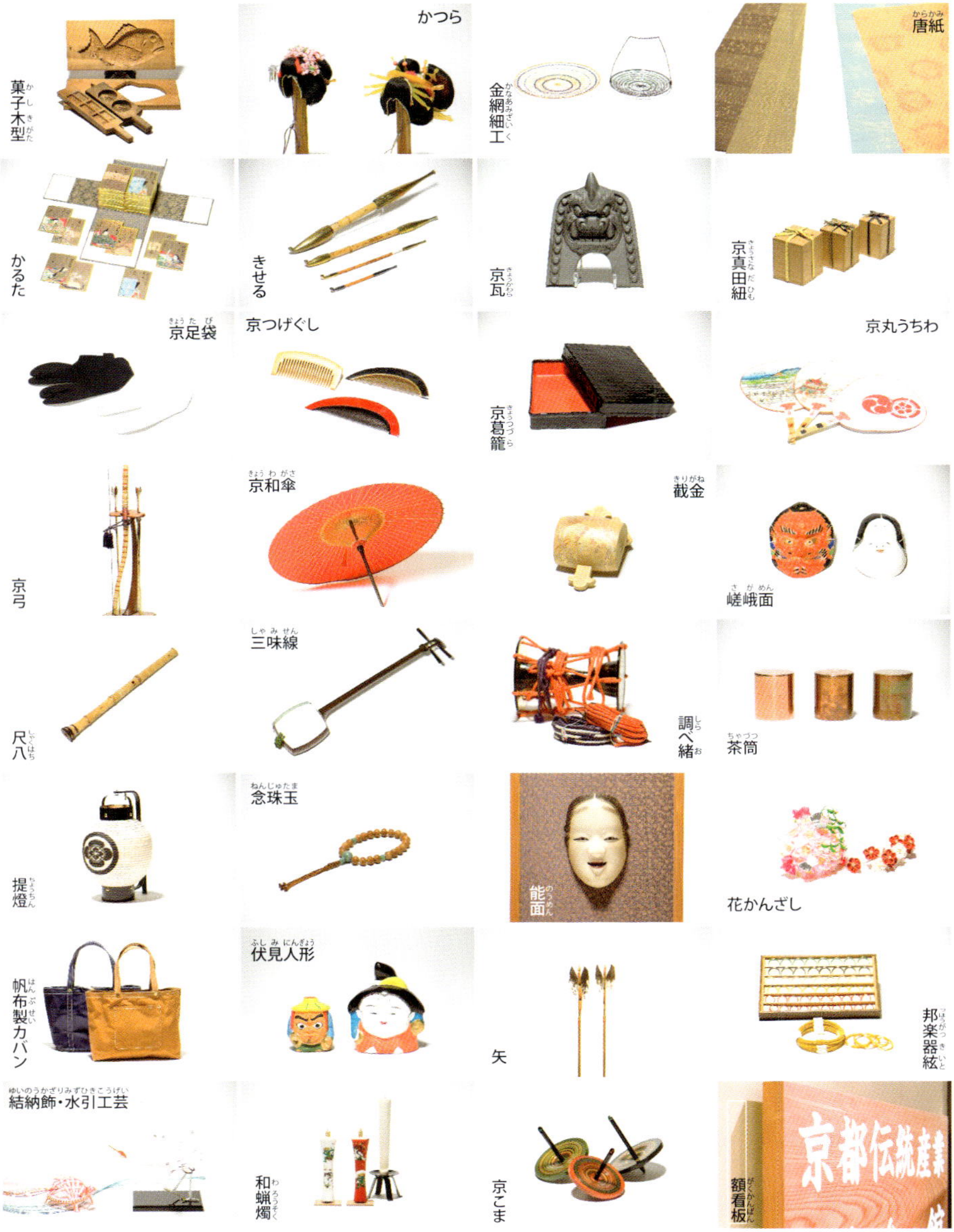
菓子木型《かしきがた》
かつら
金網細工《かなあみざいく》
唐紙《からかみ》
かるた
きせる
京瓦《きょうがわら》
京真田紐《きょうさなだひも》
京足袋《きょうたび》
京つげぐし
京葛籠《きょうつづら》
京丸うちわ
京弓
京和傘《きょうわがさ》
截金《きりがね》
嵯峨面《さがめん》
尺八《しゃくはち》
三味線《しゃみせん》
調べ緒《しらべお》
茶筒《ちゃづつ》
提燈《ちょうちん》
念珠玉《ねんじゅたま》
能面《のうめん》
花かんざし
帆布製《はんぷせい》カバン
伏見人形《ふしみにんぎょう》
矢
邦楽器絃《ほうがっきいと》
結納飾・水引工芸《ゆいのうかざりみずひきこうげい》
和蝋燭《わろうそく》
京こま
額看板《がくかんばん》
京都伝統産業

◆食品

清酒《せいしゅ》

京菓子《きょうがし》

京漬物《きょうつけもの》

京料理《きょうりょうり》

◆その他

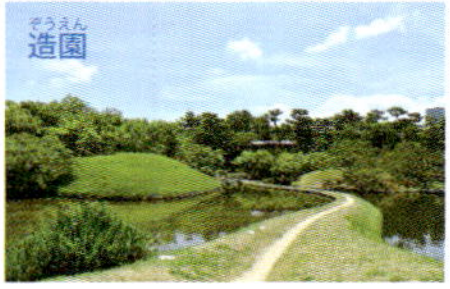
造園《ぞうえん》

薫香《くんこう》

伝統建築《でんとうけんちく》

井上　八千代　氏

京舞井上流五世家元

観世流能楽師片山幽雪（九世片山九郎右衛門・人間国宝）の長女。祖母井上愛子（四世井上八千代・人間国宝）に師事。平成12年五世井上八千代を襲名。日本芸術院会員、平成27年重要無形文化財各個指定（人間国宝）保持者。

私どもは、だいたい下手《しもて》から出ることが多うございます。きょうは上手《かみて》から出させていただきまして、なんとなしにちょっと気恥ずかしい思いでございます。

京都造形芸術大学のご協力を得まして、祇園甲部歌舞会をあげて春の踊り「都をどり」をつい2週間前まで春秋座の舞台で開催（※1）させていただいておりました。

今は、お客さんにお座りいただいておりますが、鳥屋口《とやぐち》（※2）の幕、黒い幕があります。あそこのところから花道ができまして、祇園甲部歌舞練場は両花道ですけれど、春秋座さんでは片花道から出る方式を取らせていただきました。

きょうのテーマは「よい作り手、よい使い手から

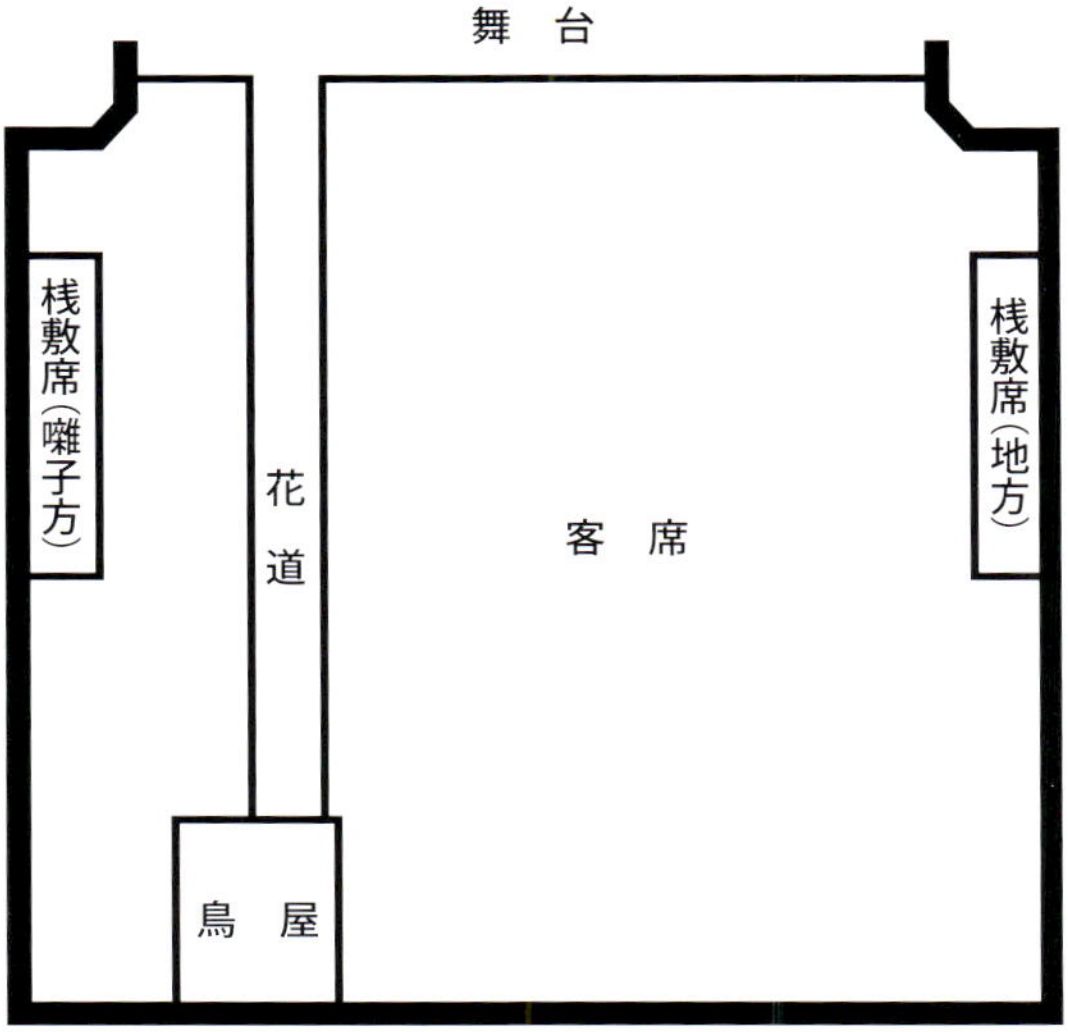

春秋座図面

見た京都の文化」ということですが、私は、やはり井上流の京舞のお話しかできませんので、この春秋座で行いました「都をどり」の舞台についてのお話から始めさせていただきます。

「都をどりは～」「よ～いやさ」という掛け声から始まります。並んでいる提灯に描かれておりますのが、つなぎ団子と言いまして祇園の象徴でございます。その祇園の提灯を吊らしていただきまして、正面にも大提灯を飾らせていただくことになりました。

私たちの舞台、祇園の舞台はどちらかといいますと、昔式の天井が低くて、女性の体の大きさに合わせた舞台なのかもしれません。

春秋座でも、普段は桟敷席として使っているところを囃子方《はやしかた》、反対側は地方《じかた》（※3）が使わせていただきました。

囃子方のところにありました幕が秋の模様で、月が描かれています。地方のほうにありますのが、桜の模様。いずれもこちらの京都造形芸術大学で、前に学長をしていただいていた日本画家の千住博先生の絵です。その幕を使わせていただきました。

柳桜のうちわ

柳桜のうちわ、というのも独特なんですね。これも毎年作ります。着物につきましては、浅葱《あさぎ》系統のものをほとんど使ってい

つなぎ団子の提灯と、春秋座の提灯が並ぶ

秋の模様の幕

春の模様の幕

平成30年の「都をどり」の衣装

ます。萌黄《もえぎ》に変えたり、黒にしたりすることが20年にいっぺんぐらいあるんですけど、断然、不評なんですね。舞台の桜とか、銀襖《ぎんぶすま》に合わない。芸妓や舞妓が白塗りできれいに映えないと、あんまり賛成していただけません。

この京都学の講座でも、京友禅作家の田畑喜八先生の講義がございますね。その田畑先生の意匠になるものが、総踊りの浅葱色の振袖です。たもとが長うございます。大振袖ではなく、中振程度の振袖を使っております。

着物の着方みたいなものは独特で、明治のころに考えましたものを踏襲しております。舞妓といえば、だらりの帯ですけれど、都をどりの際は、半だらりにすればちょっと、いつもと違うかな、というようなことを考えたのではないでしょうか。

以前には、大阪などでも花街の踊りがあったそうです。その写真を見せていただきましたら、やはり同じような風俗ですね。こういう形でなさっておられました。

きょうは、京舞井上流と祇園、それから井上流の歴史と特徴みたいなことを絡ませながらお話させていただきたいと思います。

井上流の最初の人が井上姓でございました。ですから、花柳さんとか、若柳さんのような流派名ではなく、単に本名「井上サト」という方が始めましたもので、そのまま井上流ということになりました。

この井上サトさん、初世井上八千代でございますが、江戸中期の明和4(1767)年生まれです。明和4年と申しますと、時代的なことを言えば、その年に生まれたのが滝沢馬琴さん。常勝といわれた相撲の雷電《らいでん》為右衛門《ためえもん》も明和4年の生まれだそうです。その1年ほど前に十返舎一九が生まれ、もう少し前に葛飾北斎が生まれたとか、そういう時代を想定していただいたらよろしいかと思います。

ですけど、この井上サトが華々しく京舞井上流で活躍したかと申しますと、そういうわけでもなさそうです。若いころから舞の素養がありまして、舞を始め、そのまま年若い時に行儀見習いとして御所勤めをしたんですね。近衛家につながる南大路鶴江さんという方に30代までお仕えしたということでございます。

その間に御所風の、あまり見られない白拍子の舞でありますとか、能楽のようなものに触れることができたというのが、私どもの先祖としては大変ありがたいことであったんやろうと思います。

一度は、錦の魚問屋に勤めたといわれておりますが、やはり舞がしたかった。いろんな事情で戻りまして、それから舞の道に専念したということでございます。子どもがおりませんでしたので、アヤさんという兄の娘である姪を跡取り、二世にいたしました。初世、二世、手を携えて、井上流というものをつくりあげていったように思われます。

私どもに『井上流歌集』という本があります。井上流のテキストですね。それを見ますと、初世、もしくは二世振り付けというものが多いんです。初世、二世のどっちがつくったか、判然としないというものがほとんどでございます。年は離れておりましたが、手を携えて励んだということではないかと思います。

この二世八千代の時代に、およそ井上流の基本になる、大本になる曲がたくさんできたといわれております。おそらく初世は普通のご家庭の子女の方にお教えしているぐらいのことではなかったんかなと思うんですけど、二世の時代になりまして、島原など花街《かがい》とのかかわりができ、それによりまして、劇場向きの舞踊もこしらえてもらいたいということがあったようです。

いわゆる座敷で舞う静かな舞も井上流の基本ですけど、音曲も囃子《はやし》が入ったり、かなり派手な義太夫、すなわち太棹《ふとざお》の曲でありますとか、きらびやかなお衣装を着たものなどをこしらえました。

それと同時に井上流の一大特色が能の影響といわれております。二世八千代という人は金剛流のお能に造詣《ぞうけい》が深かったそうでございます。能楽は、普段なかなか庶民に触れる機会はなかったようです。今の金剛のお家元のご先祖にあたられる野村三次郎さんという方に私淑して、「本行物《ほんぎょうもの》」といわれる能を題材とした曲を作りました。お能を三味線音楽に移してダイジェスト版みたいなものを作る、もう少し短くして地唄の曲で女性でも演奏できる、そういうものに振りを付けレパートリーに加えました。

能楽に「葵上」や「八島」、「鉄輪《かなわ》」とか、代表的なレパートリーがありますが、それなどをちょっと別のところで聞いてみたい、お遊びをするお座敷でも聞いてみたいし、できれば見てもみたいと考えられた方があったのでしょう。

京舞によくある地唄というのは、長唄（都をどりでも多くの場面に使われるもので囃子ごとも多く、割合にぎやかなものが多い）などとは違い、例えば「黒《くろ》髪《かみ》」にある、〽黒髪の結ぼれたる思いをば…と、これだけのフレーズを、〽くろ～か～み～のぉーツッテンむす～ぼ～う～れ～た～る～おも～い～をば…と長い時間をかけて弾きうたいで演奏します。京都らしいといえば京都らしいのかもしれません。

その地唄の中に、能がかりのものがたくさんあります。能楽の男性の芸能に比べ、演奏されるのは男性でも、女性の舞うことも多かったようでございます。

今の、〽黒髪の結ぼれたる…というのは芝居唄としても使われております。芝居の中で、女の悲しみを歌う、悲しみを込めて髪を梳《と》く、というような場面で使われる曲です。それを祇園ですと、襟替えと申しまして、舞妓が芸妓に変わる時に先笄《さっこう》（「さっこうがい」とも）という特別な頭を結う時がございます、もう少ししたら、この髪を切りますよという時があるのですけど、そういう時にお歯黒をつけて「黒髪」を舞います。こちらのほうは、とてもお座敷らしいものでございます。

話がちょっと前後してしまいましたが、大きな特色として京舞というのは、初世八千代が初めに学んだ白拍子的な舞、二世が好んだ能楽的なもの、それから文楽や人形浄瑠璃が好きであったといわれておりますから、そういう影響を受けてもおります。それと同時に、やはり京都でずっと暮らしてまいりましたから、京都風の色の好み、そういったものがあると思います。

女性ばかりであったということ、これも大きなことです。男性がなさる仕掛けの大きさみたいなもの、例えば同じ春秋座であっても、ご覧になった方もあるかもしれませんが、右近さん、先日春秋座で「流星」（※4）をなさった時に宙乗りをなさいましたが、そういうことは私たちにはなかなかできることではありません。いつかは、何かで使わせていただきたいという気持ちはございますが…。それから、男性独特のシャレっ気や洒脱さみたいなものが私たちには表しにくいと思います。

白拍子的な舞ということで言えば、これも静御前の舞とかによく使うのですけど、能楽と一緒のこともあります。左右をする（※5）とか、サシ込んで開く（※6）というようなことは能楽の影響ですね。

泣くということを表す時は、お袖が大事なんですね。袖や袂《たもと》といいますが、袖で泣く。若い人の泣き方ですと、すすり上げる。若い人ほど袖を高くする。同じように胸に抱いても、懐手《ふところで》をするというのは、ちょっと花街に関係のある人。芸妓さんなどは、懐手が多くなります。髪を梳くというのでも、ずいぶんやり方が変わってまいります。

ちょっと外れましたけど、井上流は二世八千代の時代に基本的なことができあがりました。それから三世八千代、これが片山春子という人で、この時代に「都をどり」が始まり祇園甲部とのつながりが深まります。二世八千代の弟子でございます。三世八千代は、二世と初世の両方に習ったといわれております。

今、私がお話ししていることは、先ほど申しました四世八千代の主人で、観世流《かんぜりゅう》能楽師の片山博通《かたやまひろみち》、私からすると祖父にあたります博通おじいさんが、三世八千代に聞いた話であり、それが井上流の歴史の大方でございます。

その中で、三世八千代は、二世とも初世とも血縁がなくて、大阪の住吉の社家の人であったといわれています。本名は吉住という姓で、一家で京都へやってまいりまして、舞のお勉強をいたしまして、なかなか活動的な人でありました。

天保9（1938）年生まれで、江戸から昭和、百歳まで生きた人でございます。その人がお弟子さんのころ、お師匠さんの何か、勘気《かんき》に触れたことがありました。

明治維新の前ぐらいに一度、敦賀へ去っている時代があるんですね。逼塞《ひっそく》していたと申しましょうか、敦賀で細々といろんなことをしておりまして、もちろん舞も教えさせていただいておりました。そこで遭遇したのが、天狗党の乱やったということで、予定していた舞踊会が開けなかったといわれております。

そして誰かにとりなしていただいたんでしょ

う。京都へ戻ってまいります。二世八千代のもとで、初めてできた名取になり、井上春子という名前をいただいております。明治に入る直前に、井上流というのが流儀として形になったということでございましょう。

私たちは女性ばかりの流儀と申しましたけれど、その時、不思議なことに、男の人がいはるんですね。通称、女形常《おやまつね》、常次郎という宮川町にいはった男性であったといわれております。ほかに、後に三世を助けて共に井上流を築いた人が二、三人、名取になっております。

明治維新になりまして、京都の町は禁門の変などで、京都中が丸焼けみたいなことになったようなことでしたけれども、この後、祇園でも大火があったそうです。それまでに、井上流は島原と縁ができていましたが、祇園と島原も交流があったんやそうです。お互いに火事があったりしますと、それぞれのところで引っ越し営業をさせてもらった。三世八千代はある時期、島原へ教えに行っていたようです。

御幸町あたりにおりましたのが、祇園のほうへ移ってまいりました。ちょうどその時、明治4（1871）年に、寂れた京の町を元気づけるため、博覧会をしようということになったようです。

ただし、この時は年末で、準備不足でもありましたので、あまり成功しなかった。ですから、もう一度やろうということで、さすが京都ですね。その時は、知事さんとか、大参事（※7）であった方たちが計画をなさって、多くの人に来ていただかないと意味がないと、両本願寺さんや各本山、神社にも声をかけて、京都のありとあらゆるもの、芸能、お茶、お花、さまざまな物産も寄せ集めようじゃあないか、となったようです。

円山公園には、外国の方も迎えられる西洋式のお料理を供する、ホテルに近いものをつくろうとか、そういうことの上に、祇園で何かしてもらおうと、芸妓による興行を考えられたそうです。

その当時のお茶屋「一力《いちりき》」さんが尽力されました。一力さんをご存じでしょうか。NHKの番組「ブラタモリ」で、祇園を取り上げていました。今は、四条花見小路の南角が一力さんです。そこが出ていました。祇園のお茶屋さんって、昔は四条通の両側にあったのですね。今は、四条通を挟んで四条繁栄会になっていて、四条通に面したお茶屋さんというのは多分、一力さん一軒（入り口は花見小路側）やと思います。

それはさておいて、その当時の一力のご当主は、大変開明的な方であったといわれております。

今、「漢字ミュージアム」になっているところが、昔は弥栄《やさか》中学校と申しました。その前は、明治2（1869）年ぐらいにできた番組小学校でして、当時のそこの校長さんが、一力の九代目の当主、杉浦治郎右衛門さんという方です。当主は代々、治郎右衛門さんを名乗っておられます。

治郎右衛門さんと、長州藩士であって、後に京都府知事になられる槇村正直さんが相談しました。まだ「都をどり」という名前も何にもできていません。ともかく、芸妓の総踊りを博覧会の時のイベントにということになったようです。

杉浦治郎右衛門さんと相談の上で、若い人がええんやないか、という話になったんやないでしょうか。若くて清新な人材を見つけようということで、敦賀から戻ってまいりました30代の三世八千代に白羽の矢が立って、振り付けをしてみませんか、とお声がけいただいたようでございます。

伊勢音頭の芝居の冒頭に、うちわを持った芸妓さんが、中2階から顔見世で、入れ替わる場面がありますす。この伊勢の「亀の子踊り」（※8）をモデルにしたといわれております。振りのところはそういうことはないのですが、先ほどのような姿で、おそらく全幕通したんではないかと思います。

まだ祇園の歌舞練場はできておりませんので、貸し席の新橋の松の家というところで、行ったということでございます。3月13日から5月いっぱいまでの80日近い期間です。博覧会の中でも、とてもにぎわった、大成功だったといわれております。

その当時は女性による興行というものはなかったそうです。阿国《おくに》歌舞伎以降、女性の興行というのが禁じられている時代でありまして、明治になって、お座敷で見る芸妓というものを舞台で見ようじゃあないか、というふうに発想なさって、やりましょうということになったそうです。

これはおそらく、一力の九代目の当主がとても開明的であったからこそできたことではないかと思っております。だから、大成功だったといわれ、その後、おかげさまで今に続いております。

「都をどり」は御所風のものを取り入れるということで、銀襖を背景とした置歌《おきうた》（※9）から始まります。中途から、中ばさみ（※10）と申しまして、違う場面が入るようになりましたが、初めは総踊りだけで通しておりました。

祇園甲部歌舞練場をご存じでしょうか。今は花見小路より東側にありますけど、明治6（1873）年に建てられた時は、花見小路より西側にございました。第2回の「都をどり」は、そこで開催されております。

今と違い、ライトの色が変わるとか、映像を使うとか、そういうことはなしで行われたと思います。今と、とっても違ったものであったやろうと思います。唄しか残っておりませんので、想像するだけのことですけれども。次第に、別のちょっと物語めいたものが入っていき、「都をどり」が変化していったように思います。

京都には花街が五つあります。みんな流儀が違いまして、春の踊り、秋の踊りがあるんですね。花街の舞踊といわれます。こんなに花街が多いのは京都だけです。昔は、江戸のほうには大小取り交ぜていろいろな花街がありましたが、今はあんまり盛んではありません。

京都はそれとは違って、祇園は井上流、「鴨川をどり」をなさっている先斗町は尾上流。「京おどり」の宮川町は若柳流、若柳吉蔵さんのお流派です。上七軒は「北野をどり」で花柳流です。それから祇園東は祇園会館で秋に「祇園をどり」をなさっています。これは藤間流です。

みんな変遷があったのです。祇園も「都をどり」の時に、立方《たちかた》が、みんな井上流になりましたが、それまではもっとお盛んな流派があった。それがいろんな時代の流れで変わっていったのですね。

五《ご》花街はそれぞれの土地柄や、流儀が違う良さがあります。舞台の中の踊りの違いもそうですが、ある意味では花街の持つそれぞれの好みというのがあるのですね。髪型とか、お衣装の好み、みんな違います。それぞれ、ごひいきのお客さんがあるのですね。もちろんお客さんの自由意志ですけれども、ここに足を踏み入れたら違うお店へ行かないというのが、祇園なんかは大原則のようでございます。

先祖代々、同じお店に行くというのがいいとされております。そういった意味で「一見さんお断り」というのがあると言われています。一見さんやないから、もうよう分かっていますから、たとえば、お料理の好みはなんですかとか、そういうのは聞かんでも分かる。そういうお互いの信用は一日でこしらえたもんと違いますよ、ということではないかと思います。

京舞井上流の話に戻りますと、三世八千代が「都をどり」を始めまして、それから後、井上流が少し知られるようになりました。そして、愛子と申します私の祖母が、三世八千代の内弟子に入ります。明治38（1905）年生まれ、日露戦争の時に生まれた人です。

10歳くらいで舞妓に出ました。まだ子どもで、舞は大好きやけど、お座敷は「とってもあかんかった」と言うておりました。結局、お師匠さんの三世八千代、「都をどり」を始めた春子さんに引き祝い（※11）をしていただいて内弟子になりました。そのまま、そこの家の、お師匠さんの孫でありますす片山博通、私のおじいさんと結婚いたしました。

戦後に京舞というものが見いだされて、ブームになった時がございます。「京舞」という芝居（※12）を劇作家の北條秀司さんがかかれたことがございます。劇団新派の花柳章太郎さんと初代水谷八重子さんが初演なさった芝居でございます。

そんな京舞ですが、先ほどから申しております特徴を生かすことが大事やと思います。静かなものが多いですけれど、たとえば、先ほど私が一節、歌いました「黒髪」ですと、お座敷で見るのが一番いいのかもしれません。懐手をして、思案をするばかりというような、そういう舞なんですね。

私たちはいろんな劇場でさせていただくことがありますが、大劇場のように、たとえば視線も高く、大きく構えてというようなこともありますが、本来座敷舞的なものというのは、何かそれぞれがお客様と、これだけの方がお座りいただいても、対対《たいたい》で見ているような感覚の空気感がないと成り立たないと思っております。

ですから、舞台の作り方、そういうものは劇場の方々と協力し合いながら決めていきます。どういうふうに舞台をつくるか、この舞に合った舞台はどうなのかというと、これはもう長年の信頼関係やと思います。

井上流の技法、袖や袂を使うということは、原則的に女性が多うございますね。先ほど申しました懐手。そのほか、褄《つま》を取る。褄とは着物の裾の両端のことですが、裾をひきずっている人が持ち上げるともっと、きれいです。これは花街の女性のあり方みたいなことです。

それからお姫さんの動作。もうちょっと年配の人だと、袖が下がる。また、お袖とか袂というのは、人を呼ぶ。笑うというのもあるのです。もちろん、うれしい表現よりも、悲しい表現のほうが多うございます。笑うというのはなかなかないですけども、楽しいな、めでたいな、という時が一番能楽的な表現かもしれません。

扇は、私たちにとって一番身近なものです。扇がなくては舞が舞えない。たとえば、七福神の神様がいるとしますと、寿老人なんかの杖にもなる。恵比寿大黒天の恵比寿さんですと、お鯛さんになることもある。こうしたら釣り竿になる。で、釣りました、釣れました、はぁ、ここに鯛がのっていますよ。そういうふうになります。

それから、唐団扇《とううちわ》。神様方が持っておられる、こういう唐団扇。七福神は異国の神様が多うございますから、唐団扇を持つ。大黒さんやったら、打ち出の小槌と袋を持っている。小槌のほうは扇で表すこともございます。

作り手、使い手の話になりますと、一昨日でした

唐団扇

か、この扇について、ちょっと悲しい話を聞きました。私どもは京都のとっても古い扇屋さんでずっと作っております。決して安価なものではございません。需要がおそらく少ないやろなと思いながら、そこでお願いし続けております。そうしましたら、この扇屋さんが「自分たちもがんばっているのですけども」とおっしゃいます。

亀岡にも、滋賀県にも竹はある。地方によっては、扇に使うにはしなりすぎます。「しなり過ぎてちょっと扇骨《せんこつ》には向きません」と。

祇園祭の時なんかに、扇を売り出していますよね。このごろは着物姿の男性も扇を使われますが、そういった時に使われるのは90％、いやもっとかもしれません、中国製の扇骨やそうです。それが、どれだけ違うかというたら、10分の1ぐらいの値段だそうです。

「よいものはやっぱり日本の国内もんです。自分の身近なところで職人さんと対対で話をしながら作らせていただくのが一番いい」、「竹の中で一番いい部分を私たちがもらって、残りの部分も別の産業で使っていただける」という一方で、「あまりにも工芸の需要が少なくなりましたので、簡単なほうに気持ちが向いてしまって、そういうことができなくなっている。さぁ次、どこでしたらいいかなと思っています。亀岡がやめてしまったら、ちょっと遠出になるなというふうに考えている」ということです。

今、突然、需要と供給の話をしましたけども、身近なところでお話ししながら作るということ、そういうやり取りが大事やと思います。

これは「名取扇《なとりおうぎ》」です。椿が私どもの模様ですの

名取扇の説明をする
井上八千代氏

で、必ずこの形になります。「今度、「都をどり」で、こういう場面が出るんですけど、どうしたらいいですか」、「どんな模様がいいと思う、私も腹案がありますけど」、という時、「地元の扇屋さんです」と、いくつかの案を出してくれはるんですね。

今年の「都をどり」で言いますと、雪の女王さんの場面（※13）で、こちらの大学の学生さんに大変お世話になりました。扇も作っていただいたのですが、今持っているのとは違います。紫の衣装の雪の女王が使うのですから、銀系統の雪の降った扇にしてくださいとお願いしました。出来上がったのは、私の予想よりもっと大胆なものやったんですけれども、使わせていただきました。

この扇に関しては時間がなかったもので、実物を見ないでやり取りをしたんですね。そうしますと、出来上がったものは映像で見ていたのとちょっと違った。やっぱり、ちゃんとやり取りをしながら、メールだけでなく、じかに実物を見るということが本当は、とても大事なんやと思いました。

でも、こういうことができるというのが、京都の

第五景「雪女王一途恋（ゆきのじょうおうひたむきなるこい）」より「氷の宮殿」場面

よさであると思います。お衣装をつくるにしても、たとえば先日、私の娘の舞踊会がありました。清水《きよみず》さん（清水寺）の桜の時分の舞なんですけど、「どうしましょうか」と、「私にも案があるけれども、どんなんがいいと思う」と、いうようなことを相談しながら、絵を描いてもらうなど、やり取りができる。中途の段階で見せていただける。そしたら、家にあるこれは、この色にあがったら取り合わせられますね、とかいうことができるわけですね。

それなのに手軽なことを考えてしまう。電話やメールでやり取りして、写真を撮って送ったら、それでいい、というようなことをたくさんしております。今は、とっても難しい時代になっている。手早くことを済ませる、工程を省略するということが多くなり過ぎているかなと思います。私たちも反省することがあります。

舞って、やはり手づくりで、一対一で教えるということが基本やと思うんです。けど、数人が出るものでしたら、映像を見て並び具合、ここは違うほうがええことない、と言うて決めたりする。もっと進んでいる方はコンピューターで位置を決めるというようなことをおっしゃいます。

ですけど、手づくり感を京都はもっと大事にしてほしいなと、そういうふうに思います。身近なところでいえば、神社仏閣がいくつもありますが、映像だけ見たら行ったつもりになるというのでは、なんにもならないと思います。

今年の春秋座さんでの「都をどり」で、第2景に源光庵（※14）が登場します。これも学生さんが映像をこしらえてくれはりました。もう本番ぎりぎりでして、中日《なかび》にやり替えをいたしましたが、源光庵の舞台を、映像を見て、源光庵に足を運んでくださることを願っております。

先ほどの置歌の場面の次が、第2景です。都をどりでは、本来なら置歌から梅の場面があります。プロローグがありまして梅になりまして、夏の場面があって、何か物語が入って、秋の紅葉をごらんいただいて、冬の雪を見ていただく。

梅の場面がなかったので、学生のみなさんにお願いして、こしらえていただいたものです。雪の女王の映像も見ていただきましょう。

これは、現代美術作家のヤノベケンジ先生（※15）のとこの学生さんが「雪の女王」を翻案したもので、女王の杖や、かんざしの飾り物を作っていただきました。これは雪の女王のお城の部分ですね。ここで使っております扇も学生さんの制作です。この舞台で学生の皆さんとの関わりができたということが、私にとっては大変ありがたいことでした。場所を借りているだけでなく、関わりが持てたということ、作る人とのやり取りの中で、心の交流ができれば、もっとものができていくのではないか、というように思っています。

第２景「源光庵窓青葉（げんこうあんまどのあおば）」より源光庵の窓の映像

氷の柱もウルトラファクトリー（※16）につくっていただきました。ウルトラファクトリーと、うちの祇園の道具方とが協力してできたものでございます。どちらにもお話をした上で、させていただいたのが今年の「都をどり」の舞台でございます。

京都ならこそ、身近にいろいろなものがあります。たとえば舞台の背景となる場所もあり、すぐ見にいける。それと先ほどの着物をつくる、扇をつくる、何をするにしてもやり取りができる。こんなありがたいことはありません。

私は四世八千代、愛子の舞台にあこがれて、身内ですけど、子どもの時から、教えてもらい、舞台に魅かれて舞をすることになりました。

継承する、伝えるといいましても、最初は、その通りにすることから始めるんですね。守破離《しゅはり》（※17）でいえば、「守」というのは真似をすることから入っていくということ。「破」というのは、やはり師の真似ばかりではいけない。自分のもの、別の個体、別の人間ですから。娘の安寿子にしても、私と全く違ったものであるわけです。それは本人が考えないと仕方がないことです。別の人間ですから、伝えるということも違う部分がありましょう。

四世八千代の愛子は、明治の人でしたから、自分の意志ってなかったようなもんですね。もう何かのために、神に祈るような気持ちで、この仕事をしていたと思います。自分というもののない人でしたから。そういう時代の違いもありましょう。

これからの井上流京舞は「守破離」でいえば「離」。伝承ということも関係なしに、ただ舞台にあるという自然体になるということが、最後の目標であると私は考えております。ですけれども、そういったことが果たしてお客様に受け入れていただけるかどうか、こういう地味な京舞が今の時代に合うかどうか、ということには大変、疑問を感じております。

私の叔父で能楽師の片山慶次郎という人が言いました。「京舞は万人に受け入れてもらえるもんではないから、君はだれがやめても、一人になっても京舞をやるということが、君の責任である」と。まだ若いころです。随分、すごいことを言わはるなと思うておりましたが、そういったことかもしれません。

それを誰に分かってもらえるか。なかなか芸の中身というものは、たくさんたくさん舞った人でも取りようが違うんですね。一つの舞台、一つの曲でも受け止め方はみんな違う。ですから最後は自分でなんとかしないと、仕方がないと思っています。これから、京舞はどうなりますか。先ほどから申しておりますように、京舞はとってもゆったりしたもので、座りが多いですね。そういうものは本来、お座敷で見るものであるかも分かりません。そういうことが井上流の特徴であるならば、それを残したい。その中で、みなさんに愛好していただけることを考えたいと思っております。

［注釈］

（※1）祇園甲部歌舞練場が耐震工事で休館となったため、都をどりは平成29、30年と京都造形芸術大の春秋座で催された。今春は、新開場の南座で開催される。

（※2）花道の突き当りにある小さな部屋で、揚幕と呼ばれる幕で仕切られ、花道から出演する役者がスタンバイする場所となっている。

（※3）笛、太鼓などの鳴り物を鳴らすのが囃子方、三味線を弾き、唄を歌うのが地方。舞を舞うのは立方《たちかた》という。

（※4）市川猿之助監修「春秋座花形舞踊」公演が平成29年12月にあり、演目「流星」の中で尾上右近が宙乗りを披露した。

（※5）左手を掲げ、左方向に向きを変え、左足を出して右足を引きつける。次は右手を掲げ右足を出して左足を引き付け、前に出る型。

（※6）2歩、3歩下がりながら、両腕を体の横に開く動作。

（※7）明治のころの京都府の部長職。当時は、2代目の知事になる槇村正直で、新しい舞に合わせ「都踊十二調」を作詞したとされる。

（※8）古市の伊勢音頭の総踊りのこと。都をどりのモデルとされるが、亀の子踊りの名は、井上流に関する文献以外には見当たらないという。

（※9）都をどりの第一の演目で、舞台の内容を紹介する序曲の舞。

（※10）舞台に立つ全員が踊る総踊りと違って、その年の流行など小人数での踊り。

（※11）芸妓や舞妓がやめることを披露する祝いで、芸名や本名の書かれた三角の紙に白いものを付けて配るのが習わし。

（※12）劇作家北条秀司が書き下ろした作品で、劇団新派が昭和35年4月に明治座で初演。三世と四世八千代の師弟関係をモデルにしている。

（※13）都をどり第5景で、アンデルセンの童話「雪の女王」をヒントにした「雪の女王一途恋《ひたむきなるこい》」が上演された。

（※14）北区鷹峯の寺院。第2景「源光庵窓青葉（まどのあおば）」では、キャラクターデザイン学科の学生が丸窓からの景色を映像で表現した。

（※15）現代美術作家、京都造形芸術大教授。ユーモラスな形態に社会的メッセージを込めた作品は国内外で高い評価を得ている。

（※16）ウルトラファクトリーは、ヤノベケンジ教授がディレクターを務める学内工房。学生たちが雪の女王の杖や氷の宮殿などを制作した。

（※17）修行の段階。守は、師の教えを忠実に守る。破は、他の師や教えについて考え、取り入れる。離は独自の新しいものを確立させる段階。

髙橋　英一　氏

瓢亭十四代当主

全国の料理学校や講習会の講師として後進の育成と京料理の発展に努める。料理のみならず、茶道や花の教壇にも立つ。京都料理組合組合長、日本料理アカデミー会長など歴任。京都府無形文化財「京料理・会席料理」保持者。

今日は私が普段からいろいろと携わっております仕事のお話をさせていただきたいと思います。とにかく京都の文化は、ほんとにすごいですね。京都の伝統文化が他府県と違うところは、何と言っても宮中があり御所中心に発展してきた、そういう公家文化が非常に大きく影響していると思うのです。京都のあらゆる文化は、宮中中心の公家文化、〝京もの文化〟が発展してきたことが大きいと思います。

その京もの文化が発展する中心となってきたのが〝着物、呉服〟です。最近は着物を着る人が少なくなっていますが、反対に外国人は着物を着る人が多くなっています。着物を着て人力車に乗って観光するのが一つのブームになっています。私の近所でも平安神宮から南禅寺へのコースがあるのですが、残念なのはその風景には京都の文化が入ってないのですね。外国製の着物で、日本人好みでない柄、そんな外国人観光客に人気の貸衣装屋さんが街中に、雨後の筍の如く増えて参りました。

　昔は織物の町、西陣を歩くだけで、織屋建ちのお家が並ぶそこかしこから機織《はたお》りのガチャン、ガチャンという音がしてにぎわっていました。最近では少なくなっていますが。その技術は世界的に認められている素晴らしいものです。京都には他にも、染めや刺繍などいろんな着物の技術がありますし、また、それに付随する帯や帯締めや、かんざし、履物に至るまで、頭のてっぺんからつま先まで、京ものは素晴らしい文化なのです。昔の大旦那衆は呉服商さんが一番でした。今は着物を着る人も少なくなっていますが、私どもの昔の上得意のお客様は、室町や西陣の方が多く、そういう方に京の着物をいろいろ選んでもらうのは素晴らしいことなのです。

　京都には古くから五花街《ごかがい》（※1）という五つの花街があります。先月、祇園甲部の「都をどり」がありましたが、私も毎年、五花街の春の踊り、また秋のおさらい会の舞台が大好きで、代々、自分の目で見たお姐さん方の着物と絵柄、そしてお姐さん方の舞が印象に残っております。それぐらい着物は私の大好きなものです。私も商売柄子どものころから芸妓《げいこ》さんや舞妓《まいこ》さんを知っていまして、小さいときはボン、ボンと言われ、そのうちお兄さんと言われ、今ではお父さんと言われ、年をとったなと思います。都をどりを見せてもらっていますと、「お父さん、この前来てくれたはりましたなぁ」と言われ、「そんなん、見えるんかいな」と言いますと「後ろの席の顔まで見えますえ」と言われます。皆さん方も機会があれば観て頂きたい花街文化です。

　昔は鴨川の水がいろんな色にきれいに染まるぐらい友禅流しが盛んで、三条大橋や四条大橋を渡ると、反物が鴨川の流れに泳いでいました。それぐらい盛んでしたから、着物が盛り返してほしいと思っています。

　次に〝京焼清水焼〟です。非常に繊細な美しさで、上品な焼き物です。文献や当時の絵に残っているのは、東海道五十三次で京都に来て、蹴上《けあげ》から京へ入ってくると三条大橋に至るまで軒並み粟田焼《あわたやき》の窯元が並んでいました。その土は粘りの強い青い粘土ですが、素晴らしい土です。非常に水はけが悪いのですが、そういう土で焼きますと、薄く平らなものを焼いても、全然反りません。ピシッと焼き上がります。そしてお重のように何段も重ねて、しかもいろんな七宝《しっぽう》や編み目模様とか、細かい透かしを入れて焼き上げてもピシッとできるので、重ねたときに全然ぶれません。そういう素晴らしいものが焼けたわけです。

そして後々、野々村仁清《ののむらにんせい》（※2）、尾形乾山《おがたけんざん》（※3）、そういう方が出てこられると色絵という釉薬が非常に盛んになりまして、雅《みやび》な美しさがもてはやされるようになり、素晴らしい京焼清水焼が出回るようになったのです。私ら子どものころは五条通に黒い煙がいっぱいあがっていました。それほど盛んだったのですね。京焼を代表される陶芸家に、えいらくぜんごろう永楽《えいらく》善五郎《ぜんごろう》さん（※4）、また楽焼《らくやき》の樂吉左衛門《らくきちざえもん》さん（※5）がおられますが、永楽さんのような上品なあるいは派手な器でも、樂さんのような地味な楽焼でも料理と引き立て合う、そういう感性は歴代素晴らしいものです。こういう好きな器に料理を盛るのは実に楽しいもので

器は料理の着物

す。器は料理の着物ですから。

次に〝漆〟です。漆は京都府内で素晴らしいものができていたのですが、ある時から中国の安い漆に押されて生産者が少なくなったのです。その後これではいかんと、荒巻知事さんの頃に植樹が進められて、今は素晴らしい漆の木が沢山育っています。例えばお椀なら木の固まりをろくろで薄くくり抜いてお椀の形を作ります。京ものというのは薄いですね。その薄い生地に、布とか和紙とかを張り付けて漆を塗り固めていきます。そうすると落としても割れないような丈夫なものになります。

漆のお椀というのは特徴がありまして、熱いものを入れても熱くならず、冷たいものは冷めにくく、陶器ではそうはならないですね。絵の方は金蒔絵《まきえ》や銀蒔絵、色漆などを使って完成させます。棗《なつめ》というお抹茶を入れる器にしても硯箱《すずり》にしても立体感のあるあの蒔絵の技術はほんとに素晴らしいと思いますし、また細工が上品で、その豪華さは素晴らしいものです。なつめ棗は、最初のくりぬいた原型は、透かしたら向こうの明かりが見えるぐらい薄い柔らかい物です。それが塗り固めてできていく内にしっかりしたものになります。その技術は驚くほど見事なものです。

次に京菓子です。京菓子の特徴ですが、まずちゃんと甘い事がお菓子の大事なところです。最近のお菓子は甘さ控えめというのがよくありますが、私は非常に抵抗があります。甘さ控えめのお菓子をいただくと、お薄やお紅茶がおいしくいただけません。甘さをちゃんとしてお抹茶を美味しくいただけるというのがおいしい菓子だと思います。

京菓子に「はんなりとした美しさ」という言葉がありますが、「はんなりとしたお菓子」というのは、そのものずばりのリアルなものをつくりません。見たところ「何という銘やろな」という感じですが、お題を聞くと「ああなるほどな」というところがあります。さりげなく表現します。リアルなお菓子より、お題をきいて「なるほどな」という抽象的なおくゆかしいですね。私は京菓子組合の審査員もしておりまして、お菓子屋さんの息子さん、娘さんらが持ち込んだお菓子を審査していますが、最近、若い人の作品を見ても目に見えてリアルな物が多くなって来ています。だんだん、変わってきているのが少し残念です。「これなんやろな」というところがある、これが京菓子の特徴であり魅力だと思うのです。

最後は京料理です。京料理は京都の郷土料理と言えるかと思います。京料理は見た目を美しく、季節感と季節の食材を大切にします。また薄味とは違います。薄口醤油《しょうゆ》を主に使いますから色は薄い。そして食材の持ち味を生かして食べる。ちゃんとおいしい、これが一番の特徴です。食べる人にとって食材がよくわかって持ち味が生きてくる、これが一番大事なことです。こてこてにしてしまうとせっかくの持ち味がなくなります。その持ち味を生かすために一番大事なのはお出《だ》汁《し》ですね。お出汁がおいしいと、食材の味をよりおいしくする。出汁の特徴は食材の味を生かすことです。私は子どものころから父親には「食材が何からできているかわからんような料理は作るな」とよく言われたものです。色にしても、味にしても、形にしても、食材のうま味を出して表現するように、子供のころから出汁にこだわっています。

昔から料理屋はお客さん同士が胸襟を開いて膝を

食材の持ち味を生かす京料理

突き合わし、酒飲みかわしながら楽しむという料亭文化があったのですね。料理屋で芸妓さんや舞妓さんを入れて宴をすると、人間関係も和やかにうまくいくという面があると思うのです。

　料亭文化というのは、玄関から入って一つの文化が始まっています。廊下を歩いていくとだれそれの絵などがあって、また路地を歩いていきますと打ち水がされていて、緑が豊かで石や燈籠があって、そして座敷に入ると、そこにはしつらえがしてあって、床の間を拝見してお軸を見て生け花でその時々の季節を感じます。また、おめでたい時にはめでたいようにし、法事の時には法事のしつらえがあります。夏の季節になりますと、花器にしても陶器を籠花入れにしたり、涼しげなものにして季節感を出すわけです。京料理も「文化」それが京料理の一番の特徴ですね。

緑が豊かな庭を通って座敷へ

　そういう京料理が成り立ってきた歴史には四つの基礎があります。一つは宮中からでました有職《ゆうそく》料理《りょうり》（※６）です。今でも西陣の「萬亀楼」さんに残っていますが、白木の足のついたお台に、花など飾り物をして島台という台に蓬莱盛というめでたい盛り付けをします。それが宮中から出た有職料理ですね。

二つ目は寺院から出た精進料理です。生臭《なまぐさ》物を一切排除したもので、多いのは保存食で、季節でない時期でもよりおいしく食べられます。身近で一番よくわかるのはシイタケです。シイタケは生で食べてもおいしいですが、それをカラカラに干してから水に戻して戻し汁とともに炊いて食べると、生よりもはるかに歯ごたえがあって香りもよく、おいしく食べられます。巻きずしのシイタケがそうですね。山菜のゼンマイにしても春先のゼンマイはそれほどおいしくはないですが、カラカラにして戻しますと、とても香りと歯ごたえがおいしいのです。海藻の中でもワカメやヒジキ、アラメなども、時期に採れたものを保存して、香りを楽しんで食べます。植物性の食材を使ったのが精進料理ですね。

三つ目は茶道から発展した懐石料理です。利休さんの以前から懐石料理は形作られ、あったかい物はあったかいうちに一品ずつ運ばれてきます。そして取り廻しの盛り込み料理では器や箸を取り替えたりしていただきます。非常に食文化が高いですね。フランス料理といえどもそういうものはありません。料理ごとに鉢を取り替え手に取って廻して楽しむ日本独特のものですね。

取り廻しの盛り込み料理

四つ目は町衆のおばんざいです。町衆の各家庭で代々受け継がれて出来たもので、京都は非常に家庭料理の工夫が優秀だったのですね。京都で食べられる新鮮な海産物は少なく、他府県から乾物として入ってきます。それをイモなどと炊き合わせることで各家庭の味を作るのです。例えば、北海道から塩干の棒ダラが入ってくると、各家庭では日にちをおしまずうまく戻して、「自分とこはこうして」というその家の味でお惣菜を作ります。また、カチンカチンに干したニシンが北海道から入ってくると、それをうまく戻して甘辛く炊いてそばと一緒ににしんそばとして食べます。瀬戸内の干したチリメンジャコと鞍馬などの山椒の実を炊いたちりめん山椒もそうですね。なぜ他府県産の食材が京名物かというとそういう歴史があるのです。

そういうものを持ってくるのは北海道からの北前船（※7）などによる交易です。北海道の昆布、数の子などを運び、またその船が山形からはベニバナモチを積んで入ってくると、染め物に使ったり、またそれを京紅などに加工します。今でも京紅を塗った芸妓さんはあでやかですね。紅は、光によって変化するなまめかしい貴重なものです。

また、福井県の若狭の浜からはひと塩したものが持ち込まれます。グジやサバ、松葉カレイが若狭、小浜から今津、朽木、八瀬の鯖街道を通って入ってきます。それが京に来るころにはいい塩梅《あんばい》に塩が廻っておいしくなるのです。京都では御所で降ろされ、点々として、最後にさば寿司で有名な、祇園町にある「いづう」というおすし屋さんで荷を降ろすのですね、京都はハレの日（※8）のごちそうとなると、そういうさば寿司がごちそうなのです。なぜ京都で獲れないさば寿司がごちそうなのかといいますと、そういう歴史があるわけなのです。

そして、京料理の発展に大きく影響したのは京野菜です。京野菜は京都で生まれたものはなく、全て他府県から持ち込まれ、京都で原産地より立派に育つようになった野菜です。気候、風土が合って原産地より立派でおいしくなって京野菜となりました。

夏野菜はこれからおいしくなるのが「賀茂《かも》ナス」、ひょうたん型の「鹿ケ谷《ししがたに》カボチャ」です。これは鹿ケ谷の農家の方が盛岡のキクザカボチャを育てたのが元です。また「伏見トウガラシ」など、すべて地名がついています。冬野菜では「聖護院《しょうごいん》カブラ」が全国的に有名ですが、これも元はといえば、大阪の天王寺カブラが先祖です。それが京都に入ってきて、聖護院の農家で育てるうちに大きくなりました。天王寺カブラが信州に行って根が小さくなり、葉が立派になったのが野沢菜漬の葉っぱです。先祖は同じなのですね。

それから面白いのは「堀川ゴボウ」ですね。「堀川ゴボウ」は、ちょうど豊臣秀吉が堀川通りに聚楽第《じゅらくだい》を造り、のちに壊されたのですが、お堀が住民のごみ捨て場になっていたのですね。そのごみ捨て場からものすごく太いごぼうが出てきました。食べたら皮の周りがすごくおいしかった、それが研究されて作られるようになって、今の「堀川ゴボウ」になったのです。

中の空洞のまわりはスカスカですが、皮の周りの肉質がおいしい。科学的に分析すると、ビタミン、ミネラルが豊富で、ゴボウは根菜の中でも非常に栄養価が高いです。根菜の王様といわれます。繊維が多くて括約筋に活発に働きます。ですから出来るだけ毎日でも食べてください。ゴボウは年中取れますし、献立の方法がいくらでもあります。体に良いので大いに召し

賀茂なす

鹿ヶ谷かぼちゃ

伏見とうがらし

上がってください。毎日ゴボウの献立を楽しんでいただければと思います。

京都は海が遠いので新鮮な海のものが入ってきません。江戸時代の文献に残っているのは、大阪から淀川を上って高瀬川に入って来たのは「タコ」と「ハモ」とされています。京都人は「ハモ」が大好きで、祇園祭は「ハモ祭り」ともいわれますね。それほど人気があってよく食べられています。また「チリメンジャコ」ですね。

ハモの吸物

京都には川がたくさん流れていまして、川魚が多かったのですね。今は床《ゆか》が出てにぎわっていますが、昔は鴨川の両側に川魚料理を出す店がたくさんありました。鴨川では鴨川ゴリというぐらいゴリがとれて、これが有名でした。今の若い人は「川魚は小骨があって生臭い」と嫌いますし、コイなんか調理しても「グロテスク」ということで食べない人が多いのです。今、若い人が好んで食べるのはアユとウナギぐらいですね。

面白いのは「スッポン」です。昔から京都人は「スッポン」が好きですね。京都では花街に「ご飯食べ」という言葉があります。芸妓さんや舞妓さんがなじみのお客さんに「どこかご飯食べにつれて行っとくれやす」とか、お客さんが「どこかメシ食べに行こか」というのですが、お姐さん方に一番人気があるのは「スッポン」です。コラーゲンが体にいいといわれるようになる前から、お姐さん方に人気なのです。西陣に「大市」さんというスッポン料理のお店がありますが、ここのスッポン料理が抜群です。私も年に一回は食べに行きます。「スッポン」を生きている内からさばくのですが、「スッポン」は骨が硬いので甲羅を外し、おなかの骨のつなぎ目を十文字に開いて関節を切ってさばいていきます。それから炊いて食べるのですが、非常においしいですね。私は子どものころは「スッポン」が好きではなかったのですが、二十五、六のときに初めて大市さんで食べて以来、病みつきになりました。

　京料理は旬の食材を大切にして、メリハリのある季節感をまず目で楽しみ、味を楽しむもてなしの文化です。そして料亭には建物、しつらえ、空間、サービスなど日本の文化が凝縮されていますが、もてなしの心にはお茶の精神があります。お茶をしているか、していないかでも変わってきますね。そして食器の文化が日本のすごいところです。全国の窯元の陶磁器や様々な漆の塗物などの食器を使い，食器自体で季節を表現するのは外国にはないことです。また青竹とか石とかガラスとかを使って涼しげな表現もします。器や絵柄で季節感を出すというのも素晴らしい日本の食器の文化です。

　そしてお箸の文化ですね。これは大体、食べるのは「利休箸《りきゅうばし》（※9）」が多いのですが、これ以外にも「青竹」、「白竹」、「スス竹」「漆箸」とかいろんなものを使い分けます。これも一つの楽しみですね。料理屋で杉の両細の箸をつかうとき、今は真ん中に帯封をしている所が多いですが、昔はしなかったですね。今の時代「これはサラですよ」という証として使われているのですね。

　杉箸の場合、「白杉」と「赤杉」がありますが、切株の中ほどが赤いのが「赤杉」で、周囲の白いのが「白杉」です。これを使ったのが「赤杉」の箸、「白杉」の箸です。断然、「赤杉」の方が高級です。茶事の懐石では必ず「赤杉」を使います。その箸は絶対、出す前に水で濡らして使うのが約束事です。茶事の場合、最初に箸をつけるのはご飯です。表千家さんの場合丸形で、裏千家さんの場合一文字形のご飯が二口、三口入っています。濡らしておくのはご飯が箸にこびりつかないようにするためもあるのですね。八寸《はっすん》にしてもなんでも白木のものはすべて出す前に、水に濡らしておいてから使います。これがしきたりです。箸にしても美意識の文化があります。様々な使い方で種類があるというのは、これが食文化の高いところですね。

　次に包丁の文化です。世界の包丁は両刃《りょうば》ですが、日本の包丁は片方だけしか刃がついていません。研ぐ時は砥石《といし》で表の方を研ぎ、次にひっくり返して裏の面をサッと仕上げます。そうすると、すごい鋭角の刃ができます。それには裏側に秘密があります。裏は真っ直ぐに見えますが、砥石にあたる部分は一番上と下の刃の部分にしか石に当たりません。真ん中の部分はへこんでいるので浮いていて、これが鋭角になる元で素晴らしい切れ味になります。

しかもその包丁は使い道でいろいろ変わります。例えば魚を叩いたり、おろすのは「出刃《でば》包丁」、刺身は「柳刃《やなぎば》包丁」、野菜を切ったりむいたり刻んだりするのは「薄刃《うすば》包丁」。この三種類が基本です。この三本さえあれば大抵のものができるのが基本です。料理人になったら初めにこの三本をそろえます。そのほかハモの骨切りには、専門の長くて重たい骨切り包丁を使います。これを使うことで、複雑に入っている骨を皮一枚を残して細かく切っていくのですが、重い包丁はリズミカルにやると力がいらないのです。刺身包丁で骨切りしますと軽いですから力がいります。ハモはそうしておいしくいただきます。

また「むきもの包丁」という栗やクワイをむいたり処理したりする小さな包丁がありますし、「鰻《うなぎ》さき包丁」というのもあります。これは関東と関西で違います。関東はちょうど小刀のような形で刃がついています。関西は鉄の塊のような異様な面白い形をした包丁です。ほかにそば切り包丁や寿司切り包丁などもあります。とにかく、日本の包丁は非常に高い文化だといえます。

最後に私のこだわりについてお話します。とにかく、私は若い時から料理で一番大切なのは「だし」だと考えています。水は軟水が第一です。京都、大阪は軟水なので昆布の味がよく出ます。関東は硬水で昆布の味が出にくいため、かつお節文化なのです。私はある時期からまぐろ節と出合い、それ以来、まぐろ節を使うようになりました。非常に穏やかでおいしく、上品ですばらしい味となります。

とにかく水が一番大事だと思うのですが、平成四年にフランスでアラン・シャペルさんやトロワグロさんやピエール・カルダンさん方を招待して、五十人ほどの晩餐会を開いたことがあります。そのころ、フランスでは、すし、天ぷら、すき焼き、焼き鳥が日本料理の代表のようにいわれていたので、「何言うてんねん、日本には懐石料理があるぞ」と〝殴り込み〟に行ったのです。向こう（フランス）の水は硬水なので昆布出汁がでません。それで、大きなポリタンクに花脊《はなぜ》の水をたくさん入れて持って行きました。そのとき、運賃があまりにも高くついたので、後に向こうでいい水が入らないかと思っていろいろ調べてみると、ボルヴィック（※10）が何とかパスしました。以来、イベントの時はボルヴィックを使うようにしました。それはともかく、それほど出汁は水が大事で、その出汁を出す昆布は、利尻《りしり》昆布や日高《ひだか》昆布、羅臼《らうす》昆布などいろいろ試してみました。羅臼昆布、日高昆布はおいしいけど色が濃く出ます。利尻、礼文《れぶん》、香深《かふか》あたりで採れる真昆布の利尻昆布が一番上品でいい味が出ますね。

　科学的に証明されている昆布のいい出し方は、65度から70度のお湯で1時間ぐらい時間をかけると昆布の雑味が出ずに、旨みだけが抽出されるというデータが出ています。私も毎朝、8升（15ℓ）の水に300gの利尻昆布を入れます。そして一定の温度で1時間くらいかけておいしい出汁を出します。昆布を引き上げ沸騰する直前まで温度を上げます。そこへまぐろ節を入れ、火を止め20分程おいてから漉します。

　その削り節にはいろいろありますが、1匹の魚で作る節は背の部分が赤みで腹のところが脂の部分なので味が全然違います。背中の部分を「雄節《おぶし》」、腹の部分を「雌節《めぶし》」といいます。その「雄節」、「雌節」の両方を使うのですが、作り方は生の魚を5枚におろしてお湯に入れて火を通します。きれいに皮とか骨とかを落として整形します。そして、焙薫《ばいくん》と乾燥を繰り返してこの出来上がりが鬼節《おにぶし》とか荒節《あらぶし》と言います。それができましたら、更にカビ付けを3～5回繰り返すと、最高級の本枯節《ほんかれぶし》が出来上がります。これが世界一堅い食材と言われているものです。

　昔はよくこうしてカビつけしたかつお節を奉書《ほうしょ》で巻いて紅白の熨斗《のし》をつけ、婚礼とか新築祝いにしたものです。本枯れ節というのはカビ付けを3回～5回繰り返したものをいいますが、上品な味のものです。くせがないのでおいしいけど、何か物足りないところがあります。そのかつお節とまぐろ節の違いですが、かつお節は強い旨みがありますが、独特の苦みや渋み、えぐみ、くさみなどのくせが出やすい特徴があります。まぐろ節はくせがなく、品が良くて、とてもいい出汁がとれます。かつお節は火を止めたら2、3分ぐらいのうちにこしてしまわないと、苦み、渋みなどが出ます。こうして私は、代々、家でやってきたものを試行錯誤して、すっかり変えてしまいました。

あと、味付けでは砂糖を使います。砂糖は甘いだけですが、味醂《みりん》を使い合わすと砂糖にない旨みがでます。みなさんも大いに味醂をつかっていただくと、煮炊きしたものでも最後に味醂を入れますと、いい仕上がりになります。醤油には薄口と濃口がありますが、薄口は色が薄いけれど塩分が濃い。濃口は色と香りが濃いけれど辛みが薄いです。薄口、濃口だけということではなく、その辺の配合が大事で、薄口と濃口を合わせて使うとうまく合っておいしいものができます。ぜひ合わせて使ってください。

それから大事なのは塩ですね。塩は調味料の中で一番大事でないかと思っています。よく見かける一般的な精製塩は、同じ海水から採っても、ミネラル分はほとんどゼロ。短時間で純粋の塩ができますが、天然の塩とは中身が違います。天然の塩には海水のミネラル分が殆どそのまま残っていて少々取り過ぎても安心できます。というのは、お母さんのお腹の羊水に赤ちゃんがいるのと同じミネラルで、身体に良いです。口に入る塩は今日からでも天然のものに代えてほしいものです。

あと一つは酢です。統計的に男性は酢の物が嫌いで、女性は少々すっぱくても酢の物を好む傾向があります。酢をとるにはその季節の3種類以上のかんきつ類のしぼり汁を混ぜるように心がけてください。柚子は皮もおろして一緒に使うと、ビタミンたっぷりのしぼり汁だからお肌がすべすべで体によくて女性におすすめです。かんきつ類も1、2種類ではおいしくありません。レモン、柚子、すだち、カボス、ダイダイなど3種類以上が入ると、複合のすっぱさのおいしさになります。ぜひご家庭でお試しください。

最後は料理教室のようになりましたが、この辺で、私の京の食文化についてのお話を終わらせていただきます。

［注釈］

（※1）祇園甲部、宮川町、先斗町、上七軒、祇園東の総称。祇園甲部は春に「都をどり」、秋は「温習会」、宮川町は春に「京おどり」、秋は「みずゑ会」、先斗町は春に「鴨川をどり」、秋は「水明会」、上七軒は春に「北野をどり」、秋は「寿会」、祇園東は秋に「祇園をどり」の公演をそれぞれ行っている。

（※2）江戸時代前期の陶工。京焼色絵陶器を完成させたといわれる。

（※3）江戸時代の陶工、絵師。尾形光琳の弟で、洗練された中にある素朴な味わいが特徴。乾山が器を作り、光琳が絵を描いた合作の作品も多い。

（※4）京焼の窯元の一つで、千家十職の一つでもある。代々土風炉《どぶろ》、茶碗を制作してきた。

（※5）千家十職の一つで、楽焼の茶碗を作る茶碗師の樂家が代々襲名している。

（※6）朝廷や公家の人々が宮中で食した御所風料理のこと。萬亀楼は平安時代に宮廷の料理方を務め、現在も有職料理の伝統、技法を踏まえた食事を提供している。

（※7）近世から明治時代にかけて、北海道と大阪を結んだ廻船の呼称。北陸、奥羽、松前の海産物を買い入れて大阪へ運んだ。また西国からは米、塩、酒などを運んで売りさばいた。

（※8）古来より、祭礼や年中行事を行う日を「ハレ」の日と呼び、「晴れ着」「晴れ舞台」などと使用される。これに対し、普段通りの日常を「ケ」の日と呼び、日常と非日常を使い分けていた。

（※9）杉で作った、両端を細く削った箸。千利休が用いたのでこの名があるとされる。懐石のほか、一般にあらたまったもてなしや祝儀の膳にも使われる。

（※10）エビアンと並ぶフランスのミネラルウォーターのブランド。ヨーロッパでは珍しい軟水で、日本茶や出汁との相性がよく、日本での人気が高い。

池坊　専好　氏

華道池坊家元次期家元

諸災害の慰霊復興や人々の幸せや平和を願い、西国三十三所の各寺院やニューヨーク国連本部での献花（華）など、いのちをいかすという池坊の精神に基づき活動を展開。東京オリンピック・パラリンピック競技大会組織委員会文化・教育委員会委員。

今日は京都学のテーマである「よい作り手、よい使い手」にそって、私はいけばなの観点からお話ししたいと思います。

いけばなは、伝統文化です。伝統産業との大きな違いは、文化の中でも、とりわけいけばなの場合は、それを残しておくことができません。いくらすばらしい作品を生けても、それそのものを残しておくことはできないわけです。

ですから、そういった意味で、いけばなは残すことのできない難しい文化であると言えるのです。このいけばなが成り立つためには、実はいろんな人の手、いろんな要素が必要です。

たとえば、花材一つとっても、山や野に行って切り出してくる人、それを集める人、集めてきた材料を売る人、ハウス栽培などでそれを育てる人も必要になります。いけばなの材料が手元に集まってくるのは当たり前、ごく自然のように思いますけれど、実はそうではないのです。

花器も必要なものの一つです。いけばなは、器と上の花を一体に見て、一つの世界。どちらかだけがよくてもだめなんです。いくら上の花がよくても、器と調和していなくてはいけばなとはいえません。また、いくら器がよろしくても、上の花とのバランスが悪いと、良いいけばな作品とはいえないわけです。

どんな花器を、どういう状況で、どういうふうに使っていくのかが大きなポイントになります。

花を留める、花留《はなどめ》の剣山も必要になります。目に見えない部分では、鋏《はさみ》もそうです。花を生ける人にとって鋏は命みたいなものです。使い勝手のいい、よく切れる、自分の手の大きさに合った鋏が必要です。

いけばなと言いますと、普通は花のことをメインにお話していますが、今回は、後々にまで残る器と花との関係、器がいけばなにおいてどういった変化を遂げてきたのか、またそれを歴代の人たちは、どんなふうに使ってきたのか、ということをお話しできたらと思います。

初めに、簡単にいけばなの歴史を見てみます。

いけばな発祥の地とされる六角堂（※1）をご存じでしょうか。私はだいたい、いつもここで仕事をしています。京都の真ん中を指し示すへそ石（※2）がありますけれど、まさに京都の真ん中のところで花を生けてきました。

そもそもいけばなは、仏前供花《ぶつぜんくげ》、仏さまの前に花を供えるということから始まりました。仏教が伝来した時に仏さまを荘厳《しょうごん》する、お飾りする方法として、ろうそくの明かりを灯したり、香炉でお香をたいたりする、その一つとして花を供えるということが始まりました。

六角堂の初代住職というのは、実は小野妹子です。学生さんや若い方も小野妹子はみなさんご存じでしょう。小野妹子は遣隋使として隋に渡り、最先端のいろいろな情報や文化を持ち帰ってきました。その中に仏前供花も入っていました。小野妹子が、専務《せんむ》と名前を改め、朝な夕なに仏前に花を手向けたことがいけばな

上から見ると六角形の六角堂

の始まりとされています。そして、時代とともに、より技巧的に洗練されて今のいけばなという形が成立したのです。

いけばな自体は仏前供花から始まり、長い歴史があるのですが、池坊は文献的な裏付けである史料が残っているところからいうと、今年で556年目になります。史料というのは『碧山日録《へきざんにちろく》』(※3)という東福寺のお坊さんが書いた日記です。なぜ六角堂に六角堂の僧侶自身によって書かれた史料がないのか、と思われるかもしれません。六角堂は京の町中にあり、何度も何度も焼け、かなりの史料が焼失してしまっています。

この『碧山日録』の中に、六角堂の僧侶、池坊専《せん》慶《けい》という人が花を立てたことが記録として残っています。

1462年2月25日の記録の中に、しとしと雨が降り続いている中で、春公(室町時代の武将)に招かれた専慶が、金瓶《かながめ》の器に数十の枝を立てたところ、洛中の文化愛好家、いけばなの大好きな人が競い合って見に来たと書かれています。少なくとも、556年前には専慶という花の名手がいて、その人が立てた花は一定の評価を得ていたということが分かります。
その当時は、どんな花だったのか。実はそれについての詳細は書かれていません。金瓶の器に花を立てたとしかありませんが、こうであっただろうと、２０１２年の花展で復元しました。想像の世界ではあるのですが、常緑の松の木があって、その時の季節の花があるというシンプルな構成だっただろうと考えられます。

どうして復元できたのか、推察できたのかと言いますと、根拠になるのが、『花王《かおう》以来の花伝書』です。これは室町時代に成立した現存する最古の、花に関する伝書といわれています。１４８６年から１４９９年くらいに相伝されたと奥書にあります。

『碧山日録』の専慶の花というのが１４６２年ですから、25年後ぐらいになるのですが、その花伝書を見ますと、軒の下に花が吊るされていたりして、仏前供花よりも私たちの暮らしに溶け込んでいったことがうかがえます。

同じ花伝書の中で、柱飾りの花、座敷の柱を飾る花も描かれています。絵を見るとかなりシンプルで、あまり凝っていない。とても素朴な感じがします。

『花王以来の花伝書』から、どんなことが分かるのかといいますと、まず一つ目は仏前供花、座敷飾りの立て花があり、その一方で、室町のこの時代に生活の花、吊ったり、掛けたりといった花が存在していました。そしてこの生活の花の特徴としては、技巧的というよりも、自然の景色を切り取って持ってきたような、そういういけばなだっただろうと思われます。

二つ目は行事、節目に応じての花ということです。たとえば元服や婚礼、あるいは仏事に関する時、そういった節目、節目、行事の時にはこういう花を生けますよ、という記述もありました。室町期にはすでに、仏さまの花から徐々に、私たちの暮らしや、暮らしの中の節目、行事というものに即した花の姿に変わっていったのだろう、ということが分かります。

さて池坊にとって大切な理念、哲学があります。室町時代の家元池坊専応《せんのう》による花伝書『専応口伝《くでん》』（※４）の中に書かれている理念をとても大切にしています。

その巻物の中に、「草木の風興をわきまえた　よろしきおもかげをあらわす」と書いてあります。いけば

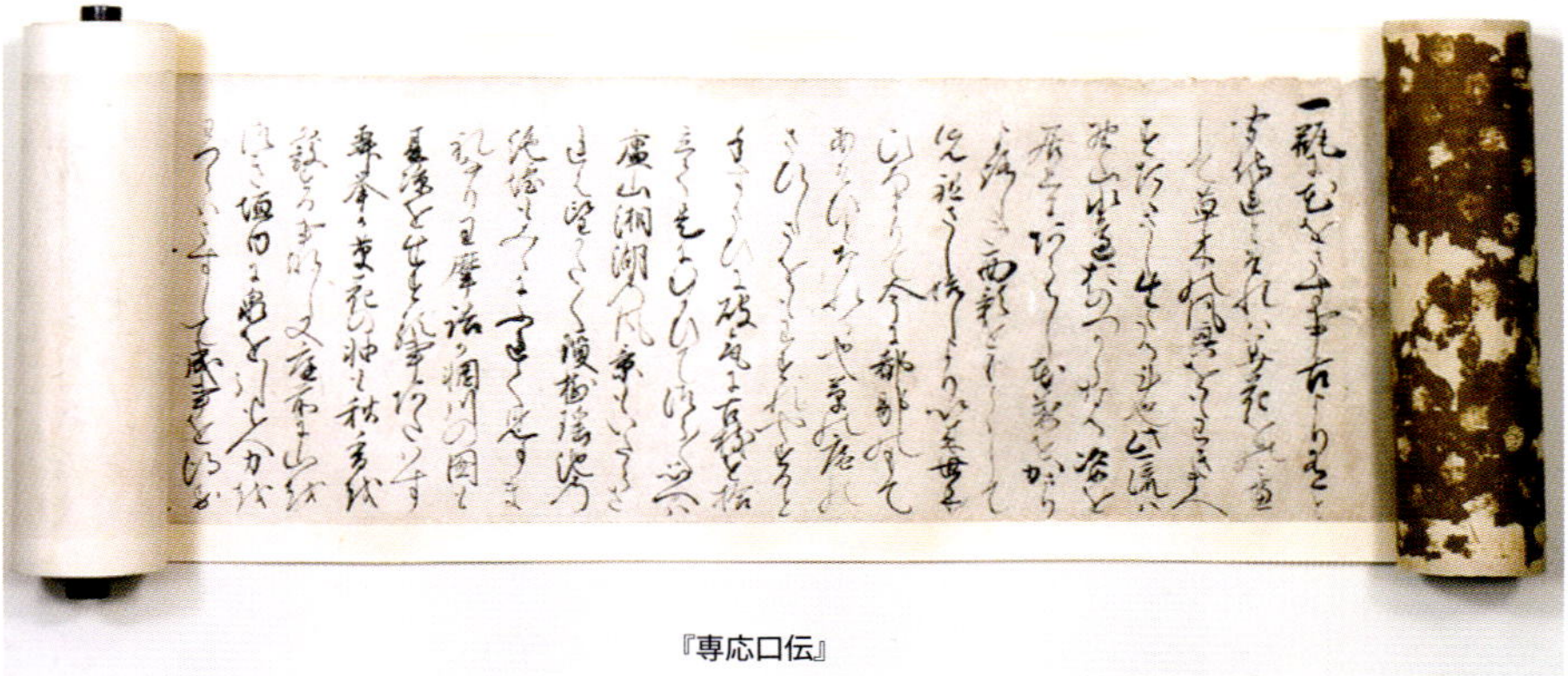

『専応口伝』

なというのは、草木の風興を大切にしています、ということがいわれているのですね。

草木の風興とは何かといいますと、それぞれの草木が育ってきた環境、あるいはそれぞれの本来持っている性質、そういったものを活かし、感じさせる自然の姿。「よろしきおもかげ」ですから、目に見えないわけですけれど、それがどんな環境で育ってきたのか、実際に草木が生えている環境を連想させるような、草木の自然の姿を存分に生かすのがいけばなです、ということが書かれています。

ですからいけばなは、フラワーアレンジメントではありません。形を作ることではなくて、自然に生えている草木の状態や、草木の中に備わっている本質、特性、そういったことを考えて生けるのがいけばなであるといわれています。

さて、『専応口伝』の中には、こういう文言も書かれています。「瓶の中に花をさすことは昔よりあるが、それは美しい花だけを感嘆、称賛して、草木の風興をもわきまえず、草木が実際、どのような状況で自然に生えているのか、そういうことも理解しないで、たださしているだけである」、「自分たちがこれからしようとしているのは、そういうことではない」ということを言っています。

そして、枝についている花や葉を装飾ることを装飾と、思いがちですが、付け足すのではなくて切ったり、省略したり、ちぎったりすることも全部、飾りである。そういうことをしながら植物が本来、生えているような、「よろしき面影」を基本にして、お手本にして生けているというのです。

また、「破瓶古枝《やれがめふるえだ》を拾い立て」とあります。重要なのは生ける器です。『専応口伝』のころというのは、中国からやってきた古い銅器が一番いいとされていた時代です。それに対して、『専応口伝』に表される言葉というのは「破瓶古枝」ですから、割れてしまったような、一見傷んだようにみえる古い瓶に、わざわざ古い枝を拾って立てていると言うのです。古い枝でも価値があるし、破れたような壊れた瓶でも趣がある、独特の風情があるというわけです。

そして、そういったものを立てること、生けることによって、「飛花落葉《ひからくよう》のかぜの前に。かゝるさとりの種をうる事もや侍らん」となります。風が吹くと花が散り、葉が落ちます。これは自然なことなのですが、自然な状況、自然なあり様を見て、「ああ花というのは、あるいは葉というのは、ひとところにとどまってはおけない。命というのは常に変わっていく、栄えては滅びていく。それが自然な摂理なのだということを悟る、あるいは悟るきっかけになるのではないですか」ということを言っています。

自然のそういった植物の姿から、この世の摂理に気づくという、まさに花を生ける技術だけではないですね。花を生けることによって、この世の摂理も知るかもしれない、そういうところにまで考えを膨らませていく、そのようなことが『専応口伝』から分かります。池坊では、この考え方を非常に重要な私たちの流派の心として、多くの方々にお話しし、お伝えしています。

これから少し、専応が好んだ花器についてお話しします。

器ということに関して言いますと、茶の湯の世界では、よく家元好みということが言われます。歴代の家元が好まれた、考案されたものに対して、作る側がそれに応えて意を汲んで、あるいは双方の間での意見交換や、話し合いがあって、一つの形、器ができる、また一つの時代ができるということになります。

いけばなにおいては、どうであったのかと言いますと、専応のころというのは、当初は中国からの輸入した青銅器や銅器がもっぱらでした。

このころはまだ、器に関する資料があまり残っていないのですね。必ずしも専応は、これを好んだと言い切れない部分もあるのですが、一代後の専栄《せんえい》という人については、伝書の中に使っていた器の姿が残っています。一代しか差異がありませんのでおそらく、こういった感じの器を好んだのではないかということが考えられるわけです。

専栄は上品で、シンプルなものを好んで使っていたということがわかります。

専応も専栄も、中国渡来の銅器をそのまま使うというよりも自分の好みを反映して、すっきりとしてシンプルなものを使ったとされています。それによって、器の上の花をより引き立たせる役割ももっていました。

この専栄のころというのは、室町から戦国時代に入っていきます。専栄は、専応の花の理念、専応が打ち立てた哲学を継承し、立花（※5）という約束事のある古典的な花の構成の基本をつくった人です。茶の湯が、はやり始めていたという時流を意識して、花伝書に「生花《いけはな》のこと」という条文を加えたりもしています。

では、専栄の花がどういうものだったかを見てみましょう。掛け軸が後ろに掛かっていて、ろうそく、香炉、花という三具足の両脇に、また花を置いています。一見すると、三つとも同じ花のように見えると思います。雰囲気が似ていますね。花（花形、生けた形）の中には「真《しん》、行《ぎょう》、草《そう》」というのがあるのですが、中の花は「真」の、最もフォーマルな花の姿です。

そして両脇にある花は「行」。少しくだけたというのでしょうか、そういう花の姿になります。器を見ますと、器もちょっと違うということがお分かりいただけますでしょうか。真ん中の「真」の硬い感じに比べると、両脇にある「行」は少し変化がついた花の形であり、器であるということになります。

一方で、立花瓶《りっかへい》という大きな器もつくられていきました。このころ日本でも銅が産出されて、銅器の生

三具足と脇の花

産が行われていたという記録があります。こういうことができるようになりましたので、非常に大きな立花を生けることができる器も作られています。いけばな作品を生ける上で、その当時の家元が自分で好んで、要望を出して作っていったことを窺い知ることができます。

さて三十一世、初代専好《せんこう》（※6）。この人は安土桃山から江戸時代、織田信長が天下を統一して、関ヶ原の戦いで徳川家康が勝利して江戸幕府が開かれる、そういう時代の人です。皆さま、ご記憶にございますでしょうか、2017年、「花戦《いく》さ」（※7）という映画が公開されました。「花戦さ」の主人公になったのが、初代専好という人なんですね。映画では、野村萬斎さんが初代専好の役で、とても生き生きと、どちらかといえばコミカルな、ひょうひょうとした初代専好を演じられました。

また、映画の中で使われる、この当時のいけばな作品を大きなものから小さなものまで、200以上を復元しました。

初代専好は、まさに大立花師、いけばなの名手といわれ、有名なエピソードがあります。花の名手でしたから、度々、戦国武将に望まれ、花を立てていたのですが、中でも前田利家の館に豊臣秀吉がやってくるということで、前田利家に頼まれて花を立てた。そして、その大きな作品は「池坊一代の出来物」と高く評価されたことが史料に残されています。

映画の中でも、この作品を復元しました。残っている史料というのは『前田亭御成記』で、その中から、豊臣秀吉のために初代専好が立てたのは、こういうものでしたよ、ということが分かります。

この後ろの掛け軸、猿猴と書いてあります。略してあるのですが、猿が20匹ぐらい、いろんな動きをしている猿の絵が描かれています。それに合わせて、その前には広口の砂鉢のところに松を配しています。横幅はだいたい4間、7・2mぐらいあったといわれています。

後ろに猿の絵が描かれていますので、少し離れて、豊臣秀吉の側から見ると、まさに松の枝の間に猿が顔を出したり、松の枝をつかんで飛び移ろうとしていたり、絵といけばな作品が一つの世界として見えていたといわれています。

今、こういうものを復元するのはなかなか大変です。松の枝を取りに行く人もそんなにいませんし、松の枝自体も少なくなり、技術的にも困難です。

昨年（2017年）、これを花展で復元した時、マスメディアの方から「いったいどれくらいかかるのですか」と聞かれました。人件費や、花材費等を合わせると1千万円ぐらいかかる作品となりました。時の権力者を迎えるためですから、それぐらい豪壮なものを生けたのでしょう。

さて、その次に出てきたのが同じ専好という人です。二代専好の時代というのは戦国時代が終わりを告げようとしているころ。江戸に幕府が開かれ、都では後水尾天皇が即位され、「寛永文化」が成熟している時です。

この人も、初代専好に続いて立花を大成した人です。後水尾天皇をはじめとして公家たちをいけばなの技で魅了して、宮中の中で何度も立花会、今でいういけばなの展覧会を開催しており、そこでの指導も行ってい

前田邸大砂物

ます。

仙洞御所で専好が立てた花が絵図として残されています。これを見ると、いろんな書き込みがあります。器はシンプルに、簡略にしか描かれていません。器の形状を見ると、シンプルであまり技巧を凝らしていない様子がうかがえます。

これも、『立花之次第九拾三瓶有』の一つですが、こういうふうに、いつ、どこで専好が、どんな花材を使って花を生けたのかということを、私たちはたどることができるわけです。

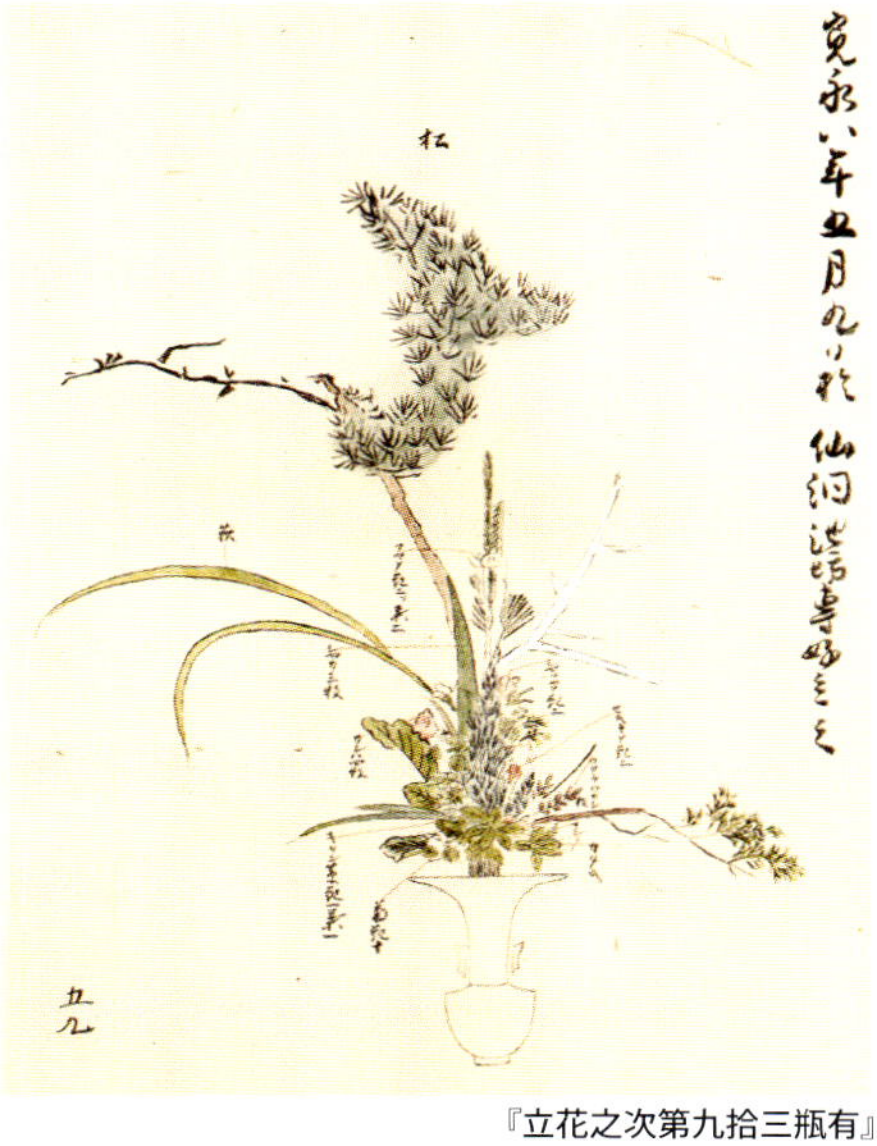

『立花之次第九拾三瓶有』

専好が使っていた立花の器の特徴というのは、とても端正で落ち着いている。そしてどちらかといえばスッキリとした、あまり器そのものに文様を施さない感じです。今は剣山を入れますが、この当時は込藁《こみわら》といって、藁を束ねたものを花留にしていました。

専好の花形というのは素直、のびのびとしているところが作風ですので、それと合うように、この器も非常にスッキリとして、専好の持っている作風の素直さとか、優美さと合致しています。

歴代の家元たちがいろいろな器に、いろいろな花を生けており、生けた花や花を生けた人というのは意外と絵図に残っています。誰が、どこで生けたというのが分かるのですが、器に関しては分かっていないことが多く、作り手の名前は残っていないことが多いですね。

といいますのは、作る人というのは、あくまでご本人が、器作りの作家というより、職人である、縁の下の力持ちというのでしょうか。自分の名前を表に出すのではなくて、一職人として文化を支えているという立場から、あまり名前を残されていません。

でも、「天下一越後守《えちごのかみ》」という名前が残されている器もあります。名前が判明しているのはいけばなの器ではとってもまれなことで、越後守とは、いったい誰かということになります。

いろいろな可能性が考えられます。まず一つは仏具屋の越後さん。三条寺町を東に入ったところに住んでいたということが分かっています。三条の釜を作る人で、名越浄祐という人がいて、その人ではないかということも言われています。さて、同じこの天下一越後守が作った中に「雷紋獣面耳大砂鉢」という作品があります。これは青銅器でできていて、高さ30・8cm、幅は119・2cm、奥行き69・1cmとかなり重量感のある大きなものです。なぜ、この人と分かるのかというと、底のところに作者の名前が書かれていました。「天下一越後守」が仏具屋の越後さんか、釜をつくる名越さんか確定できませんが、三条通は釜師が多いところでした。技能は高く、釜だけではなくて、六角堂の鐘や、花器や灯篭なども作ったといわれます。三条通に釜師が集まって、いろいろ話をする中で、こういうものをつくろうというアイデアになったのかもしれません。

　これは非常に大きな器ですので、お城や、お寺の大書院に飾られるものです。非常に格式の高い場に飾られるということで、通常は名前を残しません。それで、作った人も自分の名前を残すとしても、器の底に入れたのではないかといわれています。

　専好以降、銅器はどう変わっていったのでしょうか。専好の周りにはいろいろな門弟さん、僧侶や、高弟といわれる人たちがいました。彼らは弟子だったわけですが、彼ら自身、独自の作風、自分の感性を追及していきました。

　大住院《だいじゅういん》以信《いしん》という人は二代専好の弟子で、本能寺の僧侶でもありました。これをご覧いただくと、藤の花が躍動的に曲線を作って、専好のすっきりした優美さ、素直さに比べると、作風がかなり違うことがお分かりになると思います。あまりにも対照的な曲線を好む、奇抜な枝を好むという作風だったこともあって、専好の亡くなった後は、高弟の間で対立が起きて、最終的には破門になっ

銘「天下一越後守作」

銅 竹節文遊環耳付立花瓶（天下一越後守作）

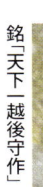

てしまいます。

専好が、素直で優美で、直線的な、抑制の取れた美しさを好んだのに対して、大住院はとても流動的、躍動的、曲線を使った華やかなものが好きでした。器に関しても、ちょっと目先が変わったものを使っていたのですね。

その一つが転用立花瓶で、何から転用したかといいますと、火鉢です。本来なら火鉢として使うものを、花を立てる器として、自分の作風の個性的なものと合わせて使っていました。とても装飾的であり、躍動的であり、色彩的です。

『大住院立花砂物図』

彼は「見立て」ということも積極的にしているのですね。本来とは違う目的で作られたものを器として見立て、それを使っていくという個性的な作風ですけれども、江戸の気風と合って、武家社会に受け入れられました。その当時、こういった新しい気風や、新しい挑戦が求められていたのです。

師の専好とは全く違うけれども、一世を風靡《ふうび》した人物でもあります。

大住院は手水鉢も器として転用しています。本来、手を洗う手水鉢にたくさんの色を用いて、流動的な形にして、造形としてもおもしろいものに仕立てました。個性と個性がぶつかるような、師の専好にはない世界です。

もう一つ、手桶も器として転用しています。この作品は装飾的ではないけれど、大住院は変わった、奇抜な、人の目を引くようなものを好んだ人でした。大住院が立てた花の図は、専好に比べると重く、ボリューム感があります。器も胴の周りが装飾的で、個性の強い大住院とすぐ分かる世界が展開されています。

十一屋太右衛門《じゅういちやたえもん》、この人も二代専好の弟子です。いけばなは左右が非対称なので、バランスが取りにくい。バランスの取りやすい器を使っていて、専好の流れを継承した人です。器も、この時代、元禄の後半になると、少しずつ装飾性の高いもの、華やかなものが好まれるようになってきました。時代の価値観、何を求めているのかの影響を受けつつあります。

猪飼三枝《いかいさんし》と藤掛似水《ふじかけじすい》の二人は、太右衛門の後を継いで、まだ小さかった専養《せんよう》（三十四世）を支えた人です。藤掛似水は、専好の再来と称賛された実力のある人です。大阪で活躍して庶民の花としてのいけばなを広めた人ですが、元禄のころに生ける作品も個々の個性があり、絵図を見ても、かなり変化しています。直線的な、造形的な、装飾的なものが「よし」とされた時代背景を感じさせられるのではないかと思います。

銅 輪花口宝結文蝶耳付立花瓶

1692年、東大寺で大仏の開眼法要がありました。その時に花を生けたのが、藤掛似水と、その一門であったといわれています。その時の大仏開眼供養の立花の図を見ますと、猪飼三枝と藤掛似水が、対になるように花を立てています。

反《そ》りが対称になるような、松の枝を探して、対になる、二つで一つになるような作品を生けたといわれます。これは大きな作品で、実は今も藤掛似水の生けた華《け》瓶《びょう》が東大寺の大仏の前に残っています。「藤掛似水門葉」と書かれています。門葉《もんよう》は社中の意味で、似水と生徒さんが華瓶を寄贈したといわれています。東大寺に行くことがあれば、ぜひご覧いただきたいと思います。

どれぐらいの大きさだったかと言いますと、華瓶が2・3m、松を使った作品が9m、下から上までおよそ12mです。このいけばな作品が大仏の前に飾られていたということをイメージしてみてください。

1700年代末から1800年代始めの専定《せんじょう》（四十世）の時代になりますと、町民層が活躍します。時代は制度が疲労し、硬直化してきます。専定は絵師に描かせて作品を後世に残しています。本人も江戸後期の画家、岸駒《がんく》に習っていて、絵心があったのです。寛永年間に後水尾天皇の立花サロンでは絵師に書かせたこともあったのですが、一般的ではありませんでした。

専定は絵師に描かせることで、いけばな作品を保存していく、また後世の人がそれを見た時、お手本として勉強できると考えたのでしょう。絵師を介在させることによって、いけばな文化の伝統を継承することを大切な役目としていました。

専定が作らせた器は、実際に花を生けて、絵師に描かせることによって保存されています。広口の砂鉢の水盤にも生けています。自分の作品ばかりを集めた『挿花百規』という本もあります。江戸後期の京都の画家、松村景文《けいぶん》が描いたとされていて、横山清暉《せいき》という景文の弟子にあたる人が「景文先生が描いていたものを私が引き継いで描いています」ということが書いてあります。それまでは、だれが描いたのか、絵師の名前はほとんど書かれることはありませんでした。

専定は、自分自身も絵を描き、絵心があったので、絵師の立場に立って残そうとしたのではないかとみられています。絵師がいてくれたおかげで、いけばなという本来残らない文化がきちんと伝承され、成り立っていったというわけです。

『挿花百規』

江戸時代後期から幕末というのは、商人の経済活動が活発化する時で、この時期の家元が専明です。この人はいろいろな器を使っています。女性の入門者が増える時代です。状況の変化に合わせたいろんな器を作り出しています。

その一つが、「御玄猪《おげんちょ》」といわれるものです。「円三方」といって神前に物を供える時に三方に入れるといわれています。字を見ると分かりますが、10月の猪の時にお餅を食べると病気をしない、イノシシは多産で子孫繁栄につながる、ということで、円三方からの連想で花の器を考案しました。

歴代の家元は社会状況や、自分の好みに応じて、また故事をたどりながら対応してきました。四十二世専正の時代になりますと、幕末から明治にかけて、いけばなの支持層が一般女性に変わります。それまでは、男性がやるたしなみでしたが、女性が生けるようになりました。

御玄猪

専正の時代にも面白いエピソードがあります。舞台は長浜市にある慶雲館（※8）。明治天皇が事実上の東京遷都後、皇后とともに、京都にお越しになる際にお休みになる施設を、滋賀の実業家が私財を投じて作りました。玉座がありますがここに池坊が花を生けております。それがこの作品だったといわれています。器も面白いものですが、上の作品を見ていただくと、松と竹を半分ずつにして一つのものとしています。「二つ真」と言われるものです。夫婦であるとか、七夕の彦星と織姫のように、もてなす対象が二人の時に生ける特別な花で、「二つ真」が一番いいと考えられたのでしょう。松と竹は松竹梅といわれるようにおめでたい花材です。松は永遠性を、竹はすこやかさ、しなやかさ、強さを表します。そこに当季の花、この時季ならではの花を合わせて生けたことが分かっています。この枝で、手のひらをきゅっと、返したように見えるかと思います。「かえり枝」といいます。直接には言

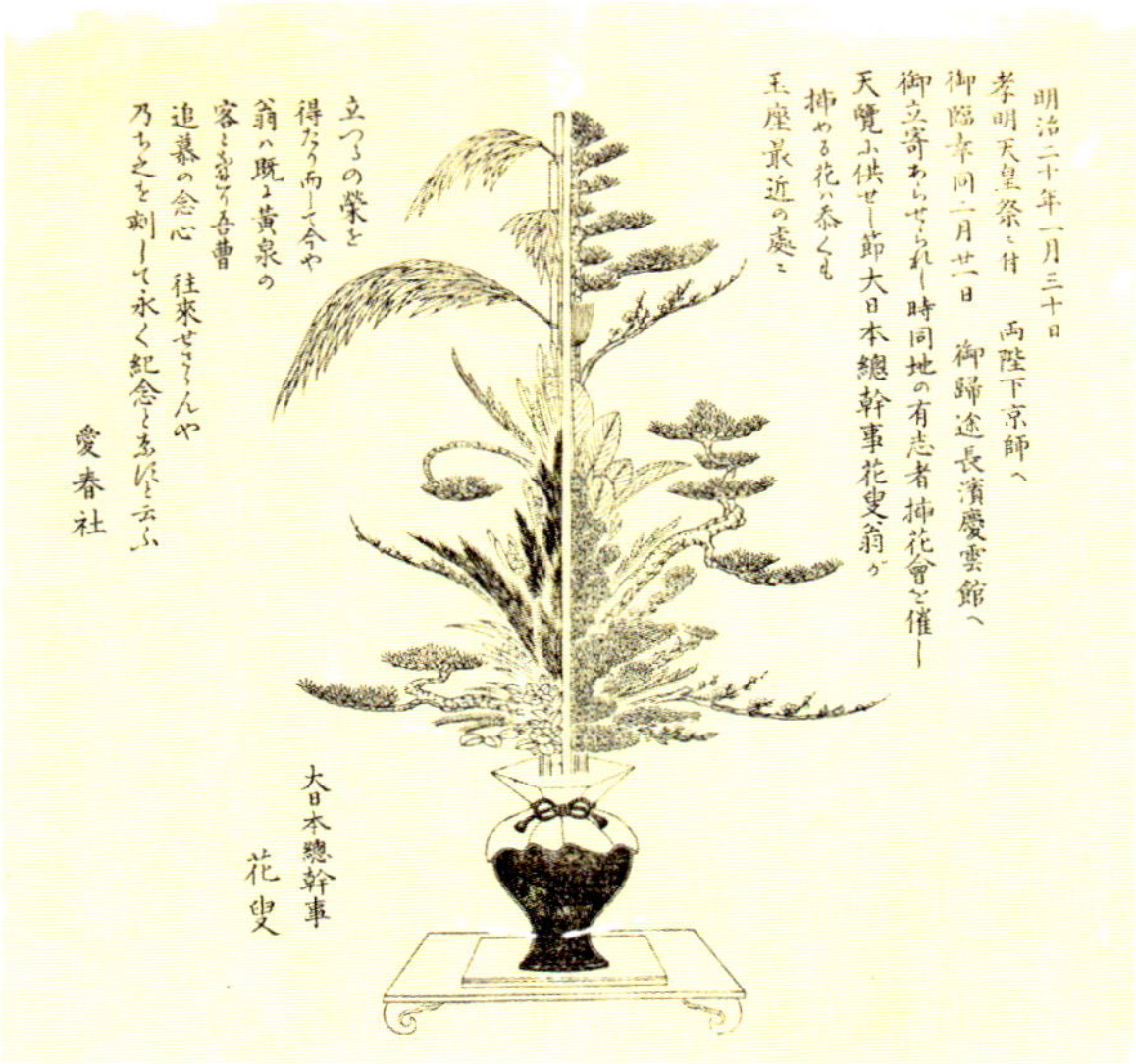

慶雲館玉座の間に飾られた立花

えることではありませんので、「また帰ってきてください」という願いを込めたのではないか、人の心が代弁されているのではないかと言われています。

それ以外にも、慶雲館に生けられた花の図の下絵が残っています。絵師がかいたものに対して生けた人がコメントを付けています。「松笠が、ひとかたまりと分かるようにしてください」とか、「名前のところは別の位置に切り替えてください」など、絵に対するこまかい指示が書いてあります。

絵師は絵を描くことについては専門家ですが、花の専門家ではありません。花を生ける人、生ける側の立場から見ると、生ける時にどういうことに注意して生けたか、こういうことに気を付けないといけないとか、実際に生ける人が後で見たら分かるようにしたい。絵の完成度だけではなく、きちんと残しておきたいと考え、こういった指示を出したと思います。

絵師に注文を付けることによって、絵師が注文に

慶雲館に生けられた花の図の下絵

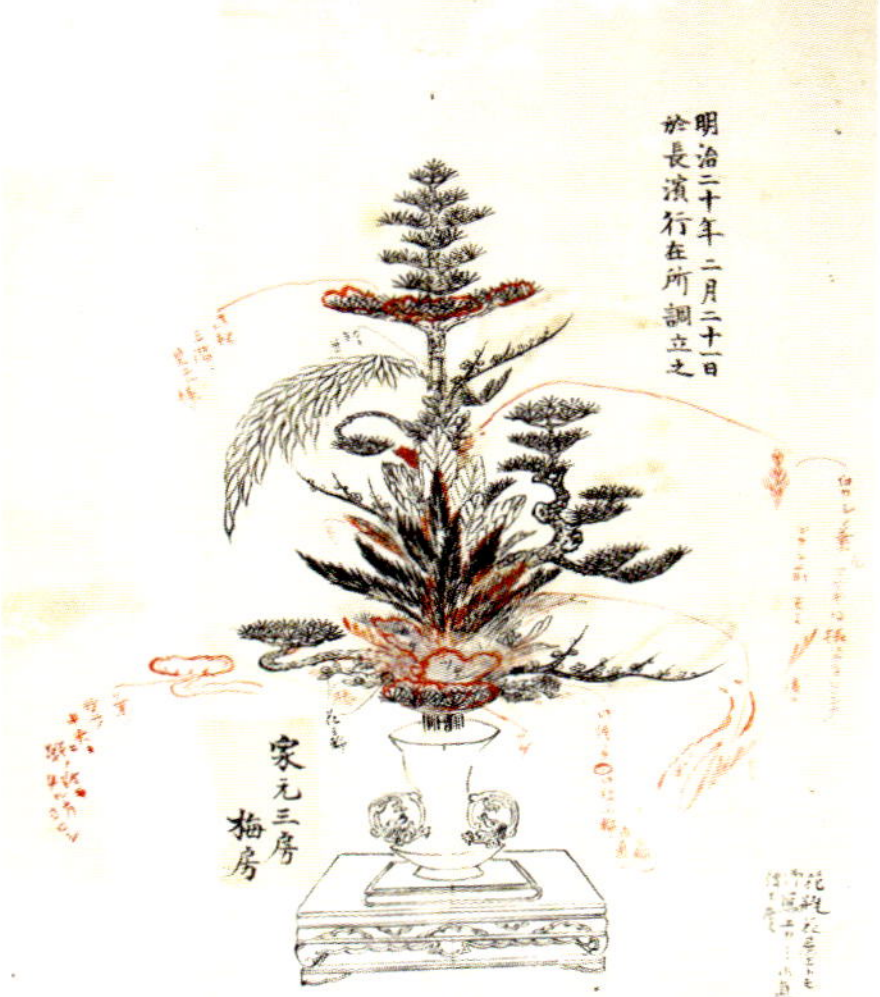

応えたからこそ、分かりやすい形になって、私たちが恩恵を受けて、生けたり、勉強したりできるということです。

　現代の器に対して、私たち花を生ける人間は、いつも器からインスピレーションをもらっています。いつも器の存在ということを意識しています。

　いけばなというのは自然環境、木々草木がどういう環境で育っているのか、それを準備してくださる方々、また使っている道具、たとえば器の作り手、生ける人と作る人のそれぞれの交流があって成り立っています。また、その中には絵師という存在もありました。その時代の中で、重厚なものが求められてきたのか、華やかなものが求められてきたのか、そういった時代性の変化もありましたが、それぞれが深くかかわることによって、いけばなという文化が伝承され、保存され、継承されてきたというように思います。

　それが可能だったのは、京都がある意味、狭い町だったからではないでしょうか。近い範囲に、それだけの技能や感性を持った人たちがいて、それぞれが顔を見ながら相談し合ったり、希望を出したり、こまめな交換ができたからこそ、お互いに刺激を与え合いながら、よりいいものを作りたい、より合うものを作りたいということになったと思います。まさに相乗効果ですね。

　長いいけばなの歴史の、器の変化を急ぎ足で振り返りました。いけばなは、普段は器の上の花ばかり表に出ることが多いのですが、器も注目して見ていただくと、たとえば同じ銅器でも、いろいろな変化があり、楽しんでいただけるのではないかと思います。

　同時に、作り手と使い手の交流が、またそれぞれが京都の文化を進歩、発展させてきたということを私自身も、深く実感しています。

【注釈】

（※1）中京区六角通東洞院西入ル堂之前町にあり、正式名称は頂法寺だが、本堂の形から六角堂、六角さんと呼ばれる。華道家元池坊が代々住職を務め、いけばな発祥の地とされる。

（※2）六角堂境内にある。寺伝では旧本堂の礎石という。六角堂が町衆の信仰を集め、京都の中心とされたことによる名前とみられ、要石ともいう。

（※3）室町時代の東福寺の僧侶・太極の日記。不安定な政情、社会不安など応仁の乱の様子や僧の仕事などについて書かれている。

（※4）技法のみならず、思想的な面も含むいけばなの理論を確立した専応の花伝書。

（※5）座敷飾りに定着した後、江戸前期から後期にかけて流行し、より豪華になっていく。明治に定められた規範「立花正風体」、当代家元による「立花新風体」がある。

（※6）三十一世の初代は、立花を立体感のある構成に発展させた。二代三十二世は立花の大成者。三代三十五世は、焼失した六角堂を現在とほぼ同じ形式で再建した。四代は次期家元池坊専好。

（※7）２０１７年６月に公開された。初代専好が花を武器に、豊臣秀吉に単身立ち向かう姿を描いたエンターテインメント時代劇。池坊が監修にあたった。

（※8）明治期の長浜の実業家、浅見又蔵が建てた迎賓館。庭園は国の名勝。現在は観光施設として公開されている。

千　玄室　氏

裏千家十五代・前家元

国際的な視野で茶道文化の浸透と世界平和を願い、各国を歴訪。外務省参与、ユネスコ親善大使、日本・国連親善大使など要職を歴任。京都市名誉市民、ホノルル名誉市民など国内外の多くの名誉市民を受ける。

「京都学」の講演をさせていただく今日は5月29日ですが、5月28日から29日という日は、私にとっては忘れられない日々です。73年前の昭和20（1945）年5月27日は、かつての「海軍記念日」でした。私は大学2年生で、学徒動員第一選抜で海軍航空隊に入隊しました。最初は零式艦上戦闘機、零戦（ゼロ戦）の搭乗員になりたかったのですが、背が高すぎて「戦闘機には無理」ということで徳島の航空隊の偵察機へ回されました。

海軍少尉として実戦訓練を受け、昭和20年4月21日、搭乗員の一員として神風特別攻撃隊白菊隊の一員に選ばれました。連日連夜の特攻訓練をずいぶん受け、5月10日過ぎに九州南端のかのや鹿屋基地に移動させられました。

　改造した偵察機に250キロの爆弾を二つ積み、体当たり戦法で多くの仲間が次々と基地を飛び立って行きます。5月26日に私の白菊特別攻撃隊にも命令が下り、「出撃できる」と思っていたら、上官から待機命令です。私はどうしても友と共に出撃したいという気持ちで三回志願しましたが、待機命令のままでした。そして無念にも5月28日、松山の基地へ転属を命ぜられ、若い飛行練習生を訓練する立場に回ることになったのです。そのおかげで今日生かさせていただいています。共にしていた多くの仲間たちは今も、沖縄周辺の海底に眠っております。彼らが戦争をどのように捉えていたのかを考えることがあります。しかし、我々が死ぬことによって愛する家族を守ることができるのなら、また、二度とこのような無駄な戦争をしないように、みんなそういう気持ちで死んでいったのだと思っています。

　私は復員後に大学へ戻って卒業し、家元を継ぐために大徳寺の僧堂で雲水の修行をしていました。私の家は元々禅家でした。ということは、茶家であって武家でもあり、そして御所に参る堂上人という三つの格を持っていました。

　今年も5月27日に靖国神社へお参りしました。生存の同期の仲間7、8人も一緒でしたが、みんな杖をついていました。みんなから「どうしてそんなに元気なのか」と聞かれたので、「それはお茶のおかげだ」と言ったらみんな納得していました。

　2017年12月に亡くなられた時代小説家の葉室《はむろ》麟《りん》さんは、千利休を書こうと研究を続けておられました。遺稿と言いますか、残された本の中に、「千利休はなぜ茶人なのに切腹を命ぜられたのか」と疑問を残されていました。しかし、利休は単なる茶人ではありませんでした。代々、「茶道奉行」として石高を賜っており、武家として、また茶家として、明治維新まで勤めていたのです。

　利休が豊臣秀吉から切腹を命ぜられた原因についてはいろいろございます。子孫の私から申した方がはっきりするであろうと思っていますが、実は、利休の切腹の詳細につきましては、触れることが禁ぜられているのです。

不思議なことに、千利休に関して書かれた方が次々お亡くなりになっています。『信長の棺』などで知られる歴史小説家の加藤廣《かとうひろし》さんが、「私も千利休を書こうと思っているけども、みんなから〝千利休を書いたら祟られる〟と言われて、筆を取りかけては書けない。資料は集めているのです」と話しておられたのですが、今年4月に亡くなってしまわれました。

ある意味において、千利休は謎の人物であるのは間違いないと考えています。そして織田信長、豊臣秀吉に仕えて、一碗のお茶をもって政治を動かす、すごい権力者でもありました。信長や秀吉も、たとえ敵味方であろうとも何かあれば簡単に斬り捨てる。そ

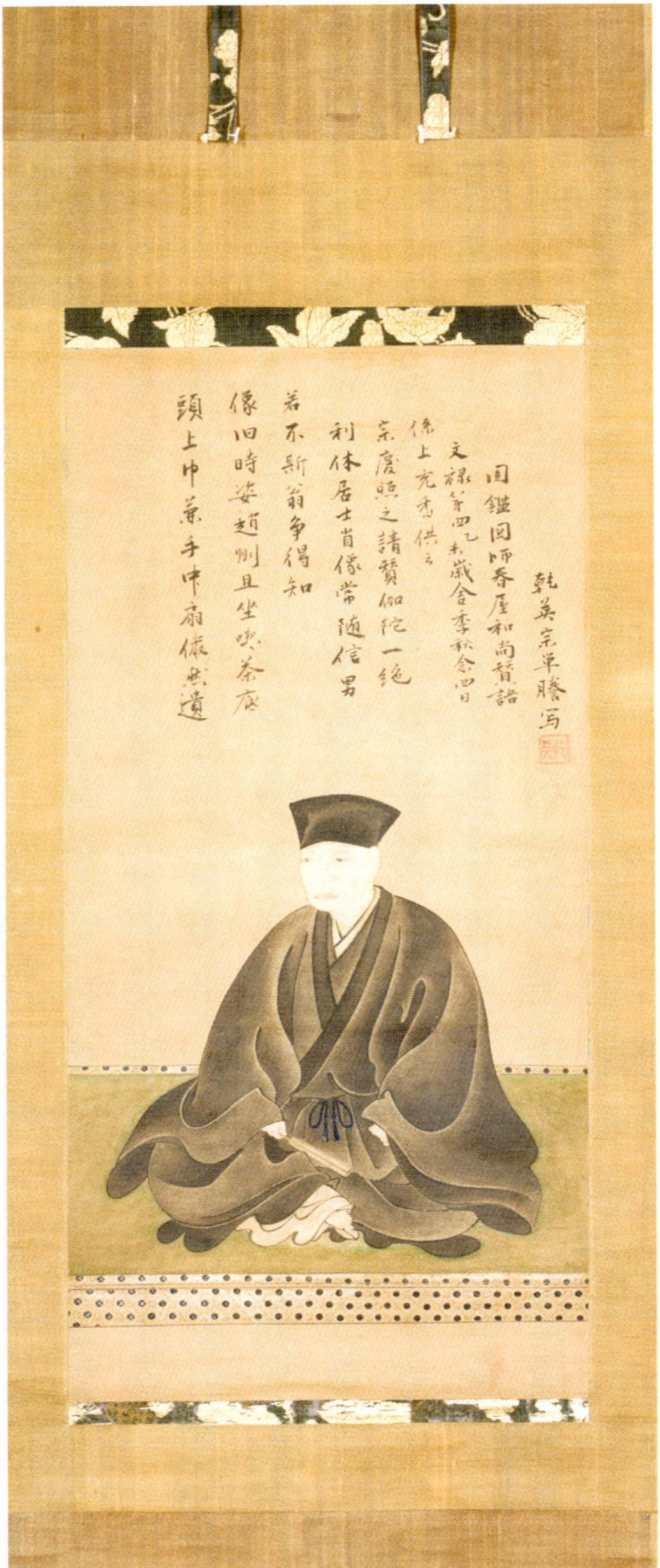

利休居士画像（今日庵蔵）

れだけの力を持っている信長に、利休は最初に仕えました。信長は乱暴者と言われていますが、そうではないのです。調べてみると知的で、非常に賢い人であったとされています。僧侶や上人を殺めた「比叡山焼き討ち」（元亀2年）や、奈良の仏門を焼くなど、残虐なことをした武将とされているのですが、そうではないのです。反面は素直な人で、だから信長はお茶を一つの武器にし、「茶の湯御政道」の布《ふ》れを出し、文武両道の道を進めたのです。

茶の湯は、中国からお茶を飲む習慣として入ってきました。「飲茶《いんちゃ》」の意味は、実は大変大事なことなのです。特に中国では、唐の時代にはお茶が非常に盛んでした。唐（王朝、618年～907年）に、お茶が盛んになった一つの原因は、陸羽《りくう》が登場したことがあります。陸羽は「お茶は飲み物だが、単なる飲み物ではない」と公に訴えました。近年になって、アメリカの生物化学研究所でも抹茶の成分として、特にカテキンやタンニン、ビタミンの働きががんの予防になると発表されて、アメリカでは抹茶を飲む風習が起こってきました。

中国では約1400年前に陸羽が『茶経《ちゃきょう》』を書いています。お茶の効用をみんなに知らせるために、お茶を飲むことが一つの信仰的な気持ちをもたらすということで、『茶経』を通じて強調したのです。茶葉を摘む時期や飲み方について、最初は枝葉をいぶしてお湯をかけて飲むというような、簡単な作法でした。しかし、唐王朝（618年～907年）の時代に文人墨客《ぶんじんぼっかく》や皇帝とともに遊び、詩や歌を作って絵を描く、琴を弾く、囲碁を指す。これが文人墨客など教養の高い人の趣味であり、「おもてなし」には何よりお茶が大切になったわけです。

ですから、お茶とともに書をしたため、囲碁を指し、琴を弾くことが最高の教養の場ということが多くの画に描かれ、唐時代古文書や大河などの絵がたくさん残っています。李太白、王維、曹操といった中国の著名な詩人たちはお茶を飲み、酒を酌み交わす。だから面白いことに唐時代に『茶酒論《ちゃしゅ》』という本まで出たのです。これは「酒を飲みすぎたらお茶を飲みなさい、お茶を飲みすぎたら酒を飲みなさい」という内容で、今でもお酒をたくさん飲む人はお茶を飲んだほうがいいのです。

　お茶を飲めば体の中の毒素が全部流されるのです。私は95歳、母親のお腹の中にいるときからお茶を飲んで生まれてきたのです。外国でも「どうしてそんなにお元気なのですか」とよく聞かれるのですが、私は「お茶で全て鍛えてきました」と応えています。お茶を飲み、人様にお茶を差し上げる、そういう中で私たちは修業を積んでまいりました。立ち居振る舞いで、足腰が丈夫になる。だから、いつまでも元気にいられるので、言えば『茶経』の見本のようなものと言っても過言ではありません。

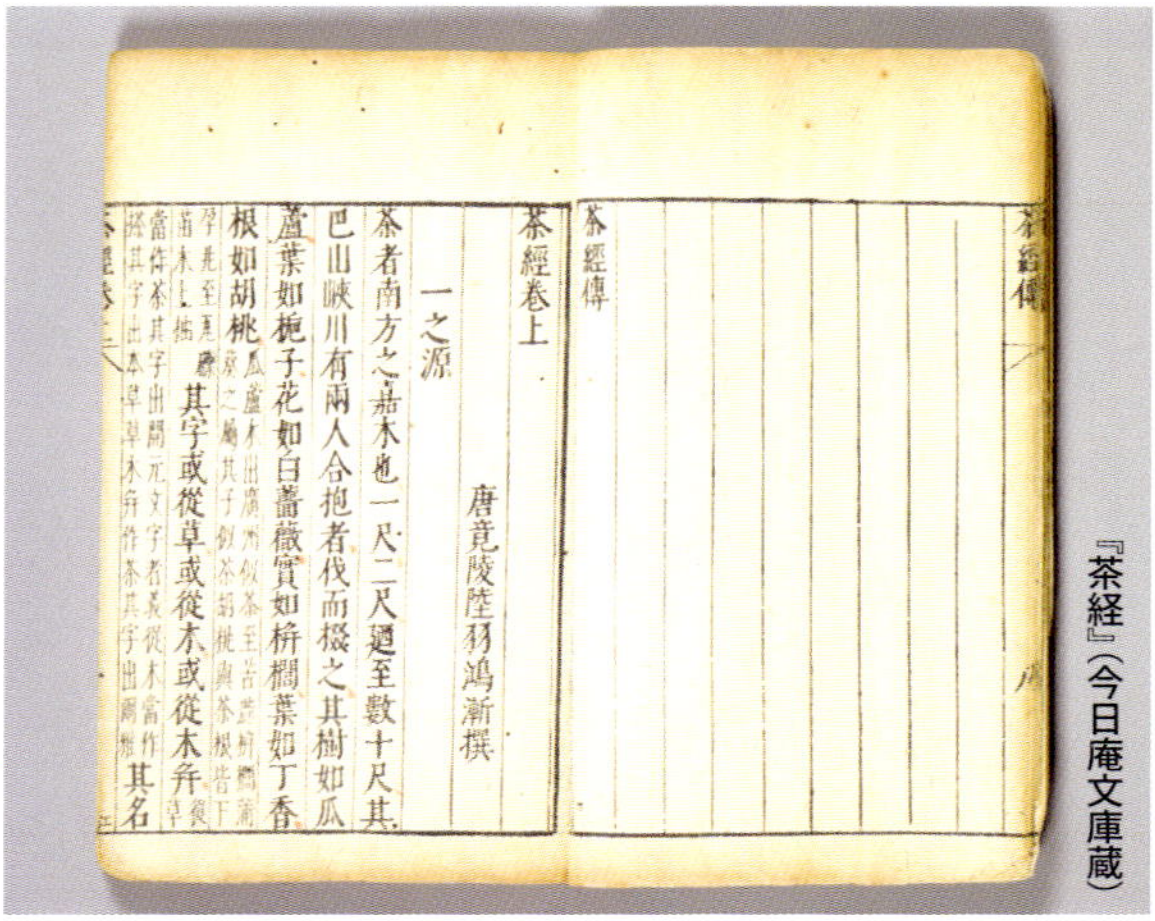

『茶経』（今日庵文庫蔵）

　紀元前552年に孔子が誕生し、善意、人間性、慈愛を意味する「仁」を教え、「他人を愛し、敬え、勤勉であれ、伝統を尊重せよ」と説き、人倫道徳の道を教えた儒教が生まれました。孔子は弟子を連れて多くの国に出かけては、「団結心がある国には心がある」と説き、弟子たちの質問にも丁寧に諭しました。

　そして約200年後に老子、荘子たちが出てきました。老子が特に強調したのは、孔子が説く儒教には、人倫道徳の理論ではあっても行動しなければいけない。そこで生まれたのが「道教」、道の教えです。

　その前には仏教も入ってきており、インドからは達磨大師が表れ、禅宗が入ってきていました。前漢第七代の皇帝武帝《ぶてい》が、「私はすでに仏教に帰依しているのだから、何かいい見返りがあるかもしれない」と達磨大師に言いました。達磨大師は、「ならびに無功徳、あなたが自分で功徳があると言うけれど、功徳なんてありません」と皇帝にはっきり言ったのです。「禅は自分で自分を啓発し、自分で自分を発見していかなければならない。そのために座禅を組むのです」と諭しました。仏教の新しい姿として発達してきて、行動力で表さなくてはならないことから、道教が生まれます。そういう姿が中国にずっと居座っていたのですが、本当のことを言えば、今の人たちもそういう心で学んでいただいたらもっともっと広い大きな心になって、近隣諸国に対しても本当の意味で手を差し伸べてくれることができるのではないかと思います。

日本は、その中国から大きな影響を受けて、紀元前から多くの渡来人が日本に入ってきました。2世紀頃までの日本は「大和《やまと》」であり、そして渡来人と大和の人との使う言葉が「大和言葉」でした。2世紀の終わりから3世紀にかけて、今、私たちが使っている日本語になったのです。

政府の任命で日韓文化交流基金の会議に出たときに、韓国側の座長だった金容雲《キムヨンナム》博士と仲良くなりました。博士は百済の研究で知られますが、「百済は、663年の『白村江《はくすきのえ》の戦い』で滅びてしまい、百済の皇帝や王室の人たちはみんな日本へ亡命したではないか」と述べています。

桓武天皇のお婆様の高野新笠《たかののにいがさ》様は、百済から亡命された皇女でした。これは、京都で催した「平安建都1200年祭」で、天皇、皇后両陛下をお迎えしたときに、桓武天皇のことについてお触れになった陛下が、「桓武天皇のお婆様は韓国（朝鮮）から来られた高野新笠です」と述べられました。ですから、日本人にも、朝鮮、中国の渡来人の血が流れているのです。

大和民族とはいいますが、日本の民族は古来から、隣人の中国、朝鮮との密接な関係があります。特に斉明天皇《さいめいてんのう》の時代には、斉明天皇は女王様であってお子さんの中大兄皇子《なかのおおえのおうじ》は皇太子として活躍されました。藤原鎌足と大化の改新を行い、百済と親密な関係になって「日本府」が置かれたほどです。渤海《ぼっかい》の使者団は727（神亀4）年から920（延喜20）年まで35回を数え、日本からの遣渤海使《けんぼっかいし》も13回に及ぶほどでした。書物にも残っており、高麗、新羅、百済、そして「任那《みまなみ》」という「伽耶《かや》」の国があり日本とは非常に仲が良かったのです。

特に中国渤海から使者が度々訪れています。源氏物語を書いた紫式部の『紫式部日記』にも出ています。平安時代初期のころですが、藤原家一門だった紫式部の御父上・藤原為時《ためとき》は、大変な勉強家でした。儒教、道教、そして漢字、漢文を勉強された方です。ですから、それを認められて渤海からずいぶん使者が当時4世紀から5世紀にやってくる。その人たちからいろんな情報をもらわなければなりません。そして、平安時代になって正式にそういう人たちの接待をするというので、ちょうど今の敦賀に公賓館というのができたのです。平安の初期ですよ。その公賓館ができた初代の館長に漢字が書けて読める、いわゆる中国との話し合いができるということで、藤原為時が初代の館長になりました。

『紫式部日記』にも中国の事々が書かれていますが、為時が渤海の使者を案内している際にも、式部が一緒に随行しているのです。国内外のこともどんどん吸収したから、あれだけの大作「源氏物語」が書けたのでしょう。

律令や官位の制度、政治経済、そして奈良時代には仏教とともに、生活文化がどんどん入ってきています。我々の今の生活文化、日本の生活文化の基礎を創ったのは2世紀から5世紀までの間で確立していきますが、隣国の中国、朝鮮の影響というのが非常に多かったといえます。

国際的政治学者、アメリカのサミュエル・ハンティントン氏が、『文明の衝突』（1996年）を書きました。文明は、政治経済に向けた生活文化で、人間が創り上げたものであることは間違いありませんが、人がいかに住みやすい世界にしていくのかという経過こそ、これが人間社会の一つの文明であるというのです。civilization（文明の発達）とは、人間がいかに生活文化を享受することができるかで、彼が言いたかったことは、真の意味での生活文化をいち早く創り上げたのは西洋文明だということでしょう。

以後、5世紀~6世紀になってイスラム文明、次にはインド文明です。仏教などは全てインドから入ってきています。東南アジアやアフリカ文明です。そして、次にはオセアニアの文明、オーストラリア、ニュージーランド、インドネシアなど南方諸国の文明も独特です。

日本は中国の文明とともに、一緒に加わっていくものと考えられていましたが、実は違いました。日本はどうでしょうか。中国の文明とともに、中国文明圏に入れられるのかと思ったら違うのです。日本は、2世紀から5世紀の間、一つのしっかりとした文明を中国、朝鮮から受け継ぎ日本化して創り上げてきました。日本人の知恵で、日本の文明社会を大きく発展させていったのです。

日本国化した文化の一つが農業でしょう。海と山の国の日本だけに、掘れば作物が勝手に育つわけではありません。稲作なども、山河の水を引き込む技術を日本人の知恵で作りだして、豊かな作物を作りあげました。その大きな基礎を作っていったのが武士道です。江戸時代は武家社会です。奈良時代は仏教の時代、平安時代は公家の時代、鎌倉時代は武家社会、今までの平安の都から鎌倉幕府へ移り、武家の源の文化文明になり、そして室町時代になります。足利義満、義政の足利時代で、鎌倉から京都に幕府を移して、天皇家と共に文化文明などを一体化していきました。

残念ながら、権力を握って政《まつりごと》を担う人は、初めはいいのですが、欲に走るあまり横着になっていきます。やはり人間はいつも謙虚で、初心を忘れてはいけません。

私たちお茶の家元も、やかましく言われるのは、「一を習い、十を知り、十より返る元のその一」という教えです。一から十まで知る、しかしそれでいいのではなく、またそこから一へ戻る、すなわち元へ戻ってくるのです。

松下電器創設者の松下幸之助さんは、私の父に弟子入りしました。松下翁のような人が今おられたら、日本はもっと良い国になっていると思います。丁稚からたたき上げて、電球を一つずつ作っては、それを唐草の風呂敷に包んで売って歩かれました。少しずつ電球が売れるようになって、電気が生活文化に非常に必要なものと、日本や世界中に広まったのです。

「世界の松下」と称されたときでも、松下さんは「私は仕事においてはそれだけの自信がある。でも、教養という面では小学校までしか出ていない。茶道というものは、人間性の一番高い教養である。それとともに情の文化はお茶の中に全てこもっている。だから私はそれを学んで、そして自分の道にそれを生かしていく。

我が道を行く。茶の道を私たちは手本として生かしていく」ということをいつもおっしゃっていました。

そして、「自分の志は、商売一本だけれども、人様のため世の中のために、見返り、お返しをしていかなければならない。儲けさせていただき、ありがたいなぁ、そういう気持ちを社会に還元させていかなければならない」と強調されました。今の社会に、これだけのことを話し、伝えるオーナーはどれだけおられるでしょうか。

オーナーだけが苦労し、頑張っているのではなく、社員もともに苦労を重ねている。「松下イズム」こそ、これからの経済社会を大きく変化させることができる。「俺は社長だ」とふんぞり返るだけが社長ではなく、唐草に商品を包んで、社員と一緒にお得意さん廻りをしてやろう、そんな心の変化が求められているのかもしれません。

今はコンピューターとか、最近ではＡＩという機能的なロボットとかが人間にとって代わりやっていますが、昔は四畳半一間のところに家族が集まっていました。茶の間であり、お客さんが来られたらお通しする居間。みんな「間」です。全ての段取りに間取りというものが決まっているのです。そして、床の間には掛け物を掛けます。どんな絵でも、字の物でもいいのです。ちょっとしたお花を花入れに刺す、それだけで、家の中はサッと清らかになります。お爺さん、お婆さん、お父さん、お母さん、みんな茶の間に集まって、ちゃぶ台でお茶を楽しむ。「日常茶飯事」という言葉はそこから生まれているのです。

私がいつも思うのは、物をいただくのに「いただきます」「ごちそうさまでした」という感謝の気持ちの大切さです。「ありがたいなぁ」と「もったいないなぁ」と、農家の方が手間をかけて作ってくれたお米一粒一粒を大事にいただかないといけないと思います。昔から京都というのは都でしたから、田畑が洛外へ行かないとありませんでした。まず農家の方々が雨風から守ってくれて、自分の植えた稲一束一束を大事にされる、今でも新潟などでは田植えは機械ではなく、手で植えている農家の方が、いらっしゃるそうです。きれいに並びますね。今は田植えの時期なのです。新潟では手で植えることを「躾《しつけ》ける」というのです。だからおいしいお米ができるのです。

「躾《しつけ》」という字は「身」に「美」と書きますが、独特の日本文字です。今この「躾」がなくなり、脱ぎ捨て、散らかしたままです。私たちは小・中・高校時代、親から聞けないようなことも先輩からいろいろ教えてもらいました。

学問もそうで、いろいろな意味で人との絆、つながりは、大きくなって育っていくものです。親も一生懸命育ててくれるのですが、外では仲間が一緒に勉強し、たまには喧嘩《けんか》もします。中には、中学を出れば「旧制高等学校」に入学し全寮制になる学生もあります。

先生方もそれぞれの教え方で、自分の思っていることを、はっきり教えてくれました。論語の中に「明日に道を聞かば、夕に死すとも可なり」「学んでときにこれを習う、また論《よろこ》ばしからずや」という教えがあります。「学んでときにこれを学ぶ」とは、学んだら学んだだけでほったらかしておく、これで分かったではないのです。学んだらそれをもう一度復習する。「一より習い十を知り、十より返ることの一」という教えなのです。そういう意味において、私は、文明というのは単に口先だけのものではなく、人間同士のふれあいが必要だと考えています。学問も衣食住も全て、その国々なりに学んでいかなければいけないのです。どこの国でも歴史があります。日本を学ぶなら古事記を読むことです。日本がどうやってできたのか、漫画でも面白おかしく描かれていますね。『古事記』を読んでみると、「なるほどなぁ、日本っていろんなことがある」と思います。そして、『古事記』だけでは日本の国ができたという歴史だけで、そのときの天皇が何をしていたのか、天皇がやってきた実績を記した物が『日本書紀』なのです。『古事記』の「記」は記録です。『日本書紀』の「紀」は紀元の「紀」です。一番大事なのは、皆さんがそれをしっかり受け継いで、それを自分たちの生活の中に生かしていかなければいけないと思うのです。

桓武天皇から1200余年、長く内裏を中心に京都人は生活してきたため、幾度の政変に遭っています。特に応仁の乱はひどく、京都はほとんどが焼き尽くされました。天皇が住んでおられる内裏でも塀が落ちているのじゃないかと心配しました。京都の人は皆、「天皇もあんなに苦労されるんだから、我々が苦労するのは当たり前じゃないか」という意地がありました。京都人の意地として平安時代から創造逞しくして衣類、小間物、さまざまな生活必需品がそこで生まれ、それがいまだにずっと続いています。

京都のあちこちで一生懸命、袋を縫ったり、漆を塗る職人がいます。茶碗を焼いて、絵付けだけに邁進する人もいます。日常、何気なしに使っている竹細工ですが、京都にはいたるところに竹林があります。嵯峨野の竹林など、竹やぶが風に揺られている姿はまさに壮観です。竹林に隠れるように御陵があり、大沢池や神社仏閣、茶道や生け花、能楽、狂言など全ての文化、芸術というものが京都には連綿と続いて今に残っています。

また、堂本印象さん、西山翠峰さん、上村松園さんなどの素晴らしい画家や京都画壇が今に伝わっています。京都には、江戸期よりも早く絵画の専門学校がありました。今の京都市美術大学の前身です。文豪・谷崎潤一郎さんを始め、多数の作家が京都を舞台に名文を残しました。社寺を京都人は守り、お地蔵さんに町を守ってもらっています。京都の〝味〟として京都人がしっかり守ってきたからこそ残ってきていると思います。

外国は「吊す」文化で、衣服を脱いだらハンガーにかけます。今、日本でも脱ぎ捨て、その辺に放ったらかしにする人が多くなりました。草履や下駄も、きちっとそろえることが当然だったのに、靴まで脱ぎっぱなしです。「もったいない」の心が失われつつあります。料理番組でも「うまい」のコメントだけで、一生懸命作った料理人への思いやりが感じられません。特に京都はお魚が不足しているところです。琵琶湖からは淡水魚、日本海からの鯖は、昔は若狭街道や鯖街道を担いで京都まで運んできました。

京都は盆地で、掘ったら岩盤です。地下の美味しい水は、琵琶湖と同じくらいの水量といいます。だから、桓武天皇が藤原為人にこの地を選ばせました。そのときに、「賀茂雷《かもかいかづち》」のお社である上賀茂神社が建立されました。怨霊を防ぎ、祟りをなくすためです。

京都の東西南北碁盤の目は今も往時の美を保っています。私は、「京都市生涯学習総合センター」（京都アスニー）の所長をしていますが、展示場にも「平安京復元模型」などが置いてあります。明治になり事実上の東京遷都以後、琵琶湖から疏水をひき、発電所を造り、その電力で市電を走らすなど、行政と市民が一体となって歯を食いしばって生活してきました。

京都の文化伝承もそうで、歌舞伎にしても「出雲阿国」歌舞伎が、1572（元亀3）年に四条河原や北野天満宮で演じられ、京都では白拍子という人たちが芝居をしました。河原芝居から、やがて能楽が一緒になって一つの伝統の文化を生みます。それが「型」なのです。そして「型」の中に、役者衆が生活のためにも新たな「型」を物語に作っていくわけです。だから文化の伝承のあり方として、自分の血を注ぎ込んでこそ初めて「かたち」になるのです。「ち」が入らなければ「かたち」にはなりません。「型」は単なる一つのパフォーマンスです。皆さん方も、京都造形芸術大学の「春秋座」でいくらでも「ち」の入った「かたち」はできます。お辞儀一つにしても、美しさは異なります。お辞儀は武家の作法です。武家作法だから織田信長は茶道を取り入れて「制動」「茶道」すなわち「御政道」を茶の湯で抑えようと思ったのです。お茶は大きな教養文化であります。

安土桃山時代、武将を呼んでお茶会が催されました。豊臣秀吉にも、お茶会を仕切る亭主の声がかかりました。秀吉は喜びました。そして利休に願って弟子にしてもらいました。先ほども触れた利休の切腹についてですが、利休は一碗のお茶をもって武将たちみんなに「文」を教えました。「武」だけではいつ滅ぼされるかわかりません。「武」には「文」を持たなければいけません。利休は文武両道を教えました。

天正17年に、秀吉は石田三成のすすめで隣国朝鮮を侵略しようと計画を立てます。秀吉の弟の大納言秀長と千利休は、側近としてそれを知ります。また、島津家久、義弘に対抗するキリシタン大名の大友宗麟は、自分の身を守ろうと奔走します。証左として「秀吉に会わせて欲しい」と認めた書簡が残っています。その

京都市生涯学習総合センター所蔵の平安京復元模型（部分）

時に秀吉から下された書簡には「内々のことは利休めに、外のことは秀長に」と認められています。「相談があるなら内々のことはまず利休に話をしろ」というのです。秀長が外交担当、利休は内政担当だったのです。そういう二人を秀吉は側近に置いたのです。その間に自分は隣国の朝鮮を何とかしに行かなければならない。それを聞いた秀長と利休は相談して、「隣国は非常に大事である」と訴えたのです。

朝鮮、中国との戦いもそうですが、それまでに蒙古が日本に二度も押し寄せてきました。後醍醐天皇のときです。いずれも神風、台風の時期だったために難を逃れました。それ以来日本は外敵から一度も襲われていないのです。特に中国は唐、随、清朝時代には日本を攻める力を持っていましたが、一度も日本と戦おうとしませんでした。反対に日本は、和寇《わこう》、山賊、あるいは海賊まがいの人たちが船に乗って、朝鮮を蹂躙《じゅうりん》しに行っていたのです。あのころの朝鮮は高麗の時代で、世宗王《せじょんうん》が漢字を全てハングルに変えたのです。

我々は、中国とは漢字があるので今でも筆談で話ができるのですが、韓国に行くと何もわかりません。

でも、英語の発音にはもってこいです。語学の上においては中国、韓国はすごいです。日本もできるけれども発音が日本は硬いです。私も数年前まではハーバードなんかで講義しましたが、ハーバード大学には日本人の留学生が一番多かったです。次いで中国、韓国、フィリピンだったのが、今は中国が一番多いです。次は韓国です。その次はインド、フィリピン、日本は5番目にも入っていません。外から見た日本、自分が初めて国外へ出て初めて日本の良さがわかるのです。アメリカに守られた〝平和ぼけ〟の日本、情けないと思います。経済力、政治力、特に外交力が弱いのではないかと言われています。アメリカでは、「May I help you?」とすぐ声をかけてくれます。それが外国のもてなしです。日本のもてなしの語源は、「もってなす」です。少しの親切、バスの行先、ちょっとした道案内などです。

日本人はせっかちで、外国でもエレベーターやエスカレーターに、われ先に乗りますが、外国人はさっと避けてくれます。お茶席でも「いかがですか」というと「お先にどうぞ」と、外国人の方がよくわかってくれます。お茶席で茶碗を回す所作は、回すのではありません。正面を避ければいいのです。半歩下がる。それが武士道、文武の教えです。どんなに偉い人でも「いかがですか」「お先に」と、先にいただくのであれば当然の作法です。

日本は今、われればかりが目立ちます。お互いに進め合う。お茶のいただき方についても、正面を避ける、何回回すのではなく、避けるというのは大きく回せば一回で済みます。二回回せばちょうど裏が出てくる、それをゆっくりと味わっていただく。急いでいただいてもお茶の味はわかりません。ゆっくり最初に香りを楽しみながらいただきます。お茶の香りを楽しみながら、すっと静かに一口目は自分の舌で味わう。二口目はのどで味わう、三口目は食道で味わう、これを三つの味といいます。

町を歩く所作も同じで、正面を避けます。半歩下がればぶつかるはずがありません。謙虚な気持ちを教えることが大切なのです。サミュエル・ハンティントン氏の『文明の衝突』で「日本の文化は非常に静かな文明である。よそでは見られない豊かな心を示してくれる、これはお茶だ。お茶は作法というけれども、人をもてなすためには、本来の心を示し合わすことです」と述べられています。本当に示し合わすことができたならば、隣の国もこの国もみな一緒です。

千利休は大納言秀長とともに、「隣国を大切にする。朝鮮出兵はまかりならない」と秀吉に訴えましたが、秀長が急死し利休は孤立してしまいました。その一言で勘気を被って、利休は天正19年2月28日、切腹を命ぜられました。

私の家には、いまだに利休が切腹で用いた脇差「粟《あわ》田口吉光《たぐちよしみつ》、13世紀作」が残っております。私は出兵する際に、一度だけ父から脇差（※1）を見せてもらいました。黙って父はそれを三宝《さんぽう》に乗せて、私が旅立つときには何も言いませんでした。千家の長男として、「卑怯な真似だけはするな」という教えであったと思っています。その思いを胸に秘めて、私は二年間の海軍航空隊の搭乗員としても利休の心を忘れることは、一刻たりとも有りませんでした。利休が朝鮮出兵を反対し、切腹を命ぜられました。また、キリシタン大名として「キリシタンとしての全てを清め、そして全ての人に

裏千家今日庵兜門

与える。全ての人とともにある、どんな偉い人でもみんな平等」という教えを守り通した高山右近、細川三斎、古田織部、そういう人たちはみな利休の直系の弟子でした。人間は、区別差別する心は誰しもある、そういう区別差別をなくすために、お茶は大切な役目を果たしていると思っています。

　このような、利休が残しました茶の道の精神を、今、我々千家は表と裏両家と武者小路家で守り続けています。私は千家今日庵、表千家は不審庵、武者小路家の官休庵、この三つが三千家として、利休の直系の弟子として茶の道を守り続ける覚悟でいます。そして茶の道と共に歩んでくれた千家十職（※2）という陶芸、釜、漆器、竹、表具、裂地《きれぢ》、金物、指物、袋、土風炉の職方を育て、そして今日の京都の伝統文化として、そういうものが社会全体に広がって行くように、まだまだ小さいかも知れませんが発信し続けています。その小さな心がけ、そういう日本人の本当の心を外国に向けて発信していく中で、初めて外国の人たちは日本だ、京都だ、という一つの喜びを持ってくれるものと私は思う次第です。京の都で育った文化、芸術、芸能の一つ一つに意義があり、今日生き続け、日本伝統文化として、外国に発信をしています。それを日本人がもっともっと知って、少しでも身につけていただきたい。人は文化であり、芸術であることを申し上げます。

［注釈］

（※1）小型の刀で、長さは30㎝から60㎝のもので、主に武家が腰の脇に差していてことから脇差の名がある。江戸時代には脇差は60㎝以下とされ、武士以外にも伊勢神宮詣でなどの道中差はゆるされていた。

（※2）三千家の宗匠の要請で茶道具を製作できる世襲の家柄。千利休の孫千宗旦が指図してつくらせたのが始まりで、楽焼きの楽家、塗師の中村家、柄杓師の黒田家、表具師の奥村家、金物師の中川家、指物師の駒沢家、袋師の土田家、一閑張細工師の飛来（ひき）家、釜師の大西家、陶器の永楽家の十家をいう。

田畑　喜八　氏

染織家

伝統工芸士、祖父（三代喜八・人間国宝）、父（四代喜八）に師事し染織を習得、日本伝統工芸士会会長、（社）日本染織作家協会理事長。昭和60年イタリアで日本染織作品展を開催、平成2年ボストン美術館での「アート・インブルーム」に出品など国際的に活躍。

田畑家の染業は江戸時代の文化文政（1804～1830年）、今から200年近く前から京都市中京区の地で営んでいます。

小学校4年ぐらいまではその地で過ごしていたのですが、第二次世界大戦がひどくなり、都会の中で住んでいたら具合が悪いということで学童疎開をしました。友達が行くので遠足かなと思って行ったら、綾部の寺院へ疎開することになったのです。とにかく食べる物が少なくて我慢と忍耐、辛抱の毎日だったことを覚えています。

昭和20年の終戦の時、家族は妙心寺（右京区）北門の近くの親戚を頼って疎開をしていましたので、私も疎開から帰った後、御室小学校へ四年生の2学期から入学し、それから双ヶ丘中学へ行く予定だったのですが、戦後間なしで、新制中学校はまだ開校しておらず京都商業の中の京都学園中学校に入学、双ヶ丘中学校へは3年生の時だけ通い、高校は嵯峨野高校へ進学しました。京都学園中に行ったおかげで、今も算盤で計算する癖がついています。

そんな時代でも、祖父の三代・喜八は戦時中から戦後にかけても黙々と仕事をしていました。戦後でまだほとんど仕事がない時なのですが、友禅のきものが無くなるかもしれないということで非常に素晴らしい作品を制作して残していました。

そもそも、田畑家は最初から京友禅の染屋ではなく、日本画家を目指して、その道に進んできました。三代・田畑喜八は上村松園先生と同門でしたし、初代から父の代まで染屋になりたいと思った者は誰もおらず、私も同様でした。初代は滋賀県高島郡（現・高島市）から、絵描きになるために京都に来て、絵描きだけでは生活が苦しいということで染屋の世界に入ったわけです。その時の仕事の多くは二条城を中心とした武家の奥方や姫君、京都御所を中心とした公家方の奥方や姫君の御衣料《ごいりょう》（今の着物）を受け賜わってやっていました。

今「京都」は世界の観光都市として脚光を浴びています。昔から京都人は本音でものを言わないとされています。会議中に意見を言わない、後から文句を言うといったこともその一例でしょう。私が外へ出て行くと、私は田畑の息子ですから「田畑のボン、何時に出て行かはった」「何時に帰ってきてどこに行かはった」とにかくうるさく、こんなうるさい世界は嫌だ！と思って大学は東京の早稲田大学に行きました。

高校では2年生の時に生徒会長をやっていたのですが、読売新聞主催で全国の学生の集会が信州で開催されました。各都道府県から一人選ばれるのですが、先生に「田畑お前出るか？」と聞かれて「出ます」と言ったので、京都代表で私が出場することになりました。東京代表は名門の日比谷高校の生徒でした。京都と東京の良さについてケンカ腰でやり合ったことを今も覚えています。私にも京都人の血が流れていると思ったものです。

なぜ今着物なのかということを考えないと、これからの時代、着物文化の維持も難しいのではないかと思います。私は「伝統工芸士」をさせていただいていますが、日本の伝統工芸は非常に難しい時代に差し掛かっています。おそらく皆さんの家庭でも、例えば畳の部屋がなくなる、床の間や仏間がなくなるというように、今までの日本の伝統的な生活様式が随分変わってきているはずです。私たちの染めの世界も、ずっと長い歴史があるのですが、時代と共に変わってきています。しかし、変わらないことがあります。また、日本の良さ、特に京都の良さは、見た感じや目に触れるものの多くはおそらく変わってきているはずです。

私が東京に行った時「京都には宝物が埋まっているな」と感じました。外から見るとずいぶん宝物が埋まっているように感じます。実際、京都にいるとその宝が宝として思えないのです。京都の良さというのは、日本の良さに通じるのではないかと思います。

日本には侘《わ》び、寂《さ》び、枯淡《こたん》の美など微妙な言い回しがあり、細かい点まで見分ける力を持っているのが日本人の特性だと思います。これらをうまく活かしていくのが京都人の力なのではないかと思います。

着物というのは元々「小袖《こそで》」という名前で呼ばれておりました。この小袖というのは「大袖」に対しての呼び名であり、元は下着だったのです。無地の染め以外は「文様染め」と言い、友禅や蝋結《ろうけつ》染めにしても、「文様染め」という言い方をしています。京都は染めと織の町とも言われていまして、東西に丸太町通があり、丸太町通から北が織物の地域、南が染めの地域に大体大きく分かれています。なぜ京都で染め物や織物が盛んになったのか。他の伝統産業にも言えますが、一つは水です。京都の水はピュアな水で、軟水が京都の地下を流れており、この水が大きな影響を及ぼしております。関東は硬水で、鉄分を含んだ水のため華麗な染め物に向きません。京都の場合は、昔は「鴨川の水で顔を洗ったら美人になる」と言われたほどです。滋賀県の琵琶湖の水が地下水として京都に流れてきて、京野菜など美味しいものが採れる、水の恩恵は大変大きなものなのです。

また、明治維新までは京都に天皇がおられまして、その関係で公家の方々が多く京都に住んでいました。二条城の周辺にも公家の方々がおられました。そのこともあって友禅染が続けてこられたのですが、水と公家の方々のおかげといっても過言ではありません。今も水との関わりは続いており、小川通の北には表千家や裏千家、武者小路千家があります。お茶の世界も水はものすごく大事なもので、水が中心となってお茶が発達していったのではないかとさえ思われます。今、着物を世界文化遺産にするとかいう話が出ていますが、皆さんにとってはどうも着物はどんどん遠ざかっているように思います。着物だけでなく、食べ物なども含めて伝統産業から遠ざかっているように思います。これから日本の良さ、京都の良さをどのように取り戻すかというのが私たちに与えられた課題ではないかと思います。

染めの歴史なんですが、毎年秋に奈良国立博物館で正倉院展があります。私たちの染めの世界も正倉院御物が原点であり、正倉院には「三纈《さんけち》」と呼ばれる3つの大きな文様染めが残っています。「三纈」の中の一つに纐纈《こうけち》があります。纐纈の「纐」は「しぼる」という意味で絞り染めですね。それから夾纈《きょうけち》・臈纈《ろうけち》の三つで「三纈」と言われています。この「纈」という字の左側だけ見ると「結ぶ」とあるんですね。文様染めの歴史を分かりやすく言いますと、染めるということよりも、いかに染めなくするかという歴史であるというように考えた方が分かりやすいのではないかと思います。この「三纈」がその後の染物へと発達していきます。

臈纈は一時途絶えてしまいますが、絞り染めだけが連綿として、長い歴史を通じていまだに続いてきております。どの染物でも同じですが、この「絞り」というのは非常に手間ひまがかかります。そのため、日本では高価な反物として知られており、海外でも多くの国で認められています。私は絞り染め職人の方々に「あなたたちの染めの技術は歴史が最も古く、貴重な技だから頑張ってください」と日頃から話しています。

また、日本の染織で特筆すべきなのは「刺繍《ししゅう》」です。刺繍というのは平安時代など古くから、極楽浄土や仏教の世界を表す手法で「繍仏《しゅうぶつ》」（※1）が広く制作されていました。桃山時代にはこの刺繍を加えることによって小袖（着物）がずいぶん晴れやかになり、豪華になりました。

当時はお隣の中国でも、明の時代で非常に細かい綺麗な刺繍があり、日本もこの「明繍」に大きな影響を受け、桃山時代の豪華絢爛な小袖に残っています。

もう一つは金箔です。金箔を貼って晴れやかな装いに飾ることは、特に秀吉の嗜好の強い桃山時代に喜ばれました。それ以前は、今では有名になった「辻が花」で、染めは絞りが主体です。当時は絞りしか文様染めがないため、「何とかもっときれいにならないか」という動きは当然出てきます。そこで出てきたのが絞りに「描き絵」が加わります。墨で草花などを色々と加えていきます。これが「辻が花」の創成期のものになります。

鎌倉から室町にかけて禅宗が入ってくるとともに水墨画が入ってきます。水墨画はご存知のように、墨の濃淡のみで世界を表すことができます。水墨画の影響を非常に受け、絞りとは全く違う世界を融合させていきます。戦国時代から桃山時代にかけては、戦の多い時代で明日の命がどうなっているか分からないという儚い時代でした。これを自然界に見立てて春に芽生えたものは秋に実り、冬になったら土に帰っていく。「生きとし生けるもの」すなわち、輪廻という考えを「辻が花」では表しているのです。なぜ「辻が花」がそのようなことを表したかと言いますと、草花の成長に例えて人間の無常観を表していると言われています。

本来美術の世界では、松などの根っこの部分は霞《かすみ》などで隠します。ところが「辻が花」はあえて、枯れていくような花や、虫喰いの葉っぱも表現しています。当時の世相をよく表しています。豊臣秀吉の時代になると、いつまでも「辻が花」の時代は続かず、絞り染に豪華絢爛な刺繍や金箔を施すものに変わっていきました。この当時の小袖の技法を絞縫箔と呼んでいます。

徳川時代を迎え、徳川家康について深く勉強しますとなかなか素晴らしい人ではなかったのではないかと思われます。現在、伝統工芸品と呼ばれている大半が徳川時代に完成されています。鎌倉時代から続いた武家文化は、徳川時代（江戸時代）になると鎖国によって日本は日本だけで、何でも賄《まかな》っていくという知恵を学びました。鎖国によって経済的には困窮しますが、質素倹約、我慢や忍耐を強いられました。

「鹿《か》の子《こ》絞り」などは位の高い人でないと身に付

けてはならず、たびたび奢侈《しゃし》禁止令が出されました。当時は女性にとって、赤色の中でも紅《べに》は非常に好まれた色で、特に京紅は非常に高価なもので、京都にも紅染専門の紅屋があり、この紅染も奢侈禁止令で、身分の高い人しか表着には使われませんでした。

人間には知恵というものがあります。「鹿の子絞り」がダメなら、同じような型を彫り、型を使って染料を生地に摺り、その生地を裏返して、あらかじめ作っておいた蝋盤に生地《きじ》をあてて、爪楊枝のようなもので目の部分を一つずつ生地を押していきます。下は蝋で柔らかいので、生地が食い込み、押した部分だけ立体的になります。これを「極め出し」と言って、現在ではほとんど行われていませんが、「一見絞り」に見えるのです。

紅も、表着が駄目ならと紅裏を付けていました。紅裏は江戸時代にたいへん流行しました。紅裏を付けますと思わぬ効果もありました。江戸時代の女性は肌白く、黒髪が美人とされていましたので、着物を着た時にこの紅がすっと肌に映えます。生地裏の紅は肌が薄い桜色となり、それが色気となり、喜ばれたと言われています。現代の女性は着物の着方も皆さん洋服感覚で着ています。裄丈《ゆきたけ》を長く着ています。江戸時代は裄がみな少し短いのです。帯幅が広くなったことで、身八つ《みやつ》口《くち》を開けないことには立ち居振る舞いができにくいのです。だから皆さんが、今、着ておられる着物は全て振袖《ふりそで》です。今は、袖が長いものを振袖と言いますが、身八つ口が開いた着物は全て振袖です。面白いのは、公家など貴族は、みんな長い間身八つ口を開けませんでした。武家の女性は早くから身八つ口を開けていました。江戸の初期は帯が細くて着物を着ていましたので身八つ口を開けなくても立ち居振る舞いが楽だったのです。

江戸時代に入ると、桃山時代の豪華絢爛な染織は消えていきます。私たちの仕事場と、表千家、裏千家の中間ぐらいに「茶屋家」という徳川家専属の御用商人、呉服商人がいました。徳川時代の初期にはまだ友禅がないころなので染めは染液に浸けて染めていました。徳川家は、この浸染の技法で「茶屋辻《ちゃやつじ》」と呼ばれる小袖を作らせたと言われています。繊維で一番上等なものが絹で、その次があさ麻、次が木綿です。「茶屋辻」

は全て麻で染めていました。

「茶屋辻」は徳川家にちなんだ女人しか着られないと言われ、その一部が私の所に残っていますが、紅や他の色を使わず、藍染が中心です。この藍は今でこそ特殊な物なのですが、昔はどこの村でも藍で染めていました。藍は一番安い染料でしたし、どのような女性にも似合うので、藍染を主体にしたのだと思います。藍色だけでは寂しいので、桃山時代からの「刺繍」で色を加えてアクセントを付け足します。

「茶屋辻」は糊防染《のりぼうせん》ですが友禅と違いますから、非常に手間暇がかかります。その生地も皆さんが想像される「麻」はゴワゴワして、しわになりやすいと思われるでしょうが、徳川家が使った「茶屋辻」は「奈《な》良晒《らさらし》」といって奈良で特別に栽培した麻の茎から作り、しわになりにくく、軽くてゴワゴワしない非常に上等な麻を使っていました。

徳川家も高価な絹や染料を使わない衣装を身に付けて、人心を引き寄せる術としたのではないでしょうか。着物の染料も安い藍色を使っていることを、民衆に示したのではないかと思います。しかし、「茶屋辻」は徳川家に関係する人しか着られず、水戸徳川、尾張徳川、紀州徳川家はそれぞれ異なった文様を染めていました。文様を見ただけで、どこの徳川家なのか判別できると言われています。水戸徳川は、学問に秀でていました。尾張徳川は禄高が高く、徳川美術館があるぐらいに金持ちだったことで知られていました。紀州徳川は、禄高は低いのですが、模様の空間をうまく活用していました。例えば「海浦文様帷子」などの「茶屋辻」が代表的なものです。

徳川家の人以外に着てはならないと言われると、例えば糖尿病の人が「甘いものを食べ過ぎてはいけない」と言われると甘いものが欲しくなるように、人間はダメと言われるとついやってみたくなるものです。江戸の人々も「着てはいけない」と言われると、どうにかして着てみようと試行錯誤しました。

こういった人の心にうまく入り込んだのが、江戸中期（元禄期、1688~1704年）の京都の扇絵師・宮崎友禅斎をはじめ、琳派の尾形光琳など、いろいろな文様を藍染だけではなく、糊防染に、いろいろな色を後から挿すことを考えた人たちです。

茶屋辻「海浦文様帷子」

 田畑　喜八氏

この技法で他の色を使えば「茶屋辻」ではなくなります。「友禅染」は、餅米を使った糊を筒の中に入れ、糊を糸のように細く伸ばしながら防染する方法です。その文様の中に色々な色を入れたら、「茶屋辻」ではなくなります。文様や色に対しての様々な要求が重なって、宮崎友禅斎らは新しい模様を考案して、今まで抑えられていたものが友禅染として爆発的に広まり、文様染めといえば友禅染かのように非常に流行しました。そこから現代でも友禅染として続いています。

田畑家の二代目から三代目の時代までは、まだ友禅染という言葉は使われず全て文様染めと言っておりました。「蝋結」や直に描いていく「素描《すがき》」という染法でも、文様染めでした。現代でも、街を歩くと貸衣装などで華やかな着物を着ている人をたくさん見かけますが、いろんな技法が使われています。

古い時代には、着物のことを「御衣料」、「御衣領《ごいりょう》」とも言っていました。「衣食住」のなかでも、「衣」は何より先にくるほど大事なもので、明治時代までは人が亡くなったら、その人が生前大事にしていた愛着のある着物をお寺に寄進したり、または棺桶の中に一緒に入れたものです。現在でも、古い衣装が結構残っているのは、神社仏閣です。壬生寺でも昔はよく衣装が奉納されていました。お寺では、お坊さんはそんなキラキラした着物を着ません。その着物をほどいて、大きな柱の周囲に掛ける幡《はた》やお坊さんが着る袈裟《けさ》、お経の机の上の打敷《うちしき》などに使われていました。このように形を変えてお寺で使われています。亡くなった方の戒名を裏に書いたり、年号を書いて残したりします。

着物というのは、人が身につけるもの、その人の移り香が着物にも乗り移っていると考えられていました。皆さんも自分の大切な着物があれば、これからは大切になさってください。

絹物の寿命は50年と言われています。例えばその方が亡くなって、その方の娘さんやお孫さんがおられるとします。私のところに、「お婆ちゃんの振袖は昔に田畑さんのところで染めてもらったのですが、孫がそれを着たいと言っています。田畑さんのところで本当に染めてもらったのかどうか、確かめたい」と来られることがあります。

現代では作家の判子が押されるのが当たり前ですが、

戦後のしばらくの時代は私の父や祖父の着物に「落かん」を押していませんでした。「落かん」を押すようになったのは比較的新しい時代からです。田畑家の考えは、着物や帯が主人公であってはならない、ということです。着物はあくまで装飾品であり、人を美しく豊かにすることが私たちの使命なのです。私たちはお着物をお召しになる人のことを「華主《かしゅ》」と呼びます。私がこの仕事に入って色々調べたのですが、どこにもこの言葉は残っておりません。例えば「山田花子さん」が私たちの着物をお召しになる時は、「華主山田花子様」と表示するわけです。お着物をお召しになる方が主人公であり、着物や帯はその方をより輝かし、より美しく、より豊かにすることが私たちの務めです。

伝統工芸では全てに通じることですが、ものづくりに言われている「六法」という六つの法則があります。今の時代、六つの法則というのは見失われつつあって、いつの時代にもこの六法の中で一番大事なのは「気韻《きいん》生動《せいどう》」（※2）です。ものを作るにあたってその人の魂、心が物にしっかりと入ってないと駄目だ、という考えです。

私も若い時に大学を出てすぐにこの仕事に入り、父親が先生でしたから、よく衝突していました。例えば桜の花を描いて持って行きますと「遅すぎる！」と怒られます。早く持っていかなければと持っていけば「早すぎる！」と怒られます。綺麗に描けたと思って持って行きますと「お前の桜は桜ではない！針金の桜だ！」と怒られます。私も二十代でしたので黙っておられず、よく親と喧嘩をしました。今思えば父親は難しい言葉の「気韻生動」という言葉を使わずに、「桜には桜、梅には梅、松には松の心を持って描きなさい」と言っていたことが分かります。

細い線を真横にし、五本引きますと、この世界では霞になります。同じ線でも斜めに引きますと「雨」になります。同じ線なのですが、霞と雨ではずいぶん違ってきます。「その物を描く時は、自分の魂を込めなさい」と言い表しています。次に「骨法用筆《こっぽうようひつ》」と言って、技術技法が大事であり、技術技法に続いて大事なのは「随類賦彩《ずいるいぶさい》」、つまり配色のことです。着物にはまず着物があり、帯があり、帯締めがあり、化粧、口紅があり、そのように全体的な色の取り合わせに合った配色が重要であることを言います。それから「応物《おうぶつ》象形《しょうけい》」で、これは物の形のことです。桜なら桜、松なら松、菊なら菊というように物の形をしっかり捉えて描かなければならないということです。また、「経営位置」とは、全体的な構図のことです。全体のバランスを間違えてはいけないということです。最後の一つは「伝模移写《でんもいしゃ》」です。

２０１７年は琳派４００年記念の年でした。尾形光琳が宗達の「風神雷神図屏風」を模写しています。尾形光琳の「風神雷神図屏風」は、俵屋宗達の原画に忠実な模写を残したと言います。古いものを見て写すという、「古きを訪ねて自分の新しい道を進んでいく」、このことが大事だというのです。「六法」は、古来から物作りにおいて一番大切なのです。

ただ、現代では六つの法則は失われつつあります。この六法の第一の「気韻生動」が特に見失われてきています。今の時代は「見てくれさえ良かったらいい」、そのような風潮になりつつあります。非常に嘆かわしいことです。プラスチックのお椀と漆のお椀では全然違います。見た目は同じように見えても、プラスチックのお椀は作者の心が入っていません。大量生産で作っています。そういうものを「風韻風趣《ふういんふうしゅ》（※３）」と言います。これは時代に流された「見せかけ、見場」という意味です。

江戸時代に画家の「椿椿山《つばきちんざん》」が見せかけさえ良ければと描いていたら、「渡辺崋山《かざん》」から怒られたという記録が残っています。やはり心や魂のこもった作品でなければいけないと思います。私たちのものづくりも「見てくれさえ良ければいい」という風潮になると、伝統は衰退していく一方です。やはり物事には全て手間暇をかけて作っていかなければいけません。

私たちの先人がどのように素晴らしい功績を残したのかお話しします。一つ目は「辻ヶ花」（鳥取りに葵藤文様裂）で、生地は節紬《ふしつむぎ》です。最期のものはほとんど絞り染だけです。これは、長谷川信春筆と伝わる武田信玄の肖像画に、衿のところの模様が辻が花で、「絞り染」が主に施されています。最盛期の辻が花は、絞り染に描絵が加わり枯れていくような状態を表現しており、少し退色していますが紫、紅等に墨描を加え、春から冬の輪廻をも表しています（松川取りに石畳桜

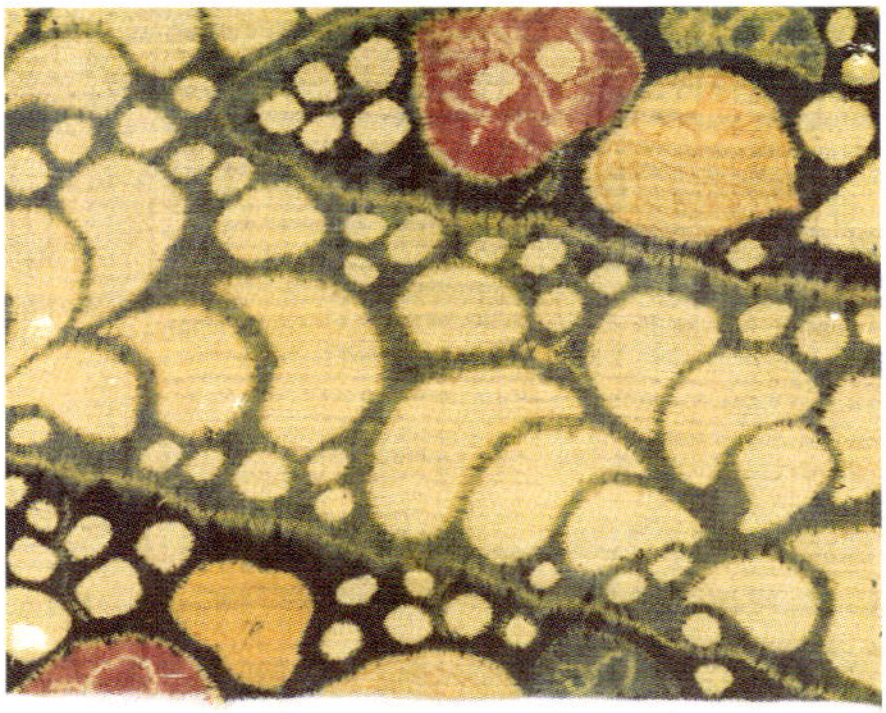

「鳥取りに葵藤文様裂」
室町時代

「松川取りに石畳桜藤文様裂」
桃山時代

田畑コレクションの「紫陽文様裂打敷」
桃山時代

重要文化財の「染分綸子地草花文慶長小袖」
桃山時代

「若松の斜段と霞に小花松原文様裂袈裟」
桃山時代

「雪輪と若松竹文様小袖」
江戸時代前期

藤文裂）。黄色くなっているところは元々、紅です。紅が退色するとこのように黄色くなります。

この作品は京都の著名な禅寺に保存され、打敷として田畑コレクションにあります（紫陽文様裂打敷）。これと同じ裂《きれ》が袈裟としてそのお寺に残っています。黄色く見える部分は、地金といって金箔が貼ってあります。花はアジサイですが、葉っぱはアジサイの葉っぱと違い菊の葉で、木は牡丹だと推測されます。このように、自由にデザインしているのが特徴で、文様は全て刺繍です。

重要文化財になっている「慶長小袖」といいまして、我が国でも2～3点しか残っていません。身八つ口が閉じたままで、帯を細くしていたと思われます。これも慶長小袖の一部を袈裟として残しています（若松の斜段と霞に小花松原文様裂袈裟）。これは江戸の初期の絞りで、よほど位の高い人が着ていたと思われます。生地は真っ赤な紅で、全て鹿の子絞りです。

この「雪輪と若松竹文様小袖」は長い間うまく保存していても、黒い生地の部分がタバコの灰のようにボロボロになってしまいます。昔は黒い部分は鉄媒染で、扱うのが非常に難しいのです。江戸時代の初期になりますと、世の中も平和になって、女性も外に出て行く機会が結構増えてきます。見返り美人図のように、後ろから見た姿も素晴らしい文様の小袖が、鹿の子絞りと刺繍で表現されるようになりました。

「茶屋辻」（写真P97）の代表的なもので、紀州の徳川好みで、藍濃淡を主体に所々に刺繍をあしらってアクセントをつけています。「身八つ口」が未だ開いておりません。生地は麻ですが、麻といえば夏の着物と思いがちですが、薄い麻の合わせ布を着ております。麻は繊維が堅いので、貴族の方は真夏に麻を着ません。

次の小袖模様は「片喰《かたばみ》の丸」で、江戸時代中頃のものです。男性の小袖であり、若い15～16歳の若衆が着ていたと言われています。男性の着物であるという証拠は、裄が少し長めです。文様は女性なら右肩中心のものがほとんどですが、これは左肩に文様を表し、後ろに大きな文様が表現されていてお尻が大きく見えるため、当時の女性は嫌がりました。それと、文様は大きな家紋になっています。なので、これは若い男性すなわち若衆であったと思われ、大変、珍しい資料です。

「友禅染小袖の掛軸」などについてお話しします。

これは禅寺に寄進された、江戸時代中期の友禅染の小袖を打敷にしたものです。友禅染ですが、掛け軸の全体を絞りで白抜きにして、掛軸の文様は友禅染にしています。これは琵琶湖の近江八景が友禅染で小袖全体に施されています（近江八景文様帷子）。これは江戸時代にしては非常に珍しく端正な美しさの型絵染めです（梅竹の垣文様小袖）。これも松竹梅を表現し

「近江八景文様帷子」
江戸時代中期

「雪持ち菊に蝶文様小袖」
江戸時代中期

「梅竹の垣文様小袖」
江戸時代後期

ています。
帯も珍しい江戸時代のものです。全て刺繍で施され、今とは違って表にも裏にも文様が施されています。この小袖は雪解けが始まり、そろそろ春が来るという喜びが表現されたデザインになっています。（雪持ち菊に蝶文様小袖）これも裾のところの裏に紅がついています。

次に「蜃気楼」「山百合」についてのお話です。
これは2つの蛤《はまぐり》が夢を見ている様子で、「蜃気楼」を表し、その先に竜宮城を表して、これを着る人が乙姫様という想定のデザインです。八掛《はっかけ》は裾を引きずって歩くので、そのうち破れてきます。これは裾を付け替えています。両方の小袖共に上の方は無地ですが、無地では寂しいと「紋」をつけるようになります。山百合文様の小袖の生地は現代では見られません。絹《きぬ》縮《ちぢ》みと言って非常に軽く、実際触ってみたら天女の羽衣のような軽さでした。

「山霧に百合文様単衣」
江戸時代中期

これこそ夏の暑い時に着ておられたものです。風に揺られている山百合《やまゆり》の姿を表現したデザインで、絞りと友禅染の技法で、これは江戸時代の後期のものだと思われますが、まだこれは身八つ口が詰まったままの状態です。これは公家の女性が着ていられたのではないかと思われます。

次に「隠れ蓑《みの》に宝尽し文様小袖」、鶴と亀が睨み合ったような「松竹梅鶴亀文様夜着」についてお話しします。島原の太夫が好んだと云われるところからこの蓑に宝尽くし小袖の文様表現は「島原褄《しまばらづま》」と言い、江戸時代後期のもので、文様は贅沢できないようになり、背の方は無地にして上前と下前の両方にこのように施

「松竹梅鶴亀文様夜着」
江戸時代後期

「隠れ蓑に宝尽し文様小袖」
江戸時代後期

「雪中梅樹文様小袖」
江戸時代後期

しているのです。

これは大きな怖い顔をした鶴と、怖い顔をした亀が睨み合っている姿です。松竹梅に鶴亀と言うと非常にめでたいデザインなのですが、これは衣装ではなく、布団の上にかけるものです。現代のように寝室に鍵がかかっておらず、悪い人が入って来ないように亀や鶴が睨みつけ、邪気が入ってこないようにしています。

初代・喜八の作品で、撒き糊を使った「雪中梅樹文様小袖」です。今では友禅の世界で細い糊を撒いて、

三代・喜八による「黒縮緬地格天井文振袖」
昭和時代前期（21年）

「萩散し文様単衣（振袖）」
明治時代

四代・喜八による「藍紬地水衣に貝文訪問着」
昭和時代前期

文様の地の部分に表現する「撒き糊」や「口一吹雪」が流行っています。この時すでに雪が舞い降りている撒き糊を施しています。こちらは明治になってからの振袖です（萩散し文様単衣 振袖）。明治は地味な振袖を着ており、あまり派手なものは残っていません。

戦後の昭和21年に私の祖父三代・喜八が、友禅がなくなっていくのではないかという思いから、物がない時代に苦労して作った友禅染の振袖です。これは、誰かが着るためのものではなく、染織に対する想いを一枚の布に表現したものです。これは、私の父、四代・

喜八が作った作品です。藍の紬地を使って水衣《すいい》と貝文様に変化をつけた友禅染の作品です。

このようにして、先人たちはいろんな苦労を重ねながら伝統を継承してきました。私の父の時代からは少し楽観的な時代もありましたが、先ほどの「辻ヶ花」や慶長小袖等の数々の作品群は、どこの誰が作ったものか分かりません。しかし何百年経っても作品に力を持っています。私たちの仕事にも、それぐらいの気構えを持ち、それぐらい力のある作品をこれからも作り続けていかないと駄目ではないかと思います。

京都は新しくいろんなデザインを取り入れていかなければいけません。目には見えませんが、京都には新しいものにも底に格調と品格を重んじる、いわゆる上品なものが求められます。品格があるものが京都の特徴だとも言われており、目新しいものだけではいけません。これからの伝統産業はどうなっていくかわからないのですが、私たちは先人が残してくれた素晴らしい伝統技術を継承しながら、皆さんの生活の中に益々潤いや楽しさ、豊かさなどを与える現代に既応したものづくりに徹していかないといけないと、常々思っています。ものを作るということはなかなか難しいのですが、私があの世に逝っても自分の作った作品は残っていきます。気合いを入れて作っていかないといけません。父親からは、「この仕事を金儲けと考えてはいけないぞ」とはっきり言われました。確かに仕事を始めてみると痛感しました。お金儲けをするのなら他の仕事をした方がもっと効率よかったでしょう。私の作ったお着物をお召しになって喜んでいただくことが、私たち物づくりにとっては何よりの喜びです。お召しになっていただいた方に喜びを伝えてもらえると「また頑張っていこう」と思います。私たちの仕事は後ろを振り返りません。私がよく言うのは「もうは牛に任せ、まだ！」と思う気持です。今の医療技術では大体120歳まで生きられるらしいです。二桁ではまだまだダメなのです。三桁の時代に入ってきます。高齢者の方々も「まだまだ！」と思ってください。そう思うことによって常に若返ります。「まだまだ！これから！」と思っていただけたら、若返っていきます。ありがとうございました。

［注釈］

（※1）刺繍で仏像など仏教を主題として絵画的に表したものの総称。奈良中宮寺「天寿国繍帳」、京都勧修寺「刺繍釈迦如来説法図」などで知られる。

（※2）中国絵画の理想で、生気に満ち溢れていることを表した言葉。5世紀末の中国南斉の画論家・謝赫が、画の六法の第一にあげている。

（※3）人の品格や容姿、身なりなどの様子。そのものから感じ取れるおもむきや味わいなどの意味。

茂山　千三郎　氏

大蔵流狂言師

大蔵流狂言師、四世茂山千作（人間国宝）の三男として生まれる。「花形狂言会」、「心・技・体、教育的古典狂言推進準備研修練磨の会」の主催やFM京都、KBS京都のパーソナリティーなどを通じて、古典芸能「狂言」の魅力を伝える。

今日は京都学ということで、職人さんを含めたものづくりだとか、逆に私たちはそれを使う者としてのお話をさせていただきます。京都学という大きなジャンルの中で、これからの京都はどうあるべきなのか、あるいは京都人って一体、何やろか。狂言を通して見えてくる日本、狂言が生まれ育ってきた日本をもう一度見直すと、京都というものが浮き彫りになるのではないか。というところから始めさせていただこうと思います。

私は狂言の演者でございますので、用意していただいた舞台の上で実演しながらお話を進めさせていただきます。

狂言は、あまり道具を使いません。なるべく体だけでいろんなものを表現してきた芸で、演技は実にシンプルです。まず、狂言を代表する演技を一つご覧いただきます。「ハァー、ハッハッハッハー」。これだけなんです。狂言の笑いというものです。この大きな演技というのは、屋外演劇だったからなんです。神社や、お寺の境内に奇襲的に登場して演じる。大きな声で演技をしているので人々が集まってくる。狂言って面白かったなと言って、また参詣に行かれる。でも、拍手だけでは困る。おひねりがほしい。狂言をしている人たちは、おひねりで生活をしておりました。

笑いで集まってきた人々の心を、ぐっと引きとめる力が必要です。そこで新たに生まれてきた演技が、歌うこと、舞うこと、つまり歌舞《かぶ》（※1）。狂言に歌舞

狂言の「笑う」所作

を取り入れて生まれたのが能です。能・狂言、両方合わせて能楽という言い方をしていますが、始まりは狂言だと私は思います。

能と狂言は、どう違うのか。狂言が笑いの芸能、喜劇だとすると、能の大半は、源氏物語で恋に破れた女性や源平の合戦で負けた武士などが登場します。ですから、舞台で演じる代表的な演技は泣くということになります。

能の「泣く」所作

今度は能を代表する演技の泣く所作を「シオリ」と言います。…こぼれ落ちる涙を手で受け止めるという一つの型です。思わず息をぎゅっと止めてしまうような緊張感が会場全体を包み込みます。

狂言は逆ですね。笑い、緩和です。緊張と緩和、

狂言の「泣く」所作

凝縮と発散。能と狂言では、方向性の違いが一番大きいと思います。

相対的に狂言は緩和する笑いであり、能は緊張する悲劇である、ということです。今度は狂言で泣いてみます。先ほどの能と比べてどう違うのか。狂言は発散をしていく芸能ですから、発散しながら泣くんです。「ヘェー、ヘッ、ヘッ、ヘッ、ヘー」。悲劇というのは、お芝居の中で演者が泣いているのを見ると、もらい泣きをして客席の人々も一緒に泣かれるのですが、狂言の場合は、泣くと笑われる。これが、狂言が喜劇であるという証拠だと思うのです。発散しながらまるで子どものように泣いていきます。

能で泣きました。狂言で笑って、泣きました。では、能で笑うのか、ということになるのですが、能は笑わないですね。絶対笑わないわけではないのですが、古典作品が二百五十数曲ある中で、私が知っている限りでは、能で笑う場面が出てくるのは二つしかない。それぐらい能は笑わないです。

なぜ笑わないのかというと、能は武士道にのっとっています。武士、お侍というのは、笑うことは非常に下品なことだと考えていました。涙や義理、人情のほうがすばらしいものだと考えていたので、能の中で笑う場面はどんどん抹消されてしまったのです。

ところが、どうしてもここだけは取ることができないという笑いの場面が2作品に残ったようです。私が知っている一つは「景清《かげきよ》」という物語。もう一つは、中国の物語で「三笑《さんしょう》」。それこそ笑いがテーマになった曲です。

笑うということ、これも一つの型で表現していきます。先ほどの泣くのと同じように、凝縮した笑いです。扇子を使って演技をしていきます。一瞬ですので、よく見ていてください。能で笑います。…終わりです。これで笑ったことにしてしまう。笑うという気持ちをぐっと抑えて、心が晴れ晴れとしている、というところで止めてしまいます。

心が晴れ晴れとしている型はこうなんだと、皆さんにお伝えしたので、「ああ、そういうもんなんや」と思ってご覧いただいていたと思うのですが、ぱっとこれを見ただけでは分からないと思います。

ところが、能では、泣く時はいつもこの型で泣いている。心が晴れ晴れとする時はいつもこの型をしている。美しい月を見る時は、月を見上げるという決まった型というものを用いていきます。謡曲《ようきょく》というのは非常に難しく、謡《うたい》を聞いただけでは分からない。でも、型を覚えておくと、「ああ、今泣いているんだ」、「心が晴れ晴れしているんだ」、「月を眺めているんだ」、「酒を飲んでいるんだ」と分かる。いろいろな型を覚えることで、能の難しさを乗り越え楽しむことができるかもしれません。

能の「笑う」所作

それに比べて狂言は、分かりやすい型をしていきます。さきほどの笑い、「ハァー、ハッハッハッハー」というのを見て、「あーあ、怒っている」とは思わない。やっぱり笑っているように見える。泣くというのも、一つの型として泣いているように見えます。こういうお芝居を私たちは様式と呼んでいます。様式的な演技です。

様式の反対は何ですか。洋式ー和式じゃあないですよ。様式。英語でいうとスタイル、その反対のことです。

映画やテレビの中で、泣くという場面になると、美しい女優さんは本物の涙を流してハンカチを取り出して泣いている。こういうお芝居を、英語ではリアリズムという言い方をします。このリアリズムを追及しながらお芝居をしていくことがほとんどなのです。日本語では写実、写実的な演技ということになります。

一方、私たちがやっているのは様式的な演技です。この様式というのは一体、なんだろうか。これをひも解いていく必要があります。

たとえば、ものを投げるという演技があります。小学校4年生の時に父親から「柿山伏《かきやまぶし》」(※2)という狂言を稽古してもらいました。その時、柿に向かって石つぶてを投げて、落として食べようとする型が出てきます。「エエイ、エイ、エイ、ヤットナ」という一つの型ですね。この石を拾った手を「エエイ、エイ、エイ」と回していきます。これは、勢いのある球、遠心力を使ってビシッと柿に石を投げる、力を加えようとするところを表現しています。

小学校4年の私は、ソフトボールのピッチャーのように、遠心力を利用して「エエイ、エイ、エイ、ヤットナ」と投げると、父に叱られました。まず「手を止めろ」と言われました。遠心力を利用して勢いのある球を投げようとしているのに、投げる前にいったん後ろで止めろというのです。

今まで何のために回してきたのか、という話ですね。止めた手と、右手と右足を一緒に出す。「ナンバ」(※3)

石を投げる

の動きです。「ヤットナ」。ここでまた、「止めておけ」。そうすると、この手の延長線上に飛んで行ったのが見えてくる、ということなんですね。

ところが、4年生の私は、この型にどうしても納得がいかない。おかしいやないか。一生懸命回している手を「いったん止めろ」と。じゃあ、あそこまで届かへん。「右手と右足を一緒に出せ」。投げにくいわ。石つぶてはここに落ちとるで、と思っていました。

なぜ、これほどまでに投げにくい型をするのか。直球で父に聞くと、父親も直球で返してきました。「昔からこうやっているからや」。そういうことなのです。それを誰かがつくったわけでも、そこに理論があるわけでもない。昔からこうやっているから、この型だったから。

これが実は、私たちがやっている能や狂言の一つの演技の型というものの大切な部分です。今の時代、何かのお芝居、あるいは勉強も含めて、理由、理論、理屈という裏付けがないと教えることが、なかなかできない時代になってきています。狂言の稽古は、そういうことがまずない。「昔からこうやっているから、こうなんや」、そういうふうな理由のない型というものを教えられてきた気がします。

その時は納得がいかなかったのですが、「ああ、こういうことやったのか」と、後々、大人になってから気づきます。

柿を投げる一つの型。「エエイ、エイ、エイ、ヤットナ」。これを思いっきり、遠心力を使って投げるのと、狂言の投げ方と、どう違うのか。「エエイ、エイ、エイ、ヤットナ」とすることで、何かが見えてくる。ご覧になっている皆さんに、石が飛んでいっている方向を示しながら、一つの型をつくりあげていく。ご覧になっている皆さんにとって、一番分かりやすい動き、型を演技として取り入れてきたということになると思います。

私たちの稽古で、すごく大事なこと。それは気付くことだと思います。10割の芸の中で、師匠に教えてもらうことは2割しかない。ここはこういうふうに動くんやで、セリフの抑揚《よくよう》はこう言うんや、と見せてもらって、稽古をつけてもらいます。3割は「盗む」です。人のものを見て、「ああ、いいなあ」と思ったものを自分で取り入れて、盗んでやっていこうとします。

これで5割です。あと半分は、教えてもらうわけでもなく、盗むわけでもない。自ら「気づく」ということをしないと、できあがらない。その気づくということが5割。これが難しい。一生かかっても気づかないこともある。芸でも、ものづくりでもこの部分が一番大事なのではないかと思います。

僕なんか、理由と理屈が必要で、「ああそういうことなのか」と納得のいく答えをどうしても求めてしまう。しかし、なかなか気づくというところまで至らないのが私たちのやっている舞台なのかもしれません。

一つの型というものをご覧いただきながら、狂言の型、決まりみたいなものを感じ取っていただいたのですが、もう少し他のもので、なぜなのか、ということを感じ取っていただこうと思います。

たとえば、柿がありました、というのをやりました。柿って、あるわけではない。何もないのです。ところが、ご覧になっている皆さんに、あそこには柿があるんだということを理解してもらわなければならない。

これも決まった一つの型、様式があって、こういう演技をすることで、皆さんに「ああ柿があるんだ」ということを理解していただく。まず柿を作り上げる方向を向き「いや、これに柿の木がある」とセリフを

薮の中へ入る

言う。するとあるんですよ。言葉だけでつくってしまう。つまり、「ある」と言われると、あるんです。昔からそうなんです。

なんで、と言われると困ってしまう。あると言ったら、あるんです。「薮がある」と言ったら、薮があるんです。まず入ってみよう。「エエイ、エイ、エイ、ヤットナ」。入りました。薮の中へ入りました。じゃあ、川を飛び越えていこうと思います。小川を飛び越えます。「エエイ、エイ、エイ、ヤットナ」。同じなんです。全部、「エエイ、エイ、エイ、ヤットナ」で済ませます。

柿の木に石を投げる時も、「エエイ、エイ、エイ、ヤットナ」でした。皆さん、「エエイ、エイ、エイ、ヤットナ」と言いますか。言わないですよね。座る時に何と言いますか。「ヨッコラショ」と言いますね。今の言葉で言う、「ヨッコラショ」、「ヨイショ」と同じです。

昔は「エエイ、エイ、エイ、ヤットナ」と言っていました。このような型で、様式というものは日常生活から、かけ離れた演技をします。今日は自分の体だけで演じるのではなく、扇子を持ってまいりました。

この扇子も当然、京の職人さんにつくっていただ

大蔵流の扇子

きました。京都では、もう2軒ほどしか能の舞扇をつくってくださるところがありません。大蔵流で決まった扇子の型なのです。これを使って私たちは演技をします。扇子には三つの使い方があります。

一つは風を送る道具。扇本来の役目ですね。もう一つは舞扇ですから舞を舞うための扇としてこれを使います。もう一つは落語にみられるように、いろいろなものの代用品として使います。

たとえば、ここに丸太棒《まるたんぼう》があります。これを切るとなれば、のこぎりが必要ですから、腰から扇を抜いて切っていきます。「ヅカ、ヅカ、ヅカ、ヅカヅカヅカ、ヅッカリ」と切り落とす。

あるいは、お酒を飲む時には、この扇を右手に持って袖を控える。つぐ方は、こういうふうに相手につぎます。「ソレ、ソレ、ソレ」とつぐ。つがれた方は、「グイ、グイ、グイー」。舌を鳴らす。こんな大層な飲み方をする人はまず、実際にはいません。父から教わったのは、のどを鳴らすということ。そして最初はゆっくり、最後は一気に飲み干す。そのぐらいです。

実はこの扇子は、私が40歳を迎え「狸腹鼓《たぬきのはらつづみ》」(※4)という千五郎家にとって一番難曲と呼ばれる狂言をさせていただいた時につくりました。そういう難しい狂

丸太棒を切る

言をする時に「披《ひら》く」、という言い方をします。今日の舞台、皆さん、どうかよろしくお願いいたします、という気持ちで、オリジナルの扇をつくり、出演してくださる全員の方に配るという習わしがあり、「披扇《ひらきおうぎ》」と言います。

「狸腹鼓」というのは、45分ぐらいのとてもしんどい曲です。何がしんどいかというと、最初は尼さんの面の下に、リアルな狸の姿の面、面を二重にかけています。そして、尼なので花帽子という頭巾を着て、フルフェイスのヘルメットの中に面を2面、かぶった中で、声が全く届かないのを大きな声で客席まで届くようにします。1回吐いた息が面の中にこもっていて、次に吸ったら、同じものを吸っているので、どんどん酸素欠乏になっていく。

まるで罰といいますか、苦行といいますか、恐ろしい作品で、これを作ったのが井伊直弼《いいなおすけ》という人なんです。茂山千五郎家だけに残っており、この作品をさせていただいた時に、扇子をつくりました。

この扇子が大好きで、使い続けております。扇子は、私たちが一番よく使う道具でございます。では、扇子を使って何をするのか、ということですが、武士のたしなみ、象徴のようなもので、必ず右手には扇を

お酒を飲む

持っています。

扇には決まった持ち方があり、すなわちそれは、舞台上で立つ、構えるという型だと思います。

普通に、棒立ちになっているのではなく、舞台上で構える時には、少しつま先を開き、かかとは握りこぶし1個分ぐらいあける。そして、この扇子を大きく構えて、グーッと腰を落とす。これが狂言の中で「大名」と呼ばれる、えらい人の構えです。

「太郎冠者《たろうかじゃ》」になってくると、腰に扇子を差して、手はそけい部（太もも付け根部分）につけ、腰を落とす。主人、小さな家の主人だと、扇子を持ったまま腰につけている。というふうに位によって構え方は変わります。

なぜ腰を入れるのか。これは、昔からそうなんです。なぜなのかは父も教えてくれませんでした。僕なりに腰を入れる必要性、なぜ入れているのかということを勉強しながらやってきました。

まず演技でいえば、腰を入れるというのは、一つ

「大名」の構え

「太郎冠者」の構え

の準備だと思います。「ため」をつくります。たとえば、横にピョンと跳びたいなと思った時、棒立ちになっていると、いったん腰を曲げないと跳べません。あらかじめ、腰を落として「ため」をつくっていると、いつでも跳べる。

腰を入れるという行動が、「ため」をつくる以外に何かわけがないかと考えていると、何と西洋の芸術とは正反対の動きをしているではないですか。

バレエは床に対して、上に向かってつま先立っています。バレエの旋回に「ピルエット」というのがあり、ファーと浮きながら片方の足を軸に回ります。それに対して私たちが舞台上で回ろうとすると、逆に沈みながら回ります。床に対して下に向かって沈んでいこうとする。

私たちは農耕民族で、地面に向かってずっと稲を植えて生活をしてきている。地面に向かってきました。ところが、西洋の人たちは狩猟民族で、弓を射たり、馬に乗ったり、地面から離れようとしてきています。

農耕民族と狩猟民族という違いに加え、神様がどこにいるのかということも関係してくるのかもしれません。西洋の神様は、天の神様なのですね。天に向かってずっとお祈りをされています。日本の神様は山であったり、木であったり、地面、大地に対する祈りが強い。その神様に近づこうと、めり込んで、めり込んで近づいていっている。床に、舞台上に、家でも座る生活を遠い昔から、してきたのではないかと思います。

私たちの能や狂言は、舞台上でいつも座るということを中心にお芝居をします。立つ時も左足を立てて立ち上がる。右膝から座る。決まった立ち座りがあります。その整然とした座り方というものを、私たちは求められますが、大事なのは空気感ですから、教えてもらいようがない。

次に何をするか。舞台上で私たちはよく座ります。立ち上がり、歩くということをします。腰を落として、すり足で歩くわけです。すごくシンプルですが、歩くというのが実は一番難しい。

腰を落として歩く、この姿勢で、何が正しいのか、その根拠って何かと、ずっと悩んできました。今でも答えは見つかっていません。ですが一つだけ、これは確かにそうかもしれないな、と思ったことがあります。

今から5年ぐらい前、京都大学総長の山極寿一先生、ゴリラ研究の権威の先生と交流をもたせていただき、ゴリラの狂言を作ったのです。猿楽（※5）にならって、ゴリラ楽を作りました。その時に、ゴリラを狂言で表現するために、山極先生からいろんなレクチャーを受けました。

「狂言って、どうやって歩く」と聞かれたので、はい、腰を落として、背中と腰を立てて歩きます、と答えると、「へぇー、それ、ゴリラと一緒や」。えー、ゴリラと一緒なんですか。「そうそう、ゴリラというのはまず、腰を落とすわな。そして人間より手が長いから、これくらい曲げたら地面に手が着く」。で、「ナンバ」の動き。右手、右足を一緒に出して。型は違いますが、腰のポジションが実はゴリラと狂言は同じなんです。

すり足

腰を立てるという言い方をしますが、このまっすぐの姿勢から腰を落としていく。まっすぐに落とした時に、腰がぐーっと傾いて、背中はそっているような腰の落とし方をします。まっすぐ降りていないと、型が壊れてしまい、不細工になります。

そういうのを父は「ババタレ腰」と言いました。京都だから伝わります。京都以外だったら絶対に伝わりません。「はい、腰を入れて」。「ババタレ腰や」。「もっと」。「それもババタレ腰や」。えっ、これもババタレ腰なの。これ難しいですよね。どっちも父はババタレ腰と言います。普通、腰が出ている、これをババタレ腰っていいます。分かりますよね。

このババタレ腰にならない、腰を立てた立ち方、これがゴリラの腰の構えと同じなんですね。一番強いゴリラ、背中が銀色に輝くオスゴリラのボス。シルバーバックスというそうですが、背中をぐっとそって、胸を張って、腰を立てて、そして構える。この格好で、ぐっとにらむと、強そうでりっぱなボスに見えてくる

ゴリラの構えと同じ腰の姿勢

ババタレ腰

ようなのです。

世界を見渡して、腰を入れるという行動がどういうポジションになるのかを考えてみました。インドやインドネシアの舞踊、中国では太極拳なんかも腰を入れます。いろんな部分で腰を入れているアジアの国々、イコール農耕民族です。

それを考える上で、参考になったのが、文化交流として外務省から狂言の派遣があり、海外に行く機会にめぐまれていたので、他国との違いを肌で感じながらくらべることができ、私自身とても勉強になりました。

世界の狂言への反応は3通りに分かれる気がいたしました。

一つはヨーロッパの鑑賞スタイル。自分の国にもクラッシック、古典というものがあります。能は、ある程度、オペラに近いものがあって、解説を読んで「ああ、美しいな」と思ってご覧になるのですが、狂言は喜劇。「この喜劇を見て笑ってもらえるだろうか、と思っていると、ちゃんと理解をして笑ってくださる。勉強されてこられて非常に上手な見方をしてくださいます。

アメリカは自由の国なので、本当に見方も自由です。

面白かったなと思ったら拍手をくださり、「ブラボー」と言って、スタンディングオベーションが始まる。面白くないと思ったら、立って帰ってしまう。「わー、これきついなー」と。自己反省です。

もう一つがアジアの国々です。たとえば、カンボジアに行ったのは内戦が終わって数年後です。治安はまだ安定していない。映画を見たことがない、お芝居も見たことがない方々にいきなり、「これは、このあたりに」とでっかい声でやると、全員顔に「はてな」の表情が浮かぶ。なんなんだこれは、ということだと思います。

その人たちが、「棒縛《ぼうしばり》」という狂言、太郎冠者と棒に縛られた次郎冠者が力を合わせてお酒を飲もうという狂言、これをやっていく間に、クスクスと笑いが起きていく。それが、どんどんエスカレートしていくと、ウォッーと、大向こう（※6）みたいな声が飛んでくる。そして曲の途中で拍手が起きる。日本国内ではまず起きない現象です。途中でかけ声、拍手というのは歌舞伎などの芝居はありますが、能や狂言では、やってはあかんことみたいな感じで、ほとんど行われません。

拍手やかけ声が、狂言にとって迷惑だったのかというと、実はそうではなく、すごくやりやすかった。どんどん気分が乗っていきました。これ一体、なんだろうと思って考えてみました。今から600年前、私たちの祖先、狂言ができあがったころ、神社とか、お寺とか、そのような場所でやっていたころと同じだったのではないだろうか、と感じました。

途中で拍手が起き、声も飛んできただろうし、そのような中で、客席と一体になりながら、笑って楽しんでいた。それがいつの間にか、失われてしまった。いろんな要素があって、狂言にあった活気というものを失ってしまったのではないかという気がしました。

日本に帰ってきて、いろいろな場所で狂言をやらせていただくうちに気づいたことがあります。

一つは、年齢の違い。私たちが今、力を入れているのは小学校での狂言です。6年生の教科書に狂言が載っていることもあり、よくやらせていただいています。

幼稚園にも行って、園児の前で狂言もします。たとえば「柿山伏」という狂言で、ここには柿の木がいっぱいあります。柿の木に登りました。そして柿の実を食べたつもり、おいしかったつもりです。柿を想像してね。ここには柿がいっぱいありますよ、というと「はぁーい」と返事をしてくれる。実際に狂言が始まって、柿を一つとって「アム、アム、アム、アム」。この食べ方で幼稚園の子どもたちはゲラゲラ笑っています。二つ目の柿を取って、「アム、アム、アム、アム」。また笑う。三つ目の柿に手をかけると「おっちゃん、もうそこに柿ないよ」。一個目を取った場所なのです。ほんまに見えているのですね、子どもたちには、それぐらいピュアなんです。絵本の世界にポーンと飛び込めるような想像力というのが、子どもたちにはあります。

この想像力がないと、先ほどからお話している様式的な演技というのは理解してもらえない。ここに柿がある。いや、ないやろと思っている人の前では狂言はできないのです。

子どもたちは純真な心で見てくれます。このピュアな純真さが年齢とともにどんどんなくなっていくわけです。その反対に言葉の理解度というのは上がっていく。純真さと言葉の理解度がクロスするあたりが6年生で、ここの時代に教科書に狂言が載っているというわけです。

中学に行くと、狂言は面白くないものだと感じるのか、ボーと何の反応もないんです。高校生になると、ちょっと反応が出てきて、面白いところでは笑うし、女子校なんかに行くと、おはしが転んでもおかしいようで、ずっと笑っている。

社会人になると、不思議だと思うことが起きます。何かの式典の後で、お祝いの狂言をする。当然、喜劇です。しかし式典後の、緊張した中で狂言をやっても笑う空気ではないので、一生懸命がまんをしている。もうおかしくてしょうがないなと思った時、笑う前に周りを見ている。幼稚園の子どもが笑うより0・5秒ぐらい遅い。周りを見たり、気にしていたり、そういう空気感が笑いを遅らせるのです。

6年生までに狂言を見るのか、その後で狂言を見るのかによって大きく変わってしまう。なるべく早い時期に狂言を見て「ああ、狂言おもしろいやん、笑えるやん」と思ってくれている間に、学校の授業をしてもらえるといいな、と願いながら学校狂言の公演をしています。

狂言が今なぜ、みんなに笑ってもらえないのか。そこには、これまでのお話の中で何回か出てきている武士道というものが関係しているのではないでしょうか。

能楽と狂言は、能楽として、ひとくくりです。能は難しい、理解できひん。わろたらあかん、というイメージ。狂言も一緒や、わろたらあかん。どれだけおかしくてもみんな、がまんしてしまっているんですよね。

武士道というのは、江戸、その前の戦国の世から、考えていくと、600年ほどで、ひとくくりになるのではないかと思います。最初のころ、能や狂言は非常におおらかで、元気な時代を経てスタートしました。お茶も生け花も華やいで、いろんな変化というものが京都を中心に広がっていきました。

室町時代から600年たった今、ようやくその時代を取り戻し、いろんな場面でお茶やお花、狂言も含めて活動ができるようになってきたように感じます。

その根底にあるのは何なのかというと、考え方かもしれません。先ほども型のお話をしたのですが、皆さんにとって、演技がどう見えているのかということ。これがすごく大事だと思います。

泣くという一つの型。こぼれ落ちる涙、皆さんから見ると、目を抑えているように見えるのですが、横から見ると、おでこの前に手がある。ところが、皆さんから見て一番泣いているように見える場所が、そこなのです。自分が泣いている気持ちで構えたら、口を押えている場所になる。つまり、自分の気持ちを押し

「泣く」型はおでこの前に手がある

殺してでも、ご覧になっている皆さんがそう見えるものを提供しようとするこの考え方こそ実は日本人、特に京都人が一番持っている考え方なのではないかと思います。悪く言うと体裁。表裏一体で、いい場面もあるし、だめなところもあるかもしれない。人からどう見られているのか、を大事にする。

私たちが着ている着物だってそうです。華やかだけではない。近づいてみて、触ってみて、「ああ、えぇもんやな」ということです。内《うち》に着ているお襦袢《じゅばん》一つにしてもそうです。

見えないところで、もてなそうとする気持ち。こっち側だけにとどめておいてもいいような気持ち。私たちがつくっていく職人的なものや、もてなそうとする気持ち、全部が集約されているような気がします。

最後に、昔と今の恋愛についてです。狂言に出てくる男女の関係というのは特殊なんです。大体、女性が強い。強い女性のことを「わわしい女」(※7)といいます。今でいう肉食系女子ですね。対して男性は、今でいう草食系男子です。お分かりいただけると思います。現在の世の中、あるいは夫婦の関係を見ていただいても分かると思います。

どんな恋愛をしていたのか、というと、すごくドライな関係で恋愛をしています。たとえば、歌を詠みかけて、その返歌《へんか》事で結婚をする。あるいは、歌一つで離婚をしてしまう。すごく自由ですね。

離婚というのが、今は当たり前になってしまいましたが、ひと昔前、離婚は絶対あかん時代でした。もう少し前でいうと、江戸時代、近松(※8)の時代は、叶わぬ恋を嘆いて「あの世で一緒になろう」と二人で命を絶とうとする考え方にまで発展しとてもドロドロしていました。これが江戸期なんです。ところが室町時代同様今も、すごくドライなので、「あんた死ぬの。どうぞ勝手に。私は生きていく」―という時代になってきました。

上下関係も同様に、上位の者を倒してでも上へいく下剋上の時代。ところが、封建社会が450年ぐらい続いて、あり得なくなったものが復活、また実力の時代がやってきました。

人間の考え方は60年の10倍で600年ぐらいで一巡するように思います。これを僕は一つの考え方として大還暦と呼んでいます。

６００年前のさらに６００年前に平安時代がありました。この時代も女性が強く、女性主導の時代で「通い婚」ということが行われていました。歌を詠みかけ、会ったこともない人と歌だけで恋愛に落ち、結婚をし、契りを結ぶという時代です。今に置き換えると、メールでやり取りをして、恋愛をしているのと同じではないでしょうか。こういう恋愛関係っていうのは一体、なんなんでしょうね。

この室町と平安の間に鎌倉があります。１回東京へ行って帰ってきて、また東京へ行って、また帰ってきた。今も、この「帰ってきた」ということがあります。なんと文化庁が帰ってきたではありませんか。京都に文化庁が帰ってきただけでも、日本は、ちゃんと６００年周期で回っているのではないか、と僕は思っているのです。

逆に言うと、文化庁が京都に帰ってきたことを大事にして、ほんまにいいもの、新しい文化をつくっていくという時代を迎えなければならないという気がします。

日本が日本であるためにいつまでも残しておかなければならない、姿勢であったり、神様との対話であったり、歩き方であったり、歌うことであったり、そういう一つ一つの所作事、ほんまにいいものはいいと認め、新しい未来、新しいものをむかえ入れる勇気、築き上げる力が大事なのではないかと思います。

ものを一つ買う、道具一つ買う時でも、しょうもないものではなくて、ちゃんと見て、吟味して、手で触って、いつまでも使えるものを選ぶそんな京都でありたいと切に思っております。

【注釈】

（※１）歌舞音曲といわれるように歌ったり、踊ったりすること。音曲は楽器を奏でること。奈良時代に中国から伝来した散楽が、平安時代に猿楽と呼ばれるようになり、そこに歌舞的要素を取り入れて能が誕生したとされる。

（※２）山伏が無断で柿を食べているところを柿の持ち主に見つかり、言いわけのためにサルやトビなどのまねをさせられる狂言。本狂言のうち「鬼山伏狂言」に分類される。

（※３）ナンバ歩きともいう。右手と右足、左手と左足を同時に出す歩き方。江戸時代以前はナンバ歩きが一般的だったと言われるが、厳密な検証を経た学説ではない。ゴリラの走り方はナンバとされる。

（※4）尼に化けたタヌキが、猟師に殺生を戒めるが、見破られて命ごいのために腹鼓を打ち、スキを見て逃げるという狂言。井伊直弼が廃曲となっていた古作を改訂し、彦根藩お抱え狂言師であった茂山千五郎に与えたとされる。

（※5）中国から伝来の散楽が源流とされ、物まねやこっけい芸を中心に発展したのが猿楽といわれる。その猿楽本来の笑いの要素がせりふ劇となって生まれたのが狂言であり、悲劇的な歌舞劇に発展していったのが能である。

（※6）舞台正面奥の客席。転じて、大向こうに座った客が掛ける声。現代では3階正面奥にあたり、「待ってました」や、「成田屋」、「中村屋」といった歌舞伎役者の屋号の掛け声が知られる。

（※7）わわしいとは、やかましい、うるさいの意。わわしい女は、うるさい女となるが、狂言では、夫は気弱で頼りなげに描かれるのに対し、妻は口やかましいが、夫想いで、しっかり者として描かれる。

（※8）江戸時代の浄瑠璃、歌舞伎の作者である近松門左衛門のこと。「出世景清」は近世浄瑠璃の始まりといわれる。代表作に「曽根崎心中」「心中天網島」「冥途の飛脚」、歌舞伎に「傾城仏の原」などがある。

西村　明美　氏

柊家　六代目女将

創業200年をむかえる京都の老舗旅館の女将、京都市「京都観光おもてなし大使」や「みやこ女将の会」名誉会長、「京都商工会議所女性会理事」、「国際京都学協会理事」として京都の魅力の発信と地域活動に貢献。

京都に生まれ育った私は、学生の頃は京都がどういう街なのかあまり気にもせず過ごし、京都の奥深さや魅力といったものにさほど関心がありませんでした。昔から多くの人が京都の魅力に惹かれて訪れられますが、毎日観光のお客様をお迎えする立場になってから、その京都の大切な魅力が、自然と共にある京の暮らしにあると気づかされました。

西暦794年に桓武天皇は青蓮院の飛び地の将軍塚から、三方を山に囲まれ、川が北の山から開けた南へ流れる景色を見下ろされ「この国は山河襟帯《きんたい》にして自然に城となす。号して平安京という」という詔と共に、〝この都こそ平安であれ〟と願われ、四神相応《ししんそうおう》（※1）、自然の摂理にかなったこの地を、都と定められました。

四神相応というのは、人が豊かに暮らす地相にはなくてはならないもので、大地の四つの方角をつかさどる神を指し、具体的に平安京では、鴨川を青龍に、白虎を山陰道に、朱雀を巨椋池に、玄武を船岡山に見立てています。

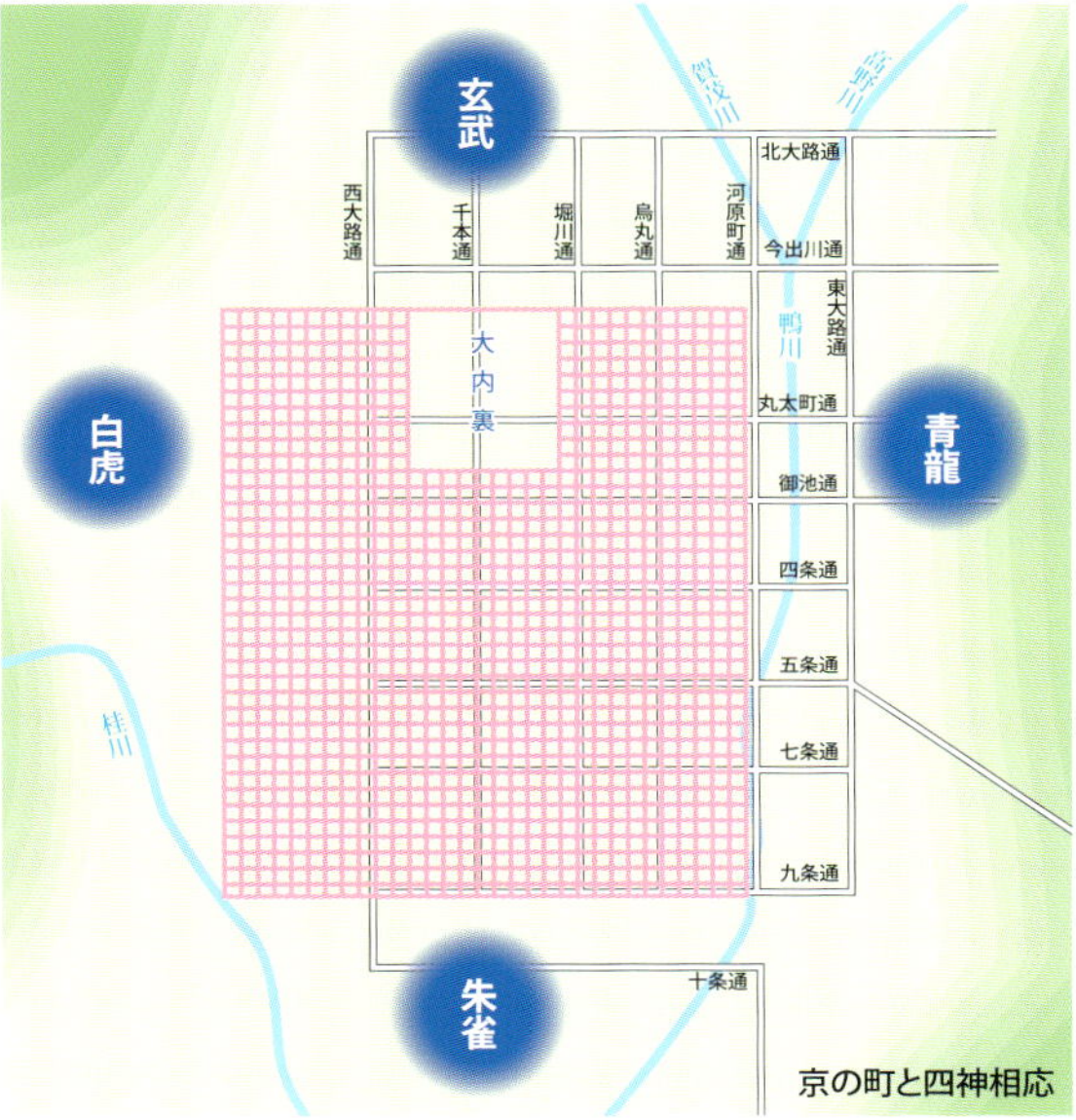

京の町と四神相応

御所は都の北の中心に位置し、御所から大路小路が東西南北に配置されました。〝天子は北辰に座し南面して東に位す〟とあり、北の中心にある御所の神殿では、天皇は南（太陽の方角）を向き太陽の上がる東側（向かって右）に立ち、皇后は（太陽が沈む西側）むかって左に立たれました。

ちなみに、三月の節句のお雛様は、京都では平安京以来の、天皇、皇后の立たれた位置にならって飾ります。南を向いて並んだ左（向かって右）東側が上座、並んで右側（向かって左）の西側が下座になります。明治維新から西欧列国に習って天皇の立たれる位置が反対になり、全国的なお雛様の飾り方もそれに合わせ左右が反対になりました。今

柊家の雛飾り

は京都のお雛様の立つ位置が変わっていると言われますが、昔から変わらぬ位置で今も飾っているのが京雛の飾り方です。

柊家は、元若州《じゃくしゅう》向笠《むかさ》の脇坂候の臣下でその後庄屋をしていた初代が、青雲の志を抱いて福井からこの京の都に来たのが江戸期幕末の文政元年（1818年）。当初はこの地で運送業や海産物の商いをしながら請われるままに宿を提供しておりました。

下鴨神社の境内に比良木《ひらき》神社がありますが、この神社の敷地には邪気を払う柊の木が自生していました。先祖はこの神社を深く信仰し、その柊の木になぞらえ屋号を柊家としました。

その後二代目の定次郎が刀の鍔《つば》、目貫《めぬき》の技に長じ、そのため自然に武士達との交友が生じましたが本業が疎かになったため、ついに文久元年（1861年）に請われるままに提供していた宿を本業とするようになりました。

その後明治、大正、昭和、平成をへて現在に至っていますが、その間に皇族の方々や幕末の志士、文人らをお迎えして参りました。

戦時中には御池通拡張のため、強制建物取り壊しを命じられる危機がありましたが、祖父の懸命の行政への要請や、軍や政財界の方々が宿泊されていた事もあり、御池通側の七部屋の取り壊しで何とか、残りの建物の部分は残していただく事ができました。

大正13年（1924年）より東京、帝国ホテル近くの内幸町に支店を開業しておりましたが、こちらは終戦時の立ち退きで廃業を余儀なくされました。

戦後は、市内の御幸町通りで別館を開業する等、新たな取り組みを行ないながら伝統を守って参りました。

旅館としては早くから海外のお客様を受け入れ、大正時代に開業した東京支店と共に英語のパンフレットを作成しております。その当時の、海外のお客様の数はごく僅かでしたが、平成に入ってからここ数年は、海外からのお客様が半数以上を占める様になりました。一昨年位から多い時は宿泊客の九割が外国の方という日もあるほどです。

柊家の玄関上り框には「来者如帰」〝来られた方が自分の家に帰ってきたように寛いで頂きますように〟と書かれた私共のもてなしの理念の額が掛けてあります。

この額は幕末、薩摩出身の重野《しげの》成斎《せいさい》氏（1827年～1910年）に書いていただいた書で、重野氏は尊皇攘夷派から開国論者になった時、藩の門閥家に陥れられ切腹させられるところを、島津斉彬《なりあきら》氏に才を惜しまれ島流しとなり、そこで漢文学を学び西郷隆盛氏とも交流があった方です。

書額『来者如帰』

この言葉の源流は中国の周（紀元前1846年～256年）時代の官職制度の書『秩官』の中の一節「賓至如帰」からきており、中国ではこちらの方がよく知られている言葉だと言う事を教えていただきました。その『秩官』の書の中では賓客を迎えるにあたっては、身の安全、清掃、馬の世話、美味しい食事、寝心地の良い寝所等、すべてを細部にわたって準備する事で、我家に帰ったような寛ろぎで、もてなす事ができるという内容が書かれているとのことです。

またこの「来者如帰」について、父は川端康成氏から、ドイツのローテンブルグの城壁にも同じような言葉「来る者にやすらぎを、去りゆく者に幸せを」がラテン語で書かれたものがある、と教えて頂きました。この話を父から聞いてから、お客様を大切なお身内の様に思ってお迎えするのは勿論ですが、ご出発の折には〝どうぞお幸せに〟という思いと共に、一層の心を込めお送りする事を心がけております。

柊家がもてなしの宿と評価頂けるのは、日本、そして京都が育んできた土壌があるからだと思います。

町中には多くの神社仏閣があり、季節にあわせ様々な行事やお祭りが日常の暮らしの中に息づいています。

日本は古来八百万の神の国と言われ、木にも石にも万物に神が宿ると信じ、様々な物を崇め、手を合わせ、感謝の心を持ち、厄除けを祈ってきました。

京都の祇園祭の時に配られる「蘇民将来子孫也《そみんしょうらいのしそんなり》」と書かれた粽《ちまき》も厄除けのひとつです。素戔嗚尊《すさのおのみこと》が、旅で一夜の宿に困っていた時、貧しい蘇民将来が暖かくもてなしたお礼に、代々厄から逃れられる約束に渡された茅《ち》の輪が、今の祇園祭の粽の由来です。

奈良時代には日本に仏教が伝来し、仏教の教えが寺院の建立と共に広がって行きました

仏教の布施の教えの中に無財七施があり、お金や財が無くとも出来る7つの慈悲の実践が説かれています。

(1)心施―思いやりの心
(2)慈眼施―優しい眼差し
(3)和顔施―柔和な笑顔
(4)身施―自分の身体を使った奉仕
(5)愛語施―やさしく温かい言葉
(6)床座施―席や地位を譲る
(7)房舎施―自分の部屋や家を提供する

日本の宿泊施設の始まりは、旅の途中で、病にかかったり倒れた人の救済施設として、奈良時代の僧行基が、「布施屋」を作ったのが始まりと言われています。このように善意で始まった宿泊施設が、時代と共に木賃宿、旅籠、本陣、宿坊等さまざまな形に変わり、今の旅館の姿に繋がってきました。

私共の理念を〝賓至（賓客）〟ではなく〝来者（来られるすべての人）〟にしたのは京都の神道や仏教の教えが背景にある京都の暮らしがあったからだと思います。

昭和13年（1938年）に京都市の観光課から『旅館サービス読本』が出版され、冒頭には京都の特異性をまず知るということが大切であると書かれおり、本文始めには次のような内容が述べられています。

〝千年以上の皇都として政治、経済、その他あらゆる文化の中心であった京都は、歴史的背景と優婉典雅《ゆうえんてんが》

な山紫水明の美によって織りなされる雰囲気は、無限の気韻と輝きをたたえて、他都市に見る事が出来ぬ特異性を形づくり、独特の情緒を醸し出し、早くから世界の観光都市と言われており、多くの観光客が京都に訪れています。その中で接遇の第一線に立ち、最も多くの時間を有する旅館、ホテルの宿泊業者の一挙手一投足が市民全般の印象の好悪を決定する鍵となるので、その使命や責務はすこぶる重大である〃と。

『旅館サービス読本』の表紙

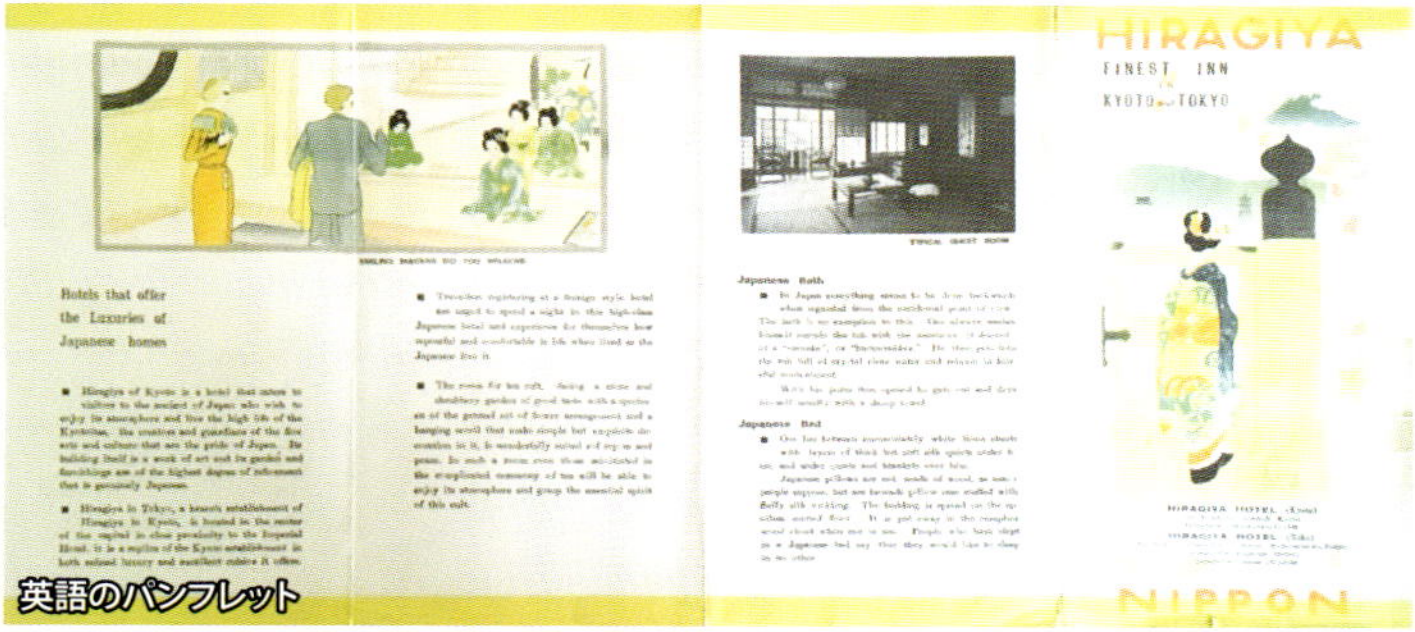

英語のパンフレット

この本に書かれているように、京都に訪れられる人達の第一印象を、私たち宿泊業が担っていると思うと、改めて責任の重大さを感じます。

『旅館サービス読本』の本文の章ではお客様の到着から出発までの具体的な注意点や指導方が詳細に書かれており、その後半の章では一般的な外国客の接遇方法、そして満支人（現中国）の接遇方法等、設備、備品、食事等の注意点と共に書かれています。

私共も大正のころから英語のパンフレットを作っておりましたが、戦前の京都市の観光読本に、早くも中国の方の接遇の仕方、注意点が書かれているのをみて、京都市の行政の観光への進んだ取り組みを、再認識させられました。

海外の方から日本旅館の評価を色々聞く事がありますが、その中で、私が印象深く感じた言葉として、親日家で有名なフランス人フリーダイバー、ジャック・マイヨール氏が書かれた文があります。「小さな空の下に変化に富んだ多彩な景観が寄り集まっているこの国独特の地形は、何と驚異に満ちていた事でしょう。あらゆる美の要素が、互いに寄り添い混じり合う美しい日本。（……）ここ数年、私は足繁く日本へ帰って来るようになりました。もちろん、泊まるのは日本旅館に決めています。（……）旅館は、日本の精神、人々、歴史のすべてを映し出し、それを象徴する空間であると思っているからです」と述べられています。

日本は地震が多い国ですが、それゆえに、地震でできた起伏が地域々の自然と独自の文化を生み出してきました。

この自然と寄り添う日本人の暮らしは、建物の構造にも表れ、木や畳、障子等自然の素材を使い、四季の移ろいと共に柔軟な空間を作り出しています。

子供から少し手が離れ、店の仕事を手伝い始める時、母がしたように私も、花を活《い》けることから始めました。今は娘が花活けを手伝ってくれています。花は空間に潤いを与え、人の心を和ませてくれます。玄関、廊下から部屋、奥座敷、そして庭へと続く空間に、出来るだけ、種類の違う季節の花を選び、花の一輪ごとの美しさを活かしながら、華やかな玄関の迎え花、楚々とした廊下の掛け花、ゆったりと和む座敷の花、

紫陽花が咲く玄関

掛け花

と空間に繋がりを作りながら器との調和も考えて、活けるよう心掛けています。

海外のフラワーアーティストの方で、日本の花に心を打たれ、よく日本そして京都に訪れ、歴史的な建物の中で作品展をされる方がいらっしゃいます。日本の空間を舞台に、色彩やデザインで花材を選び、細かい作業を経て、ご自身の感性の表現としての素晴らしい作品を作られます。それとは対比するように、日本の活け花は、まず花それぞれの持ち味を大切にし、花材を活かす事によって、人の作為を感じさせず、見る人の心に語りかける作品を作っていきます。日本の活け花の表現の仕方は、人との関わりの中で大切な、相手と自分の心の持ち方を教えられるように思います。

京都には、活け花と同じように長い年月磨かれてきた食文化があり、私どもでは季節と共に育まれた京懐石をお出しします。旬の食材を使い、生、煮る、焼く、揚げる、蒸す等、調理法の違うものを一品一品、色、素材、形の違う器に盛り、互いに引き立てあいながら、全体としての流れを楽しんでいただくよう献立を作ります。月々で料理内容が変わり、その季節の行事にちなんだ献立、絵柄をあしらった器を使い、温かいものは温かいうちに、冷やしたものは、冷たいうちに、一品づつお部屋で召し上がっていただきます。

京都の町では、このこだわりの食文化ゆえ「仕出し文化」というものが生まれました。お客様をお迎えする時は家庭料理ではなく、美味しい手間ひまをかけた専門の料理人が作った食事を「仕出し屋」さんに頼み、もてなしました。ひと昔前は多くの仕出し屋さんがありましたが、それも時代

京懐石

と共に数が少なくなり、料理屋さんや、レストランでの接待に変ってきています。

空間に繋がりを作りながら花を活けると共に、一年の中のいろいろな行事や祭りに合わせ玄関、座敷などの〝設え〟も整えます。

門松を飾った正月の玄関

元旦の朝はお屠蘇でお祝い

その中でも、新年を迎えるお正月は、一年の中でも一番大切な行事で、準備に手間ひまがかかります。蔵に収めていた代々のお道具や器を出し、おせち料理の準備をします。

正面玄関には松竹梅を飾った門松、勝手口には雌雄の根引き松、内玄関には紅白のつぼみに見立てた餅を付けた大きい柳の枝の餅花《もちばな》を飾り、館内は鏡餅など、お正月のお飾り、お花、お軸等、正月の特別なものに変えていきます。

元旦の朝は、お屠蘇《とそ》でお祝いをし、長寿や健康を祈って作られたおせちに、京都は白みそに丸餅のお雑煮をいただきます。

お客様も3代、4代にわたり揃ってお正月を迎えられる方々がお越しになり、それぞれのご家族にとっても特別な時間を過ごされます。

2月の節分、3月のお雛様、4月の桜、5月の端午の節句、など、季節の移り変わりとともに設えを変

夏は籐網代や御簾に替えてのしつらえ

え、一年の自然の移り変わりや行事を楽しんでいただきます。

　6月の梅雨入り近くになると、京都の蒸し暑い夏に備え、お座敷の大掛かりな“建具の入れ替え”を行います。ひんやりとした感触の籐網代《とうあじろ》を敷き、できるだけ外の風を呼び込むため、障子を外して御簾《みす》に取り変えます。

　雑巾で拭き込んだ網代は、長い年月でつややかな飴色に変り、御簾を通して目に入る、透けるような庭の景色と合わせて涼しさの演出をします。

　この夏の間の涼しげな座敷は、七夕、祇園祭、大文字の送り火等の行事の設えを一層引き立ててくれます。

　そして秋に入る9月には、網代を片付け、御簾を障子に変え、元の畳と障子の座敷に戻ります。

　柊家の館内は江戸、明治、昭和、平成と4つの時代の一角があり、お部屋も各お部屋大きさも趣も違います。

　江戸時代のお部屋は奥まった一角にあり、静かで天井も低く、柱や床の間の板が、年月で色濃く艶を増しています。

　川端康成氏は、奥様とはいつもこの江戸時代の一角の部屋でご宿泊され、その隣の部屋ではよく書き物をされました。寄稿文の中に「柊家に座って雨を見たり聞いたりしていると、なつかしい日本の静けさがある」と雨の降る風情を楽しまれた様子を書かれています。

　明治時代になると西洋文化が入って、縁側に椅子を置くようになり天井も高くなりました。その時代に出来た風呂場や洗面所には、日本のステンドグラスの先駆者小川三知氏（1867年〜1928年）の、京都を題材とした作品が入っています。日本画を学び

書額『平安吉慶』

その後アメリカでステンドグラス技法を習得した小川三知氏の作品は、作品写真展のタイトルに「彼は光を和に染めた」とあるように、構図と色調とに独特の美しさを持っています。

明治時代の一室には、富岡鉄斎《とみおかてっさい》（※2）、頼支峰《らいしほう》を含む4人が、友人の卒寿の祝いに一字ずつ寄せ書きをされた「平安吉慶」の書額があり、文化人の方々が私共で交友を深められた事が偲ばれます。富岡鉄斎氏の実家は町中にあり、家学は石門心学《せきもんしんがく》（石田梅岩《いしだばいがん》（※3）が、神道、仏教、儒教の三教合一を唱え道徳的な商人道を説いた学問）であり、この石門心学は京都の多くの商人に大きな影響を与えております。私共西村家も第2次世界大戦の時、亀岡の石田家の敷地を疎開先として借りておりました。

戦後の御池通りに面した建物の一角は数寄屋建築ですが、天井に種類の違う木材を取り合わせ組み合わせる等、新しい試みを取り入れた意匠になっています。

2006年、私共の代で次の世代に残す事業として、1965年に建てた一角を完全に建て替え、新たな新館として完成しました。自然に寄り添い年月を重ねた京都の町も、高いビルが建ち並び、随分変わりましたが、変わりゆく街並みの中で、京都の宿として評価していただける空間作りにこだわりました。「伝統に創意工夫を加える」をコンセプトに、設計を主人の恩師のご子息、道田淳氏に依頼し、旧館の修理、改装、手直しをしていただきながら、長い時間をかけ検討を重ねました。

地元の白山神社の90歳を過ぎた神主さんからは「老木から新芽が芽吹く時に、新芽は老木からは知恵を、老木は新芽から力をもらうように、互いに活かしあう建物にし、気が滞った所には、緑を置いて、気を流すようにして下さい。」という助言をいただきました。

旧館と新館をつなぐ漆塗りの廊下は、木の色濃くなった旧館（江戸、明治、昭和）と新しい木の色の新館（平成）と、柊家の歴史をもつないでいます。

新館の2階、3階の客室には坪庭を作り、緑を取り入れることで気を流すようにしました。

1階の広間は三方ガラスで柱が無く、京都の自然の景色を取り入れた緑の空間で囲まれています。西の隣家との防火壁に支柱を入れ込み、新館建物の2階から、つり橋の様に防火壁に吊り上げる事によって、1階の建物に柱を無くしています。季節が良い時には自然の風を受けられるよう、北側のガラス面は雨戸の様に開けられるようにし、円形の引手には月の満ち欠けを表現しました。

古都の夕空　紫に月白し　　**高浜虚子**（※4）

この句は高浜虚子が伊藤柏翠《はくすい》等友人と苔寺へ行っ

新館1階の広間

新館客室の観桜台

た後、柊家に泊まり、きれいな月夜を見に屋上に昇って読まれた句です。

また俳句の本には、明治25年（1892年）11月に、虚子が、柊家の奥の部屋に紅葉狩りから帰って来ていた正岡子規を訪ねると、子規は高尾で採ってきた紅葉をしきりに庭の踏み石でハンカチに叩いて映していた、と紹介されています。子規と虚子、またその句友たちは、しばしば柊家に泊まって、季節ごとに京都の風情を遊ばれたようです。

新館客室には、旧館の瓦屋根を意匠に取り入れた障子を入れ、東山の稜線の形を鴨居に使い、観桜台と名付けた小さなベランダを取り付ける等、他にない試みと、次の世代への先人たちの思いを込めた意匠を取り込みました。

また、室内には香炉、書画、金具等、今まで私共とご縁のある方の新しい作品を購入させていただいたり、新たな作品制作をお願いしました。

湯豆腐の桶や、風呂桶を長い間作って頂いていた中川清嗣氏は、神代杉を使った美しい木工芸品で人間国宝となられたので、新館の建設にあたって、お部屋の中の床板の制作をお願いしました。細かく美しい年輪の正目を活かした木片を一片一片組み合わせ、一畳ほどの大きさの床板を一年以上かかって作って頂きました。

樹齢千年以上経った杉の自然の力と、中川氏の実直なお人柄で、10年以上たった今も少しも狂わず、お部屋に清廉な雰囲気を醸し出してくれています。

截金《きりがね》作家の江里佐代子さん（※5）とも長いお付き合いで、新館が出来た時には、截金細工を漆とガラスとの組み合わせで、新しい作品作りに挑戦されていらっしゃいました。仏師の江里康慧氏とご結婚され、作品作りに仏師としての「一刀三礼」（一彫りごとに三度礼拝し、慎みを持って、深く敬いながら仕事をすること）の心を教わられ、また人間国宝をまだ若いから……とお断りされようとしたときには、ご主人様からの、後継者を育てる役目を頂いたと思ってお引き受けしたら、との助言でお受けになりました。出来上がった新館の各お部屋をご案内した時にはガラスを使っての新しい空間の提案を頂き、わが事のように喜んでいただきました。その後間もなく余りにも突然に亡くなられてしまわれましたが、今も江里さんの作品を見ると、一つ一つの素材を大切にしながら、美しい物への作品作りに常に前向きだった暖かいお人柄に、力を頂きます。

そのほか、新館では襖の引手、香炉、床の間の書、等、新しい空間の試みに合わせて、伝統に新しい風を吹き込んだ意匠の作品が多くあります。

柊家のある街中もここ数年、老舗のお店や町屋がビルに建て替わり、周りの景色や環境が随分変わってきました。

新館外観の屋根のデザインは、旧館に隣接した部分の瓦屋根が次第に次の世代の金属屋根へと変わり、未来への発展へと繋がっていくように……、との思いが込められています。

柊家が面している御池通の向かい北側の御池中学は、日本で最初に出来た番組小学校の跡地になっています。

明治維新、天皇が東京に行かれた後、市民は寂れていく京都を憂い、京都の未来を担う子供達への教育のため、町衆の力で幾つもの番組小学校を、公費ではなく私財を投じて作っていきました。そしてこの小学校には町組合所や茶室等も設けられ、大人たちのこだわりの物や、卒業生の絵や芸術作品なども飾られ、子供たちが幼い時から自然に本物に触れる事が出来ました。

私共柊家の、先代から受け継いだ経営理念 (1)温故

未来へ発展する象徴の屋根

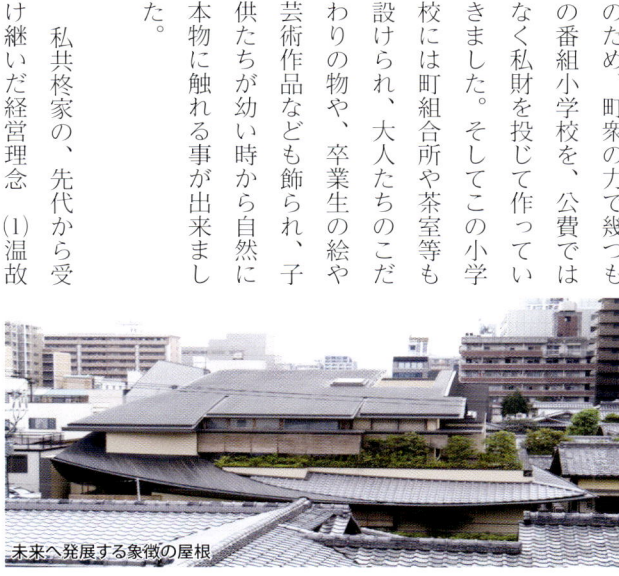

知新の精神に則り、⑵日本文化の継承を図り、⑶「来者如帰（来るもの帰るがごとし）」の気持ちを基本におもてなしの質を高め、⑷「世界の柊家」として愛され評価されるよう努める、を、次の世代にも受け継いでいかなければと思っています。

60年以上勤めてくれ、アメリカの新聞にも、〝彼女こそ、真の日本の外交官〟と評して頂いた客室係の八重が、いつも言っていたのが「お気持ちを察っすることを大切に」でした。また母からは、海外のお客様が泊まられた後、御紹介頂いた方から「かゆいところに手が届くサービスというが、そっと手を触れられたところが実はかゆかったと気づくようなサービスだった」と言っていただいたと言う事を聞きました。

お気持ちを察するというのは随分難しいことですが、お客様の状況、表情や仕草を見て気づく努力と、相手に気を使わせないよう、さりげなくして差し上げる事が大切で、国が違っても思いやりの心があれば言葉はあまりいらないと八重は言っておりました。

「言われてもせぬのは横着、言われてするは当たり前、言われる前にするのが真の誠」という言葉があります。〝サービス〟と、日本の〝もてなし〟は語源から意味が違っています。サービスの語源はラテン語のServitus（セルヴィタス）「奴隷」からきており、上下関係があり、告げられたオーダーに従ってそれを正確に提供する事が求められますが、もてなしは「以て為す」と言われるように、物心両面で見返りを求めず相手を思いやって提供する事を意味します。またそれは、する方とされる方が、互いに尊重しあうことでより深められていきます。

経営理念と共に、⑴お客様　⑵出入り業者　⑶店の者　⑷家族　⑸世間の信用、という大切五訓という指標が私共にあります。

お客様が大切なのは勿論の事ですが、お客様に良いものを提供するには、それに関わる出入り業者の方との信頼関係が大切です。

お客様からの要望、私共のこだわり、作り手からの提案、その時々で、様々な角度で意見を出し合い、より良い物に仕上げていきます。

親しくさせていただいている料理屋さんのご主人

が「昔、私も若く仕出し屋をしている頃は、お届け先のご主人に、料理の事で色々注意を受けましたが、そんなお客さんほど贔屓にして可愛がっていただき、随分勉強させていただきました」とおっしゃってました。

*「京に着いた夜、染め分けのやわらかい柊模様の掛布団に、女中さんが白い清潔な覆いをかけるのを見ていると、なじみの宿に安心する。（……）柊の模様は夜具や浴衣ばかりではなく、湯呑や飯茶碗などの瀬戸物にも、みだれ箱や屑入れにもついているのだが、その柊は目立たない」（川端康成）

ときおり、柊家としての決まった柄は、と聞かれますが、時代によって、作り手によって、陶磁器、金属や木工芸、布団、浴衣、アメニティー等、場所々によって、さまざまな柄の柊があります。これも大量生産ではなく時代や場所や使う人に合わせて物を作る京都ならではの文化かもしれません。

お雛様の話になりますが、季節になると応接に飾る明治時代の祖母のお雛様があります。御髪が随分傷んで、近所に人形の髪屋さんを見つけてその方に頼み、修理して頂きました。お雛様にはどこにも作者が書いていなかったので、人形を届けて頂いた時に作者が分かるかどうか伺いました。

すると、「昔はお雛様の各部分を別々の職人さんが作っていたので、人形一体として誰が作ったかの名前をいれることはしなかったので分かりません。でも品があるから間違いなく京雛ですよ」とおっしゃいました。そして、「うちの孫なんかが周りで遊んでいても、品のあるお雛さんには悪さはしませんよ」ともおっしゃいました。

京の物作りと様々な柊

＊「目立たないことと変わらないことは、古い都の柊家のいいところだ。昔から格はあっても、ものものしくはなかった。」（川端康成）

川端康成氏は、柊家を、〝格はあっても、ものものしくない〟と評価して頂きました。

仏教思想で、人の生き方を九段階（上中下の三品を、さらにそれぞれを上中下に分け九品とした）に分けその中の知恵と力、慈悲とやさしさを持った最上級の格が上品上正だとの、教えがあります。

昔の職人さんは技術を磨くだけではなく、お茶やお花、お能等を習う事が日常だったそうです。そうした修業の中で伝統のあり方、京の繊細さや感性を学んでいき、全体像の中での自分の役割を知って、よりこだわりの物づくりに繋がっていったのです。品格のある京物はそのような感性を持った人たちによって作られてきました。

〝格はあっても、ものものしくない〟と川端康成氏が感じられたのは、柊家の滞在の中で京都らしさを味わわれ、楽しまれたのだと思います

私共の、作り手としての役割は、目に見えないものですが、お客様一人一人にとって大切な〝旅の思い出〟づくりにあると思います。

それは京都の町全体の様々なものが関わって出来る事なので、大変難しいことですが、京都だからできることなのかもしれません。

長い間都であったという時の流れ、それを紡いできた人、そして山紫水明の自然との関わりで作られた景観や工芸品等。衣、食、住、すべてに関わる物をそれぞれ活かし使いながら和の空間を作り、一日の疲れをとって寛いで頂く。そのために、お一人お一人の思いに沿ったおもてなしに、これからも努めていきたいと思っています。

［注釈］

（※1）東アジアの中華文明圏で受け継がれる宗教的な考えで、東西南北の四つの方角に神が宿るとする地相の見方を指す。通例、東に流水（これを青龍と見立てる）、西に大道（白虎）、南に窪地または池（朱雀）、北に丘（玄武）が備わる。玄武は亀の甲に蛇が巻き付いた紋様を表す。

（※2）江戸末期の天保七年（一八三六）に二条町の法衣商の二男として生まれた。歌人の太田垣蓮月に寄宿し国学、儒学などを学ぶ。各地の宮司を務めた後、京で画業に専念した。奔放な筆遣い、華麗な彩色が特徴。自由で洒脱な画風が一世を風靡した。大正十三年（一九二四）に死去。

（※3）江戸中期に今の亀岡市で生まれ、京都に出て商家で奉公しながら神教、仏教、儒学を独学した。四十五歳で自らの教学、心学を町衆に説いた。心学の祖となる。一六八五年に生まれ、一七四四年に死去。

（※4）明治七年（一八七四）に愛媛県で生まれた。明治から大正、昭和の時代にかけて活躍した俳人。客観写生や花鳥諷詠を提唱した。一九五九年に鎌倉で死去した。
正岡子規に師事する。同郷の同じく俳人の河東碧悟桐と京の三高に進んだ。晩年は新傾向を好む碧悟桐と対抗し伝統を重んじた。

（※5）一九四五年生まれの日本を代表する截金（きりがね）師。京都で生まれ育つ。截金とは金箔や銀箔などを数枚焼きあわせ細く切って貼って紋様を作る伝統技法。仏像装飾の技法だったものを屏風、壁面装飾に広げた功績は大きい。この分野では三人目となる重要無形文化財保持者に認定されている。二〇〇七年に死去。

下出　祐太郎　氏

下出蒔絵司所三代目

伝統工芸士・学術博士。京都産業大学教授。神祇調度蒔絵や、伊勢神宮式年遷宮御神宝を手がける。代表作は7万粒のプラチナで水面のきらめきを表現した京都迎賓館飾台「悠久のささやき」。日展24回連続入選、以後フリーで活動。後継者育成に力を注ぐ。

今日は、日本を代表する工芸である漆の文化をぜひとも知っていただきたいと思っています。

ヨーロッパの王侯貴族に愛されたjapan。小文字で書かれたjapanは、蒔絵《まきえ》漆器を指すといわれています。どういう経緯で、そのようになったのかといったことも含めて、「よい使い手、よい作り手」というとらえ方の中から京都文化全体について、少しグローバルな視点からお話しさせていただきます。

漆はいつごろからあったのか。遺跡から発掘されたものと、工芸品として伝わるものに分けてお話しします。遺跡から発掘されたものを土から出る品、出土品といいます。工芸品として伝わるもの、たとえば手箱であるとか、硯《すずり》箱であるとか、そういった工芸品の形で伝わっているものを伝世品といいます。

では、遺跡から発掘された出土品が、いつごろからあるのかといいますと、私の学生時代には、日本においては福井県の鳥浜貝塚遺跡から出土した４５００年前～５０００年前の縄文時代中期の漆製品が最古といわれておりました。

その当時、世界最古の漆の出土品というのは、中国の河姆渡《かぼと》遺跡から出土したもので、６５００年前といわれていました。

ところが、平成13年になんと、日本で９０００年前の漆の製品が出土しました。北海道の垣ノ島Ｂ遺跡（※1）で、世界最古と言われた中国の河姆渡遺跡の６５００年前という記録を一気に数千年さかのぼってしまったわけです。世界で一番古い漆の出土品があるのは日本ということになります。９０００年前から漆塗りのものが日本には存在したということです。

次に伝世品はいつごろからあったかと言いますと、法隆寺の国宝・玉虫厨子《たまむしのずし》が8世紀のもので、最古といわれています。

私の仕事である蒔絵は、筆に漆を付けて模様を描いて、漆を絵具兼接着剤として金粉を蒔いて、さわっても大丈夫なように加工する技術ですが、蒔絵の一番古いものも同じく8世紀です。正倉院の宝物である金《きん》銀鈿荘唐大刀《ぎんでんかざりのからたち》という刀の鞘《さや》に施されたものが最古と伝えられています。

模様を描いて金の粉末を蒔いて、漆で塗り固めて

金銀鈿荘唐大刀（正倉院宝物）

木炭で研ぎ出すという秀逸な技術ですが、その完成品が歴史にいきなり登場してきます。正倉院の宝物を含めて奈良時代の漆製品は、4点しかありません。いきなり歴史に完成した蒔絵が登場して、それが今日までずっとつながってきている日本独自の技術といえます。

漆は木から取る樹液で、接着剤、塗料、絵具として使われます。不思議な乾き方と表現する乾き方をします。実は漆が乾くというのは、水分や揮発性のものが蒸発して乾くのではありません。反対に漆室《うるしむろ》といって、湿度の高い環境、木の箱を布巾で濡らすなどして湿度の高い環境をつくって、そこに入れて乾かします。

どういうことかと言いますと、湿度の高い環境に漆を入れることによって、漆に含まれているラッカーゼという酵素が活性化し、化学反応を起こして固まっていきます。酸化重合反応というのですが、その化学反応によって漆が固まる。これを私たちは漆が乾くと言っているわけです。

ですから極端な話、葉っぱ一枚を1時間かけて描いた後も、蒸発性ではありませんので上から金粉、銀粉が付着してくれる訳です。

漆の生の状態に触れますと、かぶれると怖がられております。私の工房にも大勢の弟子がいますが、残念ながら入ってきた子たちは、ものの見事にかぶれてしまいます。しかし乾いてしまえば、漆器として、皆さんがお使いになってもかぶれることはありません。

木から取った樹液、それを塗料兼接着剤兼絵具として使い、一つの器を作っていく。漆工芸技術は人々の苦心のかたまり、と言っておりますが、少し想像していただきたい。たとえば皆さんがお使いのお椀を例にしますと、十分に乾燥させた木を轆《ろく》轤《ろ》で挽きます。粗挽き、そして乾燥させて、割れたりひずんだりしたものを取り除き、再び轆轤で仕上げ挽きをします。轆轤で挽かれたものが今度は塗師屋《ぬしや》さんという塗り師のところへ行きます。

木は乾燥して、ひずんだり割れたりする。それを防ぐために下地工程として、麻布を糊漆《のりうるし》で張ります。そして漆錆《うるしさび》といいまして、地の粉と漆や砥《と》の粉と漆を練ったもので成形してまいります。最後に上塗り工程として、捨て中塗り、中塗り、上塗りという順序で施します。

高級品になりますと、私たち蒔絵師のところへやってまいりまして、絵付けを施すということになります。いずれも熟練工の手を経て、木地3カ月、塗り3カ月、蒔絵3カ月と1年近くかけて仕上げます。

そして、それらを使っていただく使い手につながっていくわけです。精魂込めてつくったもの、それを使い手は押し頂くようにしてお使いいただくということです。

私も子どものころ、お膳の上でお茶碗やお汁椀を引きずらすと、よく怒られました。両手でしっかり持っていただく。お正月のお屠蘇《とそ》を祝うときも、両手でいただいて丁寧に扱う。そういう文化が育まれてきたように思います。

大事なものを、大事に扱う人がいて、また、「作り手」も「使い手」を思って一生懸命、割れとか、ひずみがこないように考えて、すばらしいものを作り上げていく。そしてその心持ちを理解していただいた「使い手」の方々が、扱う文化を育んでまいりました。

漆塗りに飾りを加えていくために、たくさんの面白い道具が作り出されてきました。漆刷毛《うるしばけ》は女性の髪の毛、特に海女さんの髪の毛がいいとされています。海で生活をしながら、風雨にさらされた強靭《きょうじん》なものがいいのかなと、思っていたのですが、実は海水で脂っ気が抜けた髪の毛がいいということのようです。

２００３年、ＮＨＫスペシャル「千年の道具を守りたい」の番組で有名になりましたけれども、私たちが細いラインをひく蒔絵筆は根朱筆《ねじふで》（※２）といいまして、ネズミの脇毛を使っています。輪郭を描いて、漆を塗りつけて金を蒔く時にはネコの毛、玉毛と呼んでいるのですが、毛先のほうが少し丸くなっている首のあたりの毛を使います。

塗る、描くに続き、蒔く道具としては粉筒《ふんづつ》があります。琵琶湖に生えている葦、冬枯れた葦を取ってまいりまして両端を斜めに切り、片方に目の細かい布を張って、もう一方から金粉を入れて指で弾くようにして蒔きます。

京都の文化でいいますと、１２００年前から天然素材を使ってきた技術が今に伝わっていると、ご理解をいただきたいと思います。大変な戦争を超えても、その技術は伝わってきたわけですが、残念ながらここしばらくの間に大変な状況を迎えております。漆だけではなくて、伝統産業すべてにわたってです。

近年の伝統産業の売り上げ、従事者数、企業数のピークは、平成3年でした。いわゆるバブル絶頂期でしたが、その指数を100としますと、平成21年には、全国平均でなんと4分の1に減っております。これは伝統的工芸品産業振興協会の発表です。それ以降は発表がありませんが、それから10年近く経っておりますから、今はもっと大変な状況ではないかと考えられます。

「よい使い手、よい作り手」の文化を説明させていただくにあたり、ヨーロッパの王侯貴族に愛されたjapan、すなわち蒔絵漆器が、どんなものであるかということをご紹介させていただきます。


漆の植生があるのは東アジア全域で、ヨーロッパ大陸、アフリカ大陸やアメリカ大陸には漆の植生がありません。そういったところには漆の文化がないわけですが、漆が分布している日本をはじめ、朝鮮半島、中国、東南アジアの国々には漆の工芸品が存在しております。

仏教国のミャンマーでは、仏像に塗られていたり、あるいは僧侶が托鉢《たくはつ》する時に持って歩く、お椀のような鉄鉢《てっぱち》に漆が塗られています。また、中国においては、漢の時代には戦闘用具の盾にまで漆が使われているということがありました。

先ほど申しました垣ノ島B遺跡では、世界最古級の漆の製品が9000年前、縄文時代早期の遺跡から発掘されました。漆を含侵させた布は、死者の上にかけられていたとか、肩当てであったとか、さまざま言われています。いわゆる石器時代というのは、人々が洞窟で暮らして獣を追いかけ回しながら生活していた時代であると習ってきたのですが、布を織る文化や、漆を含浸させる文化もありました。

すなわち、定住し安定した文化ではなかったか、ということがこの出土品だけからでも想像できます。縄文時代早期において、かなり文化が進んでいたのではないか、というふうに考えられます。

そして漆の伝世品の一番古いものは、法隆寺の玉虫厨子といわれています。高さが約2・5メートルもある大きなものですが、飾り金物、透かし彫りの金物が付いていて、その下に玉虫の羽数千匹分が敷き詰められていたといわれております。現物を拝見しました。裏側に玉虫の羽1、2枚のみが確認されましたが、8世紀にはすでにこういったものが作られているのです。

側面には「捨身飼虎図《しゃしんしこず》」という、釈迦の仏教説話が描かれています。釈迦が断崖の上で衣服を脱いで、身を投じる。下にいる空腹の虎の親子に、わが身を与えて功徳を施す。そういったものが描かれています。

蒔絵の一番古いものに当たるのが金銀鈿荘唐大刀で、この刀の鞘に施された蒔絵、鳥獣がラインで描かれています。金の粒々一つひとつが確認できるような粗さの金粉が使われていて、その上から再び漆で塗り固めて木炭で研ぎ出している。研ぎ出し蒔絵という手法が使われています。

漆は山野の低いところに生えている、あるいは植林されています。10年たった木に傷を付けて、にじみ出る樹液を漆筒に掻きとり、精製して、塗料兼接着剤兼絵具として使用します。引っ掻いて取るところから漆掻きといいます。

10年たった木は直径10cm、高さは3～5mになります。京都を例にとりますと、福知山市夜久野町の今年の漆（丹波漆）の採取の取材では、6月後半から10月いっぱいにかけ、最初は少し傷を入れて、4日おきにその上部、上部へと傷を入れながら出てくる樹液を取り尽くして、最終的には切り倒してしまいます。木を殺してしまいますので、「殺し掻《が》き法」という名前が付いています。

1本の木からどれくらい漆が取れるのかと言いますと、100gから200g。牛乳瓶1本程度しか取れないという貴重なものです。「木の血液」のようなもの、その命の代償としていただいたもので仕事をしている。それが、漆の塗料の意味合いだと考えています。

漆掻き

中国など大陸には、「殺し掻き」に対して「養生《ようじょう》掻き」といって、数年間、命を長らえさせて採取する方法があります。漆の木にザクっと傷を入れて、そこに小さなお皿を差し込みます。樹液が溜まったら、それを漆《うるし》筒《づつ》に集める、というやり方で2年、3年同じような方法でやってから切り倒す。何年か、かかって取るという方法もあります。

　採取した漆の品質を均一にする為に攪拌《かくはん》する工程を「ナヤシ」といいます。そして、熱を加え、余分な水分を取り除き、安定したものにするために「クロメ」という工程を施します。

　東アジア全域に漆は分布しているのですが、主成分は地域によって微妙に異なります。私たちが使っている漆はウルシオールが主成分で、中国や韓国にも生育しています。ベトナムや台湾に生育しているものはアンナン（安南）漆と言いまして、ラッコールが主成分。そしてビルマ漆といわれ、ミャンマーやタイに生えているものの主成分はチチオールです。

　主成分があって、含窒素や水分、ゴム質といった構造になっていて、いずれも酸化重合反応で硬化します。

　漆器は本体が何であるかによって素材名も変わります。木でつくったものを木胎《もくたい》漆器と呼びますし、金属の上に漆を施したものは金胎《きんたい》漆器といいます。籃胎《らんたい》漆器は竹で編んだ籠に漆塗りを施します。この他にも、紙でできた紙胎や、陶器の素焼きでできた陶胎や、乾《けん》漆《しつ》があります。乾漆は、麻布を糊漆《のりうるし》で張り合わせていく技法で、器だけでなく、興福寺の阿修羅像をはじめとする乾漆の仏像にも使用されました。

　また、さまざまな塗り方や、蒔絵などの加飾《かしょく》技法もあり、産地ごとの特徴が存在します。

　先ほど、北海道の垣ノ島B遺跡についてお話ししましたが、現在では、青森県の津軽塗りが最北端の産地とされています。沖縄県には琉球漆器がありますし、輪島漆器であるとか、高松の漆器、会津漆器など、各県に産地が存在するということも覚えておいていただきたいと思います。

　今日のテーマに入ります。ヨーロッパの王侯貴族を驚かせた蒔絵漆器、すなわち輸出漆器の時代というのは、日本においては戦国時代です。

　１５４３年（天文12年）にポルトガルから種子島

に鉄砲の伝来があり、1549年（天文18年）にはフランシスコ・ザビエルが鹿児島に上陸して、イエズス会員によるキリスト教の布教が始まる頃です。

そして彼らが、日本の蒔絵漆器に驚いて、自国に紹介していく。その代表的な蒔絵技法というのが高台《こうだい》寺蒔絵《じまきえ》です。秀吉公の奥方である北の政所《まんどころ》、ねねさんゆかりの高台寺蒔絵、その時代の技術が輸出漆器につながってまいります。

驚くべきことは、今から470年前にやってきた人たちが、すぐさまキリスト教用具を蒔絵漆器でつくらせて、そして自国に紹介しているということです。

当時は大航海時代の全盛期。ポルトガルは東インド会社の交易でアフリカを回って、インドのゴア、そしてマカオにやってきて日本にやってくるというルート。スペインは全く違って、大西洋を横断してアメリカ大陸、中南米にわたり、太平洋を横断して日本にやってくる。そういった流れがありました。

歴史的背景として、イエズス会の宣教師たちが、高台寺蒔絵等の漆工芸に驚嘆して、すぐさまIHS（イエズス会）の紋章が入っている書見台のようなものを作らせている。

ヨーロッパには漆や蒔絵はなく、驚いた彼らが宗教用具を作って自国に紹介していく。それらがヨーロッパの王侯貴族を魅了したということが分かってまいりました。

そして東インド会社の交易による膨大な漆器の輸出につながり、マリー・アントワネットをはじめ貴族の方々のコレクションにつながっています。今から400年以上前のことです。

近年の研究においては、スペイン船、西インド会社の交易によってメキシコあたりでも蒔絵漆器が確認されています。

その後、20世紀においても万国博覧会によって、蒔絵漆器の高評価と輸出が実現してきます。そのような経緯で、高台寺蒔絵は日本のものづくりの視点からいえば、現在の輸出産業の原点ということができるのではないかと考えています。

次に、高台寺蒔絵がどのような形でつくられてきたかということをご紹介します。

高台寺の霊屋《おたまや》（※3）には、大随求菩薩《ずいぐぼさつ》像が真ん中にまつられてありまして、向かって左に北の政所・ねねさんのお厨子、右に秀吉公のお厨子があります。ここに施された建築装飾ともいえるような蒔絵が、フランシスコザビエルなどがやってきた時代を象徴するものと私は位置付けております。

蒔絵は漆で文様を描いて、漆が乾かないうちに金粉、銀粉などを蒔きつけて描画する技術です。インゴッド（金地金）から粉末にしていくわけですが、形状は消粉（金箔を粉末にしたもの）、延粉（平粉）、丸粉、梨《なし》地《じ》粉、平目粉と5種類あって、一つ当たりの粗さ、すなわち細かさが20段階近くあります。

ですから純金だけでも大体80種類の金粉の形状と粗さが存在します。その他にも銀の粉末であるとか、プラチナの粉末であるとか、青金であるとか、そういった金属粉が80種類ずつありますから、何百という金属の粉末、金属粉を蒔いてその形状と粗さによって、加工法を変えてやっていく。蒔絵はそういった技術を今に伝えているということになります。

秀吉公の厨子の表扉の裏側に描かれたのが、菊楓の蒔絵です。その特徴としましては盛り上げのない平《ひら》蒔絵《まきえ》、絵梨子地《えなしじ》、蒔放《まきはな》し、針描《はりがき》等が施され、モチーフは秋草が多いということが分かります。親しみやすいモチーフ、比較的簡便な技法をもって、壁面等の建築装飾蒔絵へ展開していく、そのような流れがあったのではないか、と類推されます。

そして科学的分析として、デジタルマイクロスコープを用いて、約４５０倍から２０００倍で厨子の金粉の粗さを測定しております。金粉の形状と粗さによって技術が考察できるからです。現物でいいますと、表の露の部分や桐の葉の部分には、いずれも金粉の形が粗くて、大きさもふぞろいのものが使われておりました。

現在、復元した高台寺蒔絵作品と比べて、使われている金粉の形状や粗さが違うことが判明しました。また、金粉の製造法も現在と異なっていた可能性も示唆されたということになります。

超高精細画像による分析で、ススキの穂の部分は非常にたおやかな線で描かれていまして、穂の一つ一つの先を丸めてスッスッと抜くように茎に接し、非常に美しく描かれています。

ところが、葉っぱの部分は輪郭も定かではなくて、

復元的蒔絵屏風「源氏雲に菊楓と五七桐紋散らし」

復元的蒔絵屏風「すすきに五七桐紋散らし」

描き抜いて表す葉脈もいい加減で、葉脈のラインが震えています。普通はこれを描き抜いて、バックの黒いラインを出すわけですが、針で引っ掻いて描いています。

　それも、丁寧に描けばまっすぐに引けるはずです。最初は何と荒っぽいものかと思いましたが、後々、よく見てまいりますと、鬼気迫るものがありました。皆さん、よくご存じのように、これらは指月《しづき》伏見城の遺構というように伝わっております。指月伏見城を建てた、その施主である秀吉公は、墨俣《すのまた》の一夜城（※4）でも知られる人で、「いついつまでに完成させないと全員打ち首」。そういったことも言ったのではないかということを類推させるような仕事ぶりです。

　そして太閤となった秀吉公が、こだわった五七の桐の紋様。蒔絵といいますのは下絵を描いて、その輪郭を転写する形で図の位置を確定していくわけですが、扉表面の5個の五七の桐の紋様のコンピュータ画像を重ね合わせたところ、一つとしてこの五七の桐の紋様が重なることはありませんでした。図案をしっかりとこしらえて作ったのではなくて、ある程度の当たりをつけて描いた可能性があるということが分かりました。

五七桐紋写し

その後、高台寺蒔絵を、復元しようという取り組みをしました。

先ほど申しましたように、平蒔絵、絵梨子地、蒔放し、針描、モチーフは秋草が多いという特徴があります。図案から最後の細いラインの仕上げまで、以下のような工程が想定されます。梨子地粉を蒔く、梨子地粉を漆固めして、木炭で研いで磨いて、金粉を蒔放して、針描きして、一部を梨子地漆固め、そして細いラインを描く。

こういう工程が想定されたわけですが、金粉の粗さを考え、しっかりしたものにするためにはプラスαで、漆を塗り込んだり、磨いたり、摺《す》り漆をして、鏡面仕上げまでもっていったほうが良いだろうと考えて制作しました。高精細カメラで撮ったデータを基に、同じ大きさの金粉を蒔き、漆を塗って木炭で研《と》いでおります。そのあと、手のひらで磨いて鏡面仕上げにし

高台寺蒔絵復元的制作 制作工程

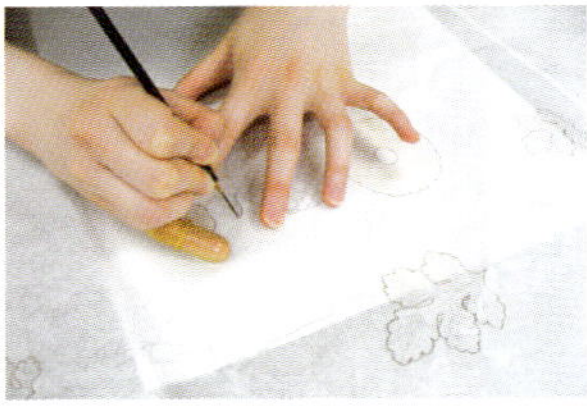
①置目

②地塗り

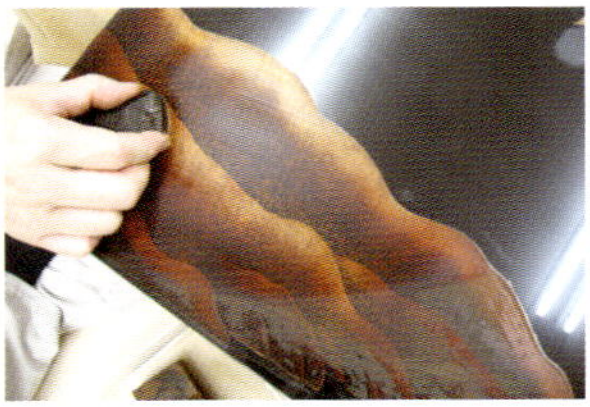
③梨子地漆で塗り固め

④木炭による研ぎ出し

⑤制作風景

てまいります。
最初の工程として図案を裏返して、輪郭を漆でなぞります。乾かないうちに、描きたいところに刷毛で転写いたします。細かい金粉を蒔きますと、ラインと言いますか、アタリが浮かび上がるわけです。

それをアタリとして輪郭を描いて漆を塗る。漆を接着剤として上から金粉を粉筒で蒔いてまいります。雲や岩の輪郭を濃く蒔いて漆で塗り固めていきます。そののち、再び漆で塗り固めて、今度は木炭で研ぐ。金の上にかぶった漆を研いで、漆の面と金粉の高さを同じようにしていく。そういった手順で進めていきます。土手においてもたくさんの金が蒔かれたところは濃く出て、薄いところは薄蒔きになっている。このような表現であります。

針描き表現は丁寧にしますと、そこそこ真っ直ぐに引けるわけですが、先ほどの高台寺蒔絵では直線自体が、まっすぐに引けていないような状態でした。おこがましい言い方ですが、丁寧に引くとバックに傷をつけることなく、この蛍光灯の反射が通るように塗面に傷を付けずに真っ直ぐに引くことができます。

私の工房で、みんなで協力して復元制作をしてまいりました。最後に細いラインをネズミの脇毛で描いて金粉を蒔き、上から漆をすり込んで、拭き上げて、手のひらで磨いてまいります。そうすることで鏡面仕上げになっていきます。

扉の裏面についても、完ぺきな仕事を目指しました。後世に技術として伝えるためには、そこまでやったほうが良いだろうと考えて仕上げたわけです。

一作仕上げたところで、ロンドンのビクトリア＆アルバートミュージアムでの展示が決まりました。当初、私とお世話になっている大学教授の2人で渡英するつもりでしたが、工房での復元制作を手伝ってくれた全員を連れて行き、記念撮影もしてきました。

続けてジャパンファンデーション（独立行政法人国際交流基金）ロンドン日本文化センターの協力のもと、「400年前の美の復元」というタイトルで講演もしてきました。好評裡のうちに終わり、講演の後には地元の方々と蒔絵や漆器についてお話をしたり、大使館に表敬訪問に行ったりもしました。これが5年ほど前

京都迎賓館・水明の間の飾り台「悠久のささやき」

です。

一昨年（2015年）、外務省の職員の方がいきなり工房に来られました。ヨーロッパで講演していただけないかとのお話です。日本ブランド発信事業として、南蛮漆器（※5）ゆかりの土地で講演させていただくという栄誉に浴しました。

最初はイタリア。皆さんよくご存じのように天正の遣欧使節（※6）が東インド会社の交易ルートを通って、イタリア・ローマに参りました。

また、江戸時代に入ってからの慶長の遣欧使節。伊達藩がローマ教皇に派遣した際には西インド会社の交易ルートを通ったという経緯があります。そのゆかりの地であるイタリア、スペイン、ポルトガルでお話をさせていただきました。

イタリアの国立東洋美術館には、巨大といってもよいほどの素晴らしい近世の蒔絵屏風が所蔵されていました。スペインのナバーラ美術館には、蒔絵の輸出漆器が多く所蔵されておりましたし、スペイン国立装飾美術館でも、今なお完ぺきな形で保管されています。ポルトガルにおいても、南蛮図屏風や南蛮漆器。オリ

エント美術館にはキリスト磔刑図《たっけい》や、キリストの図を拝む対象として入れる蒔絵聖龕《せいがん》を確認してまいりました。

この王侯貴族たちが、ある意味で、「使い手」であったといえるのではないかと考えております。

オリエント美術館には漆器、印籠《いんろう》であるとか、重箱であるとか、そういったものが多く保管されていたのです。そして日本ブランド発信事業を終えて驚いたことは、訪れたヨーロッパの国々において日本の蒔絵漆器を大変大事にしていただいていることでした。

２００５年、京都迎賓館が造られた時、私は水明《すいめい》の間を担当し、飾り台「悠久のささやき」等の制作を担当させていただきました。「伝統の美」、「天然素材から生み出す和の美」を伝える、そのような京都迎賓館の考え方に基づいたものです。「水明の間」には、「銀の間」という呼称を頂戴しておりましたので、銀のきらめき、すなわち水面のきらめきを表現しようと考えました。

図案の裏側から、細い筆で輪郭をなぞります。そしてそれを描きたいところに刷毛で抑えて転写いたします。これはアタリとなりますので、薄ければ薄いほ

「悠久のささやき」制作工程

①置目

②研ぎ出し

③金鑢粉粉入れ

④磨き

どよいということになります。おおまかな水のラインを決め、アタリとして付けます。そしてプラチナの粒を、接着剤としての漆を使って一粒ひとつぶ置いてまいります。

プラチナの粒を飾り台の角に貼る時、当初は一粒を切り離して、両方から接着しようというふうに考えたのですが、上から漆を塗り固めて研ぎますと、髪の毛一本ほどのラインが残る。そういったことが嫌でして90度に曲げて、それを張りました。水面のきらめき、照り返しを表現する。銀は残念ながら経年変化で硫化しますので、さびないプラチナを使わせていただきました。

飾り台は三つのパーツに分かれていて、それぞれに漆を塗ってまいりました。漆の塗膜は大体0・03㎜、つまり30μぐらいです。厚くすると周りがシワシワに縮む、縮み現象が起こってしまいます。そこで、プラチナの粒の周りの漆をきれいに取り除き、縮み現象が起こらないようにしました。

薄い漆で覆い、乾燥させたあと、木炭で研ぎ出していきます。それでもまだまだプラチナの粒のほうが厚く、漆の厚みが足らないので何度も女性の髪の毛の刷毛で塗って研ぎ出してまいりました。

研ぎ出した後、ラインに従い漆で描いた後、これも市販されていない金粉ですけれども、インゴッドをやすりで削ったばかりのものを蒔きました。粉筒では細かくて通らず、蒔く道具がありませんでしたので、茶こしを使って金の粒を蒔きました。非常に粗くて、普通は金粉を蒔いても音などするわけがないのですが、この場合はザラザラと音がしました。

それほど粗い金粉を蒔いて、たゆたう水のラインを描いて乾かせて、また漆で塗り固めました。そして木炭で研ごうとしたのですが、今度は木炭が金粉に負けて割れてしまいましたので、砥石で表面を研ぎました。最終的には指に仕上砥石の粉をつけて磨いていく。鏡面仕上げのところも、水のラインのところも同じように、手のひらで磨いてまいります。弟子みんなの協力を得てやったのですが、当時の学生であった諸君も技術の継承者として学んでいただきました。

このような工程を経て、7カ月がかりで貼り、塗り固め、研ぎ、描き、蒔き、塗り固め、研ぎ、磨き、

ブルガリのデザイナーとの講演会

ようやく一つの作品を仕上げました。そのような工程で制作させていただきました。

京都迎賓館について申しますと、今から3年ほど前に、日本は観光立国をめざす、そう政府の間で立案されまして、迎賓館においても昨年、首相官邸のほうから京都迎賓館を観光資源として活用するように言われたとうかがいました。

日本には二つの国立の迎賓館があります。一つが赤坂の迎賓館でありまして、こちらでは今年（2018年）2月、桂由美さんがファッションショーをされたと聞きました。もう一つの京都迎賓館では、ブルガリ(7)のデザイナーとの文化発信ということで、私とブルガリのデザイナーとで講演会を開催させていただきました。

ブルガリの皆さんは天然素材でも経年変化の起こらない鉱石やダイヤモンドであるとかを扱われており、時代を超えた普遍性についてお話されました。随分違うな、と思いましたのは、私たちが伝統産業、あるいは伝統工芸で扱っているもの、漆などほとんどが天然素材でありますが、天然素材といいましても、木から取った樹液など、その個体の中でバラつきのある工芸素材を使っております。しかし目指すところは同じように普遍の美であると考えます。

この蒔絵の美、470年前から世界の人々を驚かせたものの作り方や出来上がったものは、今につながる日本の美であります。それが家庭においてずっと使い続けられている。そして大事なものを大事に扱っていく。そういった文化を育んできたわけです。しかし残念ながら、この物質的に豊かな時代になりまして、急速に私たちが誇るべき伝統的なものづくり、伝統産業というものがなくなりつつあります。

何百年と受け継ぎ、受け継がれてきた自然環境から生まれた作り方の技術は、地球を大切にし、生活を豊かにするものだったのです。また、そういった知識がなければ大事なものを大事なように扱うという日本がもちえた美しい文化には、ならないのです。

この1200年という文化、器が、私たちの一挙手一投足を求める。そのようなものの作り方を構築してきたわけです。食べ方においても、お箸の上げ下ろし、器の扱い方、いただきかた、そして作法、そういったものを生み出してきたわけですけれども、残念ながらと言いますか、このごろは道端に座って食べている若者の姿を見かけたりいたします。

漆器がプラスチックに代わる。プラスチックが使い捨てのものに代わる。そういったことが、大事に育ててきたものを使い捨ててしまうことにつながりかねません。

茶道を例にあげれば、器の扱い方、お茶の飲み方、空間の味わい方、天然素材の味わい方、立ち振る舞い、そして肝心な客人への配慮。そういったもの、すべてを包括しながら祈りのような文化をこしらえてきたことがお分かりいただけると思います。

私たちの一つひとつの祈り、たとえばお祝いをする形であるとか、物の差し上げ方、受け取り方、もっと言いますと水引の結び方、祝儀と不祝儀《ぶしゅうぎ》（※8）、そういったことも全部、使い分けておりました。

何もないところから生命が生まれ、育まれていく。そういった時に私たちは、その子の誕生を祝って、さまざまな祈りに近い形を取ります。「食べ初め」をしたり、あるいは氏神様にお参りをしたりします。そして七五三や成人式や、結婚式。その願いや祈りの一つひとつが形になって、今の私たちの文化を伝えているわけですが、そういったものが今、なくなろうとしていると言っても過言ではない時代に入ったのかもしれません。

畳の文化で育まれてきたものがなくなる。それは単に畳の文化がなくなるだけではなくて、私たちが営々と築きあげてきたものがなくなっていくということです。

今、２０２０年の東京オリンピックを目前に、日本中が湧きたっています。京都の河原町や木屋町などでは、日本語が聞こえてこないような状態の日もあります。そういった状況ですが、私たちは何をもって「日本の文化」とするのか、あるいは日本人として立つのか、そういったことを今一度考えなくてはならない時代にきているのではないかと考えています。日本の漆文化が影響を与えたヨーロッパの地を踏み、そのことを強く感じてまいりました。

学生の皆さんにおいても、自分たちだけの生活ではなく、「日本の文化」や「日本人としてのあり方」、さらには、「よりよい日本のあり方」に、思いを馳せていただければと思います。

［注釈］

（※1）北海道函館市臼尻町にある縄文時代早期を中心とした大規模集落跡。土坑墓から髪飾り、腕輪などの漆製品が出土し、放射性炭素を使った年代測定の結果、約９０００年前（縄文時代早期）のものと分かった。

（※2）蒔絵筆の中で細い線を描く筆で、琵琶湖のあし原に生息するネズミの背中の毛がよいとされるが、近年、入手が困難になっている。ネコの玉毛を使った地塗筆などもある。

（※3）ねねの墓所とされ、宝形造檜皮葺きの建物は国の重要文化財。須弥壇や逗子のほか、調度品に桃山様式の壮麗な蒔絵が施されており、高台寺蒔絵と呼ばれている。

（※4）織田信長が美濃攻略の足場とした城。命を受けた秀吉は一晩で築いたとされ、一夜城と呼ばれる。秀吉の上立身出世の足掛かりになったとされる逸話。

（※5）16世紀末から17世紀初め、ポルトガル人やスペイン人（南蛮人）の注文で製作され、ヨーロッパに輸出された漆器。蒔絵に螺鈿を加えた豪華な漆器が好まれた。

（※6）１５８２年（天正10年）、九州のキリシタン大名である大友宗麟、大村純忠、有馬晴信によって少年４人がローマに派遣された使節団。慶長の使節団は仙台藩主・伊達政宗が、スペイン国王やローマ教皇に派遣した。

（※7）１３５年の歴史を持つイタリアを代表する高級宝飾品ブランド。

（※8）祝いの儀式のこと。転じてその際に引き出物として贈られる金品。不祝儀はこれとは反対に葬式などの凶事の儀式で、香典などそれに対する贈り物をさす。芸人や職人、給仕などに対する心付け。

畑　正高　氏

松栄堂　主人

社業に加え、地元京都での経済活動や環境省「かおり風景１００選」選考委員を務める他、香文化の普及発展のために国内外での講演・文化活動にも意欲的に取り組んでいる。

私が仕事にしている「香《かおり》」という文字を追いかけてみると、見れば見るほど不思議な仕事で、そしてその不思議さが実は日本文化の全てに同じように影響を及ぼしていたのだと感じるのです。「温故知新の実践」というのが一つのキーワードです。

私の家に伝わる「家訓」についてときどき聞かれるのですが、書き残されている物はありません。ただ、言い伝えとして、父や祖父、母や祖母もずっと言い続けていることは「細くまっすぐに立つお線香の姿」が仕事のあり様で、考えの基本にするようにという教えでした。火がついて燃えてないと仕事が続きません。バッと燃えて炎を上げて華々しく燃える必要は全くありません。常にくすぶり続けること、そしてあまねく広くというのも大事で、一定の方向だけ向いて気を使い続けるのではなく、香りがあらゆる方向に広がる、そういう姿を自分たちの生業の基本に忘れたらいかん、ということを常に考えております。

江戸時代の「錦絵」の中に、香炉をお盆に乗せた姿があります。磁器の香炉で、お盆は漆、そして黄色い金粉が蒔いてあることから、「蒔絵の四方盆《よほうぼん》に磁器の香炉を乗せたらいいな」と思いついて実践してみます。そのように、江戸時代の人たちが香りを楽しむ姿が『源氏後集余帖』の中で描かれていました。『源氏五十四帖』のパロディでした。源氏物語も楽しめば良いのですね。学生の皆さんには『大掴源氏物語　まろ、ん？』（小泉吉宏）という本がおすすめです。漫画の本で1冊にまとめられた源氏物語であります。

「細見美術館」（京都市左京区）で今年（2018年）6月、漫画で情報を伝える「江戸のなぞなぞ　封じ絵」が催されました。展示されていた封じ絵は、例えばお伊勢参りのときの宿場の周りの様子や、お香が焚《た》かれている絵もあり、その時代の生活の様子がうかがわれます。そのようなことに一つ一つ学び続けるのです。

香を「焚く」を、ご飯を「炊く」と混同される方を見かけることがあります。香は焚いてください。「焚《ふん》香《こう》」という言葉がありますが、残念ながら現代は使われなくなりました。「香辛料」「化粧料」「香水」などと並ぶべき言葉です。考えてみたら「焚く」という文字は、火の上に林を乗せているんです。とんでもない字だと思いません？林に火をつけるという意味を表した字ではありません。一つの林をいただくほどに火を絶やしたくなかった。それほど人類が人類として文明文化の道を歩み始めた時から、火が使えるということは人間にとって必要なことだったのです。

他の生命体、動物と決別するために火を使えるようになったのは人間の第一歩だと思います。火から煙を手に入れて、森で捕まえた動物の肉を燻製にして保存食を作るとか、あるいはその煙で遠くにいる仲間に狼煙《のろし》を上げて知らせを送って、コミュニケーションも

『源氏後集余帖』より香炉を運ぶ禿(かむろ)

大きく広がったわけです。また、火を絶やさないように様々な物を火の中に投じることで、非日常な匂いが広がりました。自分たちや周りがそれに反応して、火を焚いて外に広がる香りが、大きなコミュニケーションのツールになったのだろうと思います。

ちなみに「香」という字は「黍《きび》」という字と「甘」という字を合成したものだと言われています。そのような原始的な知恵が世界の文明文化のルーツだと思います。それが我が国、島国に本格的な「香文化」として伝わったのです。日本には素晴らしい香りが四季を通じてたくさんあります。例えば、「くちなし」が花咲いて良い香りがします。春は「沈丁花《じんちょうげ》」、桜が咲く前は「コブシ」、秋は「金木犀」や「藤袴《ふじばかま》」と、1年を通じて香りを楽しめます。しかし、その時々の香りは素晴らしいのですが、素材を取っておいて、例えばお正月等にこういった香りを配合して楽しもうとしても、ひとつひとつははかない香りのため、使うことはできません。

そのように季節感豊かなのですが、刹那的な出会いしか許されなかったのです。外来の文明文化が本格的に伝わってくる中で、仏教という宗教哲学が日本に伝わりました。仏教は宗教だけでなく、あらゆる生活文化、学術的な技術や知恵を日本に伝えてくれました。唐招提寺《とうしょうだいじ》に参ると大きな屋根を支えている柱がプクッと膨れています。エンタシスという技法です。でも、あの唐招提寺を建てた時代、ギリシアの建築様式を学んできた人はいません。でもああいう柱を削る時にああいうフォルムを作ることが、遠くから見ると非常に美しいと教えてくれる人がいたわけです。また、同じ頃に建っている法隆寺の五重塔は、一番上の屋根から下まで屋根の大きさが広がっていきます。あのような比率で五つの屋根の大きさを重ねていく、そういうリズムを誰かが教えたということです。このように、建築一つとっても仏教という文明文化、宗教哲学が日本にもたらした影響や意味が見えてきます。

仏教とともに様々な香料がこの国に持ち込まれて、そして香料の使い方を人々は学びました。ただ単に香りを楽しむのではなく、初めは薬として教えられました。このようにして、日本人は外来の香料を本格的に使いこなす面白さに出会いました。今日もこの国の多くの人々は仏教に親しみを抱いています。しかし、どの宗派においても仏教の荘厳の基本は「香」「灯明」「花」の三つをきちっと揃えることにあります。仏像の前には必ず香華《こうげ》灯明《とうみょう》（※1）が供えられます。実はこの三つには非常に大きな意味があると私は思っています。仏教の伝来は6世紀と言われていますが、聖徳太子が活躍された600年頃を境に多くの文明文化が入ってきました。香料や薬も、そのような外来文化の一つだったのです。

中でも「沈香《じんこう》（※2）」「白檀《びゃくだん》（※3）」は日本では採取できないため、香りの珍しさや貴重なものとして人々から親しまれるようになりました。大体1400年ぐらいの歴史があるのですが、今も東洋の香りを作る人間には、この「沈香」と「白檀」は基本中の基本となっています。

お香の原料

また、「鬱金《うこん》（※4）」はターメリックとも言いますが、カレーライスやたくあんにも使われます。美術品やお茶道具を包む生地に黄色いものを使いますが、ウコンで染めるため「ウコン布」と言います。このように、お香に使われるだけでなく、日常生活の中に様々な形で溶け込んでいるのが香料です。

「桂皮《けいひ》（※5）」はカシアともいいます。また、「乳香《にゅうこう》（※6）」は『新約聖書』にイエス・キリストが生まれた時に3人の博士が東の国から3つの贈り物を届けた、という有名なクリスマスの物語がありますが、その三つの贈り物の一つは「乳香」なのです。アラビア半島の南方のソマリアなどの地域が産出地です。日本からはあまりにも遠すぎて、ほとんど供給されることはありませんでした。しかし、キリスト教文化圏、特にカトリックでは今でも教会で乳香が焚かれます。

お香というと、何か日本的、あるいは京都的な文化だと思っておられる方が非常に多いのですが、実はそうではないことを教えてくれます。人類が文明文化を育んでいる中、ものを燃やすことによって得るさまざまな情報や力です。煙や香りは東洋においても西洋においてもあるいは他の地域においても生活文化の中で使いこなされてきました。ただ、どういう素材が身近なところで手に入るか、これによって香りは全然違う嗜好が生まれてきたわけです。

ちょっとここで宣伝させてください。7月11日（2018年）、松栄堂本社が再オープンいたします。その横に、現物の香りに出会っていただく「薫習館《くんじゅうかん》」という場所を開設します。無料ですので、散歩がてら出かけてみてぜひ挑戦してみてください。良い香りもありますが、とんでもないものもあります。実はその横に「注意」と書くように社内で相談しているところです。

本日ご紹介した香料は一つ一つはものすごく力強いものです。一つ一つに出会った瞬間は、すごくパンチ力があります。香料というものはそういうものです。

「正倉院」の宝物の一つである「琵琶」に描かれている美しいデザインは、想像上の花なのです。それに対して小さな文台は東京国立博物館のコレクションの一つです。梅が描かれています。このコントラストは、日本文化を考える上で非常に大事だと思います。「琵琶」は、いわゆる唐様と呼ばれる大陸から渡ってきた工芸デザインです。そのような技術を学んだ人たちが約400年経って、平安末期にはこういう蒔絵を描くようになるわけです。見たこともないものではなく、自分たちが見て心に懐かしく思う情景を描くようになるわけです。

螺鈿紫檀五絃琵琶（正倉院宝物）

梅月蒔絵文台 信岡作 室町時代（東京国立博物館蔵）

このように歴史を紐解いて、日本が成立していく背景を感じることが、香り文化を考える上でも重要だと考えています。

「琵琶」は意匠デザインとして抽象化されていますが、それに対して梅は非常に写実的だと思います。左右対称でもなく、中心が描かれているわけでもありません。庭先に咲く梅の花ですが、よく考えてみると三日月が浮かぶ時間帯に庭先が見えるかというと実は見えないのです。こちらの梅の風景はほとんど暗がりの中でシルエットの中にあったと思います。そう言われてみると「とらや」さんというお菓子屋さんに「夜の梅」という名前の羊羹があります。「このことか」と思ってみますと、古今集に「春の夜の闇はあやなし梅の花色こそ見えね香やは隠るる」なんていう一首が詠まれていることを思いだします。実はそのままの和歌一首が室町時代の謡曲「東北」の中に入っていたり、江戸時代の三味線を弾いてお座敷などで歌う長唄の中に歌われていたりします。

先ほどの香料に出会って、その香料の使い方を最初に教えてくれた人たちは他国の人々です。遠来の人々から教えられ言われたまま、その通りにやってみて「すごい」と思ったはずです。でもそのまま同じようにやっていると、何か辛いものです。それよりも自分たちの生活に本当にふさわしい、香りとして工夫がはじまったのです。逆にいうと教えてもらって自分が配合できるようになると、必要な材料は常に手元にあるわけではありませんので、手元にあるものをどのように使うかという工夫が必要になってきます。そのような中で独自の世界を生んでいったのがわが国の文化なのです。

実はこの正倉院の琵琶と梅の蒔絵の間には、平安時代という400年の時間が流れています。平安時代は多くの文明文化を学んだ人たちが、自分たちの本来の心の在り方を見つめ直して、表現力を自分たちのものとして具現した時代です。時代祭に出てくる小野小町と清少納言は、平安時代の女性として親しまれている人物です。平安時代前半200年の中で女性の衣装はこれだけ変わったと、歴史を考証されている方は分析しておられます。女性の衣装がこれだけ変わるということは、全ての生活文化が変わったのだと私は思います。ですから香りも、大陸的な香料の使い方からこの国の風土にふさわしい香りへと整っていった時代、それが平安時代の前半、特に『源氏物語』が書かれる時代までぐらいだと思います。そう思うと、漢字からかな文字が生まれた時代でもあります。

私たちは漢字とかな文字を書き混ぜて使っています。漢字というのは表意文字なので、基本的にはひとつひとつの文字が意味を持っています。一方で、かな文字は表音文字です。「あいうえお」という音を表現しています。ABCも表音文字だということを思うと、表意文字を使っている民族は今、地球上でどれだけいるのでしょうか。ましてや表意文字と表音文字を混在させて使いこなせる文化圏というのは、日本以外にどれだけあるのでしょうか。私たちの日本文化圏は、いかに特異な歴史を歩んできたかということに気づかされます。その舞台が圧倒的に、京都というところなのです。その事実に立ち帰ると、京都で生活している私た

時代祭の清少納言

時代祭の小野小町

ちはもっと責任を感じる必要があるのかな、学ぶべきものがあるのかな、そして語りだす必要があるのかな、といつも思います。

お香の世界では、古文書で当時の人々の香料の使い方がたくさん書き伝えられてきました。香料でも料理や衣装でも、多くの物が書き伝えられたのが日本なのです。長い歴史の中で育まれてきたというのはとても不思議なことで、その舞台が京都だということに、ぜひ立ち帰っていただきたいと思います。

お香は火をつけて楽しむもの、火を使わないもの、いろいろあります。火をつけるものも、直接つけるものと火のあるところに間接的に添えて温めるものとあります。特に宗教的な使い方というのは、その後、大きなウエートを占めていきます。私は21世紀のお香の作り手として、若い人たちと一緒に挑戦していますが、昔ながらの香りを昔ながらに作るということも大切にしています。本格的な香りを焚いていただければ嬉しい限りですが、現代的な香りを楽しむ、そういう機会もたくさんあります。

商品開発という上でどのように考えているかも、お話をしたいと思っています。一つは火や煙のことを考えることです。火を使う以上は煙は仕方ありませんが、煙をコントロールする技術も大事だと思っています。香りを犠牲にせずに、煙をいかにコントロールするかが私たちのテーマでもあります。おかげさまで数十%ぐらい抑えられるか、ということも最近はできます。このことで香りが犠牲になって、本格的な香料が使えないのでは意味がありません。こういうことに取り組んでいますと、お線香を焚くということが非常に使いやすいということに気がつきます。

昨今は、お線香は仏さまのものだと思っている方がほとんどです。歴史を学べば学ぶほど、便利だから、使いやすいから広まった、使いやすいから宗教的にも使うようになったということに気がつきます。実はお線香というのは宗教的なもののためにあるのではなくて、使いやすいから宗教の世界でも使われるようになったのだと気がつくわけです。逆を言えば、使いやすいから宗教的な場面でなくてもお線香を使えばいいと、気がついてほしいのです。

煎茶という茶道があります。京都で茶道といえば抹茶の印象が強いのですが、煎茶の席に座らせてもらうと、静かに1本のお線香が焚かれているシーンによく出会います。とても清らかな香りを座敷に広げています。考えてみると、抹茶というのは千利休が大成したという、安土桃山時代の文化ですが、煎茶は江戸時代になって黄檗宗《おうばく》（禅宗）が日本に伝わって、隠元禅《いんげん》師が日本に伝えられました。不思議なことですが、千利休はお茶の葉を粉にして、かき混ぜて飲みなさいと教えてくださいました。隠元禅師は「お茶の葉っぱにお湯を注いでスープを飲むとおいしい」と教えてくださいました。私はいつも歴史って面白いなあ、順番があるなと思うのです。ひょっとして利休さんは、お茶の葉っぱをスープにして飲んだらおいしいということをご存知なかったのかもしれません。

実は利休の時代に、お香がどれだけ普及していたのかといいますと、ほとんど普及していなかったのではと思います。大陸で作られたお線香はとても貴重な品として知る人だけが知っていたような時代でした。そして江戸時代になって明から清に移る頃、新しい技術が伝わってきたのです。その中にはお線香を作る技術がありました。それと同時に、お煎茶を楽しむ新しい仏教も日本に伝わりました。ということを思うと、とても自然なことだと思うでしょう。江戸幕府による檀家《だんか》制度によって多くの人がお寺に帰嘱意識を持つようになります。香料は鎖国が始まると日本にほとんど入らなくなります。ですから、お線香を使うようになるのですが、残念ながら香料を練り込むことを許されない、悲しいかな代用品で作った、形だけのお線香が広まったというのが江戸時代の庶民文化の一つになってしまうのです。そんな中でお線香は仏さまのものだ、という非常に短絡的な認識が広まってしまいます。実は生活文化の豊かさの多くはそういうものではないと気づかされます。

お線香は、まっすぐ立っていると仏さまのものだと思ってしまいがちですが、それを斜めにするだけで、誰も仏さまのものだと思わないということに気がつきました。私たちの仕事の中心は、いかにお線香を焚くことが本格的な香りを楽しむ簡易な方法であり、そして香りがあることは生活に彩りを加えてくれるのだということを、気づいていただくことにあると思っています。

「匂い袋」というのは、和装の世界では使われていたお香ですが、これだけ和装を身につけない方々がいる中でも、匂い袋の良さや使いやすさを私たちは別に伝えていく必要があると思っています。たとえばティッシュなんかに香りを移して入れておくなど、ほんの少しでも香りに出会う楽しさを見つけてもらうこともできます。形もさまざまな素材やデザインを楽しむように最近は挑戦しています。

いろんな香りを届けるために、たくさんのパッケージを必要とするのですが、香りが違うことを表示するためにはそのパッケージの色とかネーミングとかを変える必要があります。茶色い部分は共通パーツで、ブルーの蓋のところをいろんな色に変えることで、中に入っている香りが違うことに対応できます。黒い筒の部分はミルクパックの再生紙で、白い外のサックが中の香りによって違うように工夫しています。たとえば西陣織などの素材を使うことによって、箱のイメージを大きく変えることができ、輸出するときにも応用ができるわけです。

私の会社では、伝統的なお香を作るだけではなく、伝統的なお香を作る技術を持っている私たちが高い品質を作る、というのをテーマにしています。竹を削って竹のナイフを作ります。竹のへら作りから私たちは一からするのです。何の仕事でもそうですが、自分で使う道具というのは自分の手に合い、体に合います。他の人が使って変な癖がつくのはとても嫌なもので、自分で竹を削ってずっと使い続けます。そういう仕事をしている一方で、大きな機械を使って量的な生産もしています。もっと近代的な技術を使ってお香を作ったりもします。いろんな材料を練り合わせて成型していくのですが、水分を使うということは乾燥させなくて

高級線香のパッケージ

スティックタイプのお香「二条」のパッケージ

はいけません。乾燥という難しい仕事が、どうしても一つ残ってしまうのです。逆に練り合わさなければ乾燥という仕事はなくなるのです。粉末状のまま成型してしまう、そういうことにも最近は挑戦しています。お香が梅の形や菊の形をしていると、お客様は「伝統的なお香ですね」と思ってくださいます。機械化も進んでいますが、型が少しでもずれたらいっぺんに機械を壊してしまいますから、精度の高い技術で機械を使います。７㎝のスティックのお線香を作る機械も、非常に高い精度で作ります。パステルカラーなど、伝統とはかけ離れたものも商品化しています。

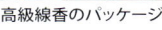

私たちの本質は伝統の香りをいかに品質を維持しながら現代に広めていくか、ということです。手間はかかりますが、ぜひ本格的なお香を折に触れ、焚いていただきたいと思います。

私は京都造形芸術大学に来るのに昔からよく知っているつもりで来ました。でも造形大の全貌を知っているわけではありません。断片的に昔からのイメージで知っていたつもりでした。消費者というのはそのように断片的な、勘違いなども含めて、ものごとを見ているのです。逆に私たち「作り手」というのは時代の背景や、材料をどのように集めるかという世界的な視野や、見極め、経験値などを蓄積し、総合力を持って仕事に従事しているのです。

使い手と作り手というのは、そこのミスマッチを常にはらみながらお互いの存在を意識しているということを考えるようになりました。烏丸二条という、京都では素晴らしい場所で商いをしているのですが、私どもに用事がない方は通り過ぎて行かれます。ましてやお香なんて、そんなものあったんかいなっていう話になるのです。立ち止まってもらおうと挑戦したのが、四条烏丸下がった所の「ココン烏丸」にある「ｌｉｓｎ（リスン）」です。香りの品質に関しては基本的には変わらないのですが、全く違う香りだったり同じ香りだったりします。

インドネシアのテキスタイルを日本で少しでも使っていこうという取り組みが動きだしています。インドネシアの民族的な染物、すごく良いものなんですけども、日本で販売しようと思うと、例えば色落ちの問題や使っている染料の素材の安全性など、とても難しい問題がありました。おかげで少しずつ改善できました。

歴史的な背景も考えてもらいたいということで、いろんな活動をしています。毎年行う「香・大賞」というエッセイコンテストも33回を迎えましたし、京都、東京、札幌で「お香とお茶の会」などを催しており、海外も含めて活動しています。

東南アジアや中国などの国々から香料としてたくさんの植物素材を、日本の伝統的な香りを作るために調達しています。私たちは今、ベトナムやインドネシアで植林を行っています。それと同時に弊社の温室や工場の敷地を使って希少植物の育成を社員みんなで取り組んでいます。

私は「応仁の乱」の話をよくします。金閣寺は応仁の乱の前に創建されました。銀閣寺は応仁の乱の後の建物なのです。ということは金閣と銀閣は社会的メンタリティが全く違う中で、戦を起こす前の人たちが建てた金閣と、戦をやって取り返しがつかなくなった、たくさんの人たちがいなくなった、そういう時代に造られた銀閣と、比較すると全く違い、対照的で興味深いものです。全く違う時代背景でも、やっぱり東山から同じように月が昇ってくるのです。そういうことに気がついて、静かに自らの内面を見つめたのが銀閣だと思います。金閣の方は、足利義満という人が中心になったのですが、勢いのある人たちが集まって生まれた遺産なのです。そういうふうに考えると聖徳太子の時代から源氏物語を経て、最後に行き着いたのが金閣です。そして焼け野原にしてしまってどん底に放り出されたのが銀閣なのです。そしてその銀閣で見つめたものが、日本文化の新しいスタートを切って今日まで続いているのだと思います。旧約聖書と新約聖書のように、私は旧約時代の日本文化と新約時代の日本文化だと思っています。背景にはアジア、中国などとのコラボレーションがありました。そういうやり取りがあって、京都の文化として今日認められる日本が育まれてきたのです。

古典の中で、『源氏物語』の「帚木《ははきぎ》」には、宮中で役所の絵を描く人たちは全国から試験を受けて、絵の上手い人たちが集められて、見たことのない獣や、蓬《ほう》萊山《らいさん》や見たこともない絵を描きました。「さてありぬべし」と書かれています。その次に「世の常の」と書き、日常の都の風景のことを言います。「すくよかならぬ山の景色　木深く世離れて畳なし」丸いなだらかな山々に木々が鬱蒼《うっそう》と茂っているのです。都から離れて霞の向こうに折り重なって畳なしていく。千年昔に一人の女性が書き残したものが、なぜ今京都で鴨川の橋から同じ景色が見えるのか、それが京都だと思います。

千年前に書き残された文字をそのまま私たちは読んで、そこに書かれているものがそのまま目の前に広がっている。そんな文化圏に生きている人たちは世界中探してもほとんどいないだろうと思います。京都という土地が持っているとんでもないコンテンツ、それをいかに咀嚼《そしゃく》して語り続けていくかということが、京都で生きている人たちの責任であろうと思います。私ももちろんその一人であり、その地で「香り」というものに携わらせていただいて本当に幸せだなと思っています。

ぜひ五感（※7）を大事にしてこれからの人生を過ごしていただけたらと思います。

「帚　木」

又、繪所に、上手おほかれど、墨書きに選ばれ、つぎつぎに、さらに劣り勝るけぢめ、ふとしも見えわかれず。

かかれど、人の見及ばぬ蓬莱の山、荒海の怒れる魚のすがた、唐國の烈しき獣のかたち、目に見えぬ鬼の顔などの、おどろおどろしく作りたる物は、心にまかせて、ひときは目驚かして、實には似ざらめど、さて、ありぬべし。

世の常の、山のたたずまひ、水の流れ、目に近き、人の家居有様、「げに」と見え、なつかしく、やはらびたる形などを、しづかに書きまぜて、すくよかならぬ山の気色、木深く世離れてたたみなし、けぢかき籬の中をば、その心しらひ・おきてなどをなん、上手は、いと、いきほひ殊に、悪者は、およばぬ所多かめる。

［注釈］

（※1）インドの接客作法を起源とし、香り、花、ろうそくを仏壇に供えることを言う。

（※2）インドシナ半島やインドネシアなどの熱帯雨林に分布するジンチョウゲ科の常緑木や材木が、長年にわたって土中に埋もれていた樹脂が薫り高い香木となった。

（※3）ビャクダン科の常緑高木で、インドや東南アジアなどで採取される。淡黄色で堅く芳香が強く仏像や扇の材として珍重されている。

（※4）ショウガ科、多年草ウコンの根茎からとった黄色の染料。カレー粉に欠かせない食材の一つで、「きぞめぐさ」と称されて黄色の染色にも用いられる。

（※5）ケイ（別名：トンキンニッケイ）の皮を乾燥したもの。カシアともいい蒸留してカシア油から薬剤や香料に用いる。

（※6）カンラン科木からとる芳香性樹脂。ミルク色と形からの名で、燃やすと甘く優雅な香りがでる。現在も香水や高級線香の香りづくりに欠かせない香料である。

（※7）視覚、聴覚、味覚、嗅覚、触覚の五つの感覚をいう。「五感を研ぎすませる」ことによって外界や周辺の状態を認識する。

服部　和子　氏

服部和子きもの学院　院長

元ミスきもの。日本で最初のきもの教室を開講、全国各地に分校を設置。ゆかたから十二単までの着付けを指導。「きものふりかえる・今・未来-21」の開催など着物文化の普及に努めている。

私は京都の染などを生業とする悉皆屋《しっかいや》の娘として生まれ育ちました。着物を着ておられる方に母がよく「はんなりしたええべべどすな」などと声をかけていたことを思い出します。

今日は着物を中心に、私の生活の中で感じたことなどをお話させていただきます。日本で最初に着物の着付け教室を開講して今年でもう55年になります。当時、まだ着物の着付けを教えるようなところはありませんでした。京都は着物の街で着物を着ることが当然だったのですが、周りに着物を着られない人が増えてきました。ちょっとでも何かお手伝いが出来たらと「きもの学院」を開きました。着だおれの京都で着つけを教えることに母は「うちの娘は変な子やな」と言っておりました。ファッションモデルをしていた頃、山名愛子先生らに師事し、その後プロフェッショナルの道に進み、そして着物の教室を立ち上げたのです。母も最初はいぶかしげでしたし、周りの人々からも「大丈夫なのか」というような声もありましたが、現在まで着物一筋にやってまいりました。

今、私は嵐山に住んでおります。今朝、ここに来るときに四条通を通ってまいりましたが、もう祇園祭の準備が始まっていました。今日から月鉾も函谷鉾も長刀鉾なども鉾建てが始まっており、町内ごとに白の法被《はっぴ》などを着て作業をなさっています。みなさんがご存知のように、この鉾建ては釘を一本も使わないで組み立てていきます。先祖代々から受け継いできた伝統的な技法が使われます。「縄がらみ」という技法です。そして鉾が建ちますと胴掛けや水引、見送りなど装飾品が飾られていきます。これには「ゴブラン織り」や「つづれ織り」という織りの技法や、手描き友禅などで作られたものが飾られます。ですから鉾は「動く美術館」とも言われています。町内ごとに山や鉾の装飾を競ったという祇園祭は町衆の祭りと言われ、心を込めて飾られます。

その中の手描き友禅は京の伝統工芸の一つです。手描き友禅はどんな風にして作られるのか、振り返ってみたいと思います。手描き友禅の技法は、江戸時代に宮崎友禅斎《みやざきゆうぜんさい》（※1）によって考案されました。円山公園に近い知恩院友禅苑に銅像がありますね。手描き友禅と言うのは、それまでは写実的な絵は使われませんでした。これを変えたのが宮崎友禅斎だったのです。

描いた模様の輪郭に糊を置いて、色がにじむのを防ぐことを可能にしたことが着物の発展における江戸時代の大きな出来事でした。宮崎友禅斎は江戸時代の元禄年間に活躍しています。もともと扇絵師だったようですが、それを着物、当時の意匠にも応用したのです。非常に優雅で評判を呼び、友禅という人の名が染色技法を指すようになりました。友禅染めの創始者でもあるわけです。

さて日本の衣服がどのように変遷してきたかを少しお話します。まず大和時代（古墳時代）です。この時代は渡来文化による白い服が中心でした。韓国に行ったら大国主命《おおくにぬしのみこと》のようなスタイルのおじいさんをよく見かけました。日本はそれらのスタイルを模倣しています。上半身と下半身が別々の二部式です。

奈良時代に入りますと、仏教が伝わってきました。仏教の伝来によって色による階級制度が生まれました。現代社会でも法衣のなかに残っております。高い位の方の法衣の色などは宗派によって違っています。奈良時代も肩から柔らかいものをかけておりました。この時も二部式ですね。下はギャザースカートのような長いものをはいています。中国の影響を強く受けています。

この時代の染めの手法として、三纈《さんけち》と言われる技法があって、それは纐纈《こうけち》、夾纈《きょうけち》、臈纈《ろうけち》の三種類です。

纐纈は現在言われる絞り染めのことです。細かく括《くく》っていく鹿の子絞りその粒を目結《めゆい》とも言います。生地の一部をつまんでそこを糸で括り染料が染みこまないようにして模様を作る技法です。いずれも生地に施す絞り染めで、代表的なものに、疋田《ひった》絞りがあり、七回以上絹糸を巻いて2～3㎜の粒を作ります。この粒の集合で模様を表現するので、鋭角的な絵は描けません。こういった技法が奈良時代に作られていきます。

次に臈纈ですが。これは蝋《ろう》を置いて染める手法です。溶かした蝋を生地に塗布して意匠を描きます。蝋を置いたところは染色されません。そして生地を染めて蝋を落とすと言う手法でこれを繰り返します。蝋が乾いたところにひび割れが生じ、その中に染料が染みこみひびの入った模様ができます。ただ臈纈ですから鋭角的な文様ができません。だから現在のような風景画のようなものは無理だったわけです。

もうひとつの夾纈は板染めということになります。これは折った生地を板に挟んで圧力を与えて模様の部分に穴を開けて染料を注ぎ、模様を描く技法です。夾纈も鋭角的な模様を描くことは不可能で、さらにその技術の難しさゆえに染められる人は少なくなりました。

平安時代に入りますと、みなさんご存知のように十二単が登場します。この時代になって初めて日本人独自の衣服が考案されました。

大和時代や奈良時代までは二部式でしたが、私たちが現在着ている着物の形に変わっていきます。

大和時代は韓国の文化、奈良時代は中国の文化が入って来ましたが、平安時代になりますと、遣唐使が廃止され外来文化が導入されなくなります。ここで初めて日本独自の衣服を考え出したわけです。

十二単は多くの枚数の衣服を重ねているのですが、一番下に小袖を着ます。現在着ております着物の形ですね。その上に次々と重ねて着ていくのです。十二単の着あげにはひもは一本も使われておりません。後ろ役と前役に分かれて着せていくのですが、二本のひもを使い分けていきます。現在の腰ひもよりももう少し短い「小ひも」ですね。一枚目を着せ小ひもを仮結びし二枚目を着せ小ひもを仮結びします。そして一枚目の小ひもを抜取り、そして三枚目を着せ抜きとった小ひもを仮結びします。こんな風にしてたくさんの着物を着ていきます。最後に裳《も》を後ろにつけます。腰ひもは一本も使われておりません。

十二単の着付けは2人がかり

この十二単、脱ぐのは大変だと思われる方がおられるようですが、脱ごうとすれば後ろについている「裳」をはずせば十二単はぱっと多くの枚数を一気に重ねたまま脱げます。着物ショーでもお見せするのですが、みなさんびっくりされるのですね。驚かれます。

この時代は階級制度がとっても厳しい時代で、色による位がありました。唐衣《からぎぬ》の赤や青など一番位が高かったのです。許しを得ることが無ければ着ることが出来なかったのです。

それから室町時代をへて桃山時代になると、小袖の誕生をみます。十二単の小袖が下着から外着に変わっていきます。このころに幻と言われます辻ケ花染め（※2）が誕生します。

辻ヶ花染め

江戸時代に入って振袖が生まれます。今まで短かった袖が長くなります。また、この頃に歌舞伎が発展していきます。

歌舞伎は男性が女性の役を演じます。元々は出雲阿国ら女性の役者が演じたのが始まりですが、この頃には女性の上演が禁じられ、男性のみで演じられるようになりました。そこでどうしたら女性らしい演技ができるだろうということで、袂《たもと》を長くして揺れる美しさを表現したとも言われます。袂が長くなりますと帯も幅を広くしないとバランスが取れなくなります。ですからこの頃から帯の幅が広くなります。これが着物にとっては大きな変化でした。

このように振袖が生まれ、そうなると美しい風景画のような意匠がほしいということになります。そこで先ほども言いましたが、扇面絵師の宮崎友禅斎が糸目糊を考案するのです。

糸目糊というのはどういうことかというと、ハンカチに水を落とすと、その水がぱっと広がりますよね。水が広がるのを糸目糊で留める、これが糸目糊の役割です。

次に手描き友禅の工程を見て行きましょう。まず木炭で絵を描いて構想を練ります。これでいこうということを決めて白生地に下絵を描きます。下絵というのはムラサキツユクサの花の汁、「青花」ともいいますが、それを絞って液を作り、描きます。次に下絵の花や模様の周りに、縁に細く糊を置きます。これを糸目の糊置きと言います。染料がにじんだり混ざったり出て行かないようにします。この技法の確立によって写実的な絵が描けるようになりました。これが手描き友禅の大きな特徴です。

次に地入れ、豆汁《ごい》入れと言って、大豆から取った汁を引きます。本格的な絵を描く際に染料が染みこみやすくするためです。そこに花柄や模様を描きます。挿《さ》し友禅や彩色という工程です。糸目糊を置いた内側に模様を描くわけです。昔は炭、今では電熱で乾かしながら描きます。模様が描けたらその部分に糊を置きます。続いて刷毛で薄い色を描いていきます。そして染料を定着させるために蒸し釜に入れて、蒸して色を留め、最後に周りに置いた糊を洗い流します。

ですから、皆さん、子供の頃に見られた方もおられると思いますが、昔は寒い冬でも鴨川で長靴をはいて川に入って糊を落とすために反物を洗っていました。

今は環境問題のこともあり、工場の中で行っています。着物の最後の仕上げに上に金彩、刺繍などでさらに装飾することもあります。こんな風にして行っていくのが京友禅の手描きの工程です。

京手描友禅の制作工程

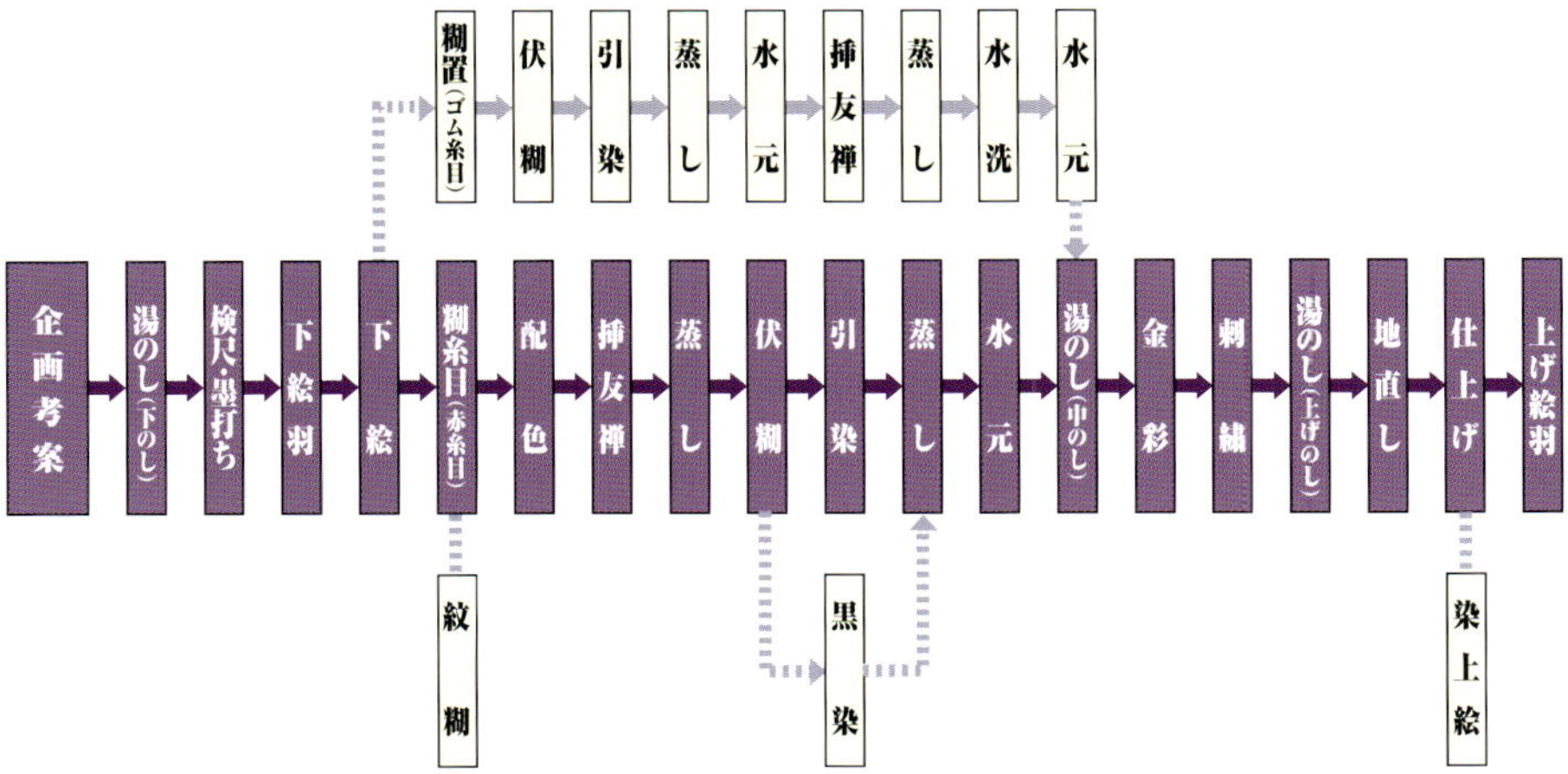

京都に住んでおられる方はご存知かとは思いますが、この工程を全部一人でやるように思っておられる方も多いようです。しかしそうではありません。下絵を書く人は下絵ばかり、糸目糊を置く人は糊を置くことばかり、挿し友禅をやる人は挿し友禅ばかり行います。手描き友禅の場合、その工程は少なくとも12もあります。それらのそれぞれの工程に匠の技術を持った職人さんがおられます。それが京都の伝統工芸の大きな特徴なのです。すごいことですね。私たちが一枚のきものを着させていただいておりますけども、そのセクション、セクションの職人さんたちが素晴らしいお仕事をされておられるからこそと思います。

糸目糊を置く道具は柿渋などでコーティングした筒の先に金具がついており、そこから絞り出すようにして糊を置きます。糸目糊を置く際に、糊は生地の表だけではなく裏側まで届かねばなりません。裏まで行かないと、色が外に出てしまいます。糊が布の上に載っているだけでは駄目なのです。

次に挿し友禅です。色調整をしながらやるのですが、柄の回りを縁取っているのが糸目糊なのですね。糊から外へは色は出ていきません。挿し友禅は、乾かしながらゆっくり描くと、乾いてしまって変になってしまいます。難しいのは手を早く動かすことです。ここのところが職人さんの腕なのです。京都の手描き友禅というのは、やはり京都の水が良いから良い色が出るのです。このようにして手描き友禅が出来上がっていきます。

その他、江戸時代の後半になると型染めが出てきます。細かい説明はしませんが、型染めとは、模様を切り抜いた型紙と糊を用いて染める友禅の技法のことです。

京友禅にしても何にしても、素晴らしいものをつくるために必要なのは「職人魂」だと思います。職人魂、素晴らしい言葉だと思いませんか。私の仕事は、着物の着付けをはじめ、着物のデザイナー、着物のコーディネーター、アートディレクターの仕事までしています。デザインに関しましては、各工程の職人さんと互いに納得するまで話し合って決めます。背の高い人の着物であったら、柄はここ、とか、小柄な方やったら、柄の大きさはこれくらいで、など着られる方の心がわかる「創り手」でありたいと思っています。このようにひとつの着物をつくる時でも、それぞれの行程の職人さんと直に顔を合わせ、話をしながら作っていく、これが友禅だけでなく、京都の伝統産業、ものづくりの素晴らしいところだと思います。

京都には伝統産業がたくさんあります。西陣織、京人形、京料理、京焼・清水焼などいろんな素晴らしい伝統工芸・伝統産業があります。「あそこのあれはいいな」「そこの京友禅はいいな」というように、職人さんがお互いに切磋琢磨して良いものを、「ほんまもん」を作ってきたのです。良いものを見ながら良いものを作ってきました。これも京都のいいところだと思っています。

織物の産地ですが、京都の西陣の他に博多とか桐生などがあります。いろんなところがあるのですが、やはり西陣がトップクラスということは、京都の素晴らしい1200年の歴史を有する文化の中で育まれてきたからだと思います。小さい頃から「ほんまもん」に出会っていかねばならないと思います。西陣織は平安時代中期に京都の上京区辺りで始められた高級織物です。応仁の乱のとき、西軍の山名氏が陣を敷いたことからその名が生まれました。今も伝統的な技法で織成され、特に帯地が有名です。

この辺りで私の仕事のことをお話します。私は今、着物の着付けを教えています。着物というのは包む文化だと思っています。先ほども言いましたが、私は京都で生まれて京都で育ちました。京は「着倒れの町」とよく言われます。母は小さい時から着物を着て育ったのですが、「京の町は世間さまが一番こわい」とよく言っていました。それはどういうことかと言うと、「着物を着て歩いていても、世間の人はよう見たはるえ」と言うのですね。ですから世間の人に笑われないようにと言われて育ってきました。

余談ですが、京都には着物をつくったり着たりするだけでなく、着物の染め替えやしみ落としなど、お手入れするところも町中にあります。地方に行くと、こういうお店がなくて、京都まで送るほかない場合も多いのです。これは本当にありがたいことです。京都では洗い張りも仕立て直しもできます。京都は今も昔も着物の街なのだ、ということをつくづく感じます。

母は「冥加《みょうが》に悪い」という言葉をよく使っておりました。「冥加に悪い」ってどういう意味やろうなと思われる方もおられますよね。「冥加」とは目に見えない神仏のご加護（助力）を受けている、という意味で、「冥加に悪い」は、そんなことをしたら神仏のご加護を受けられない、神仏のご加護を受けているのにバチがあたる、ということなのですが、着物を大切にしなければいけないということです。着物は洋服と違って、着物はいったん解き、洗い張りをして、仕立て直して着ることができます。「汚れたら洗ってちゃんと手入れする」と言うのです。それをしなかったら、母は「冥加に悪い」と言ったのです。「冥加に悪い」と言うのは、やっぱり「もったいない」ということに通じます。モノを粗末にしてはならないという教えの言葉なのです。そして昔から着物には生活の知恵が生きています。子どもの着物には肩の部分に肩上げがされ、腰の部分には腰あげがされています。子どもさんが大きくなったらその肩上げ、腰あげをほどき、寸法を調整しながら、大きくなってからも続いて着られるようにします。ここにも私たちの先人の知恵がほどこされています。

京都では顔見世や春・秋のおどりの会などがありますが、やはり京都のいいところというのは、たくさんの方が着物を着て観に行く所があります。自分の楽しみで着物を着るのはもちろんですが、京都の街で着物姿を見かけるということは、とても嬉しいことです。着物を着ている人がいることでその場の雰囲気が明るくなります。私が着物で会合に出た時など「はんなりしたいい着物やなあ」「楽しそうやなあ」という風に周りの人から声をかけられます。

さらに着物は季節を楽しんで着ることができます。初春には梅、春には桜、初夏にはあじさい、秋はもみじなど、その時々の季節に合った模様を楽しめます。舞妓さんの着物や帯などをよく見たらお分かりいただけると思います。着物の柄ですが、季節に少し先駆けて着ることが粋とされています。例えば花柄の着物は、花が咲く頃より少し早めに着て、花が咲くのを心待ちにします。

また舞妓さんのかんざしは1月は稲穂と松竹梅、7月はうちわ、12月は顔見世のまねきと12カ月全部違い、それぞれの季節を表しています。この辺りが着物の良さだと思います。

京都には京料理がありますが、京料理には季節のものが出て来ます。夏には夏やなあと言う料理が出てきます。これもやはり京都の良さだろうと思います。こんな風にして季節を楽しむことができます。

洋服は自分で選べるが、着物は選べないという人がずいぶんおられます。私たちはそういう面でのコーディネートをしています。今日、私は自分の名前の「和」という字が入った自身でデザインいたしました着物を着ています。着物には古典柄とモダン柄があります。古典柄には日本の伝統的な紋様、モダン柄には幾何学模様などがあります。きものと帯のコーディネートのコツは古典柄の着物には古典柄の帯を、モダン柄の着物にはモダン柄の帯や抽象的な紋様の帯などを合わせるということになるのですが、これを紋様の統一と呼んでいます。このように考えていくと、着物のコーディネートが難しいということはないと思います。洋服と着物の違いはここだと思います。

服部さんが「和」の文字をあしらってデザインした自らの着物

古典柄の振袖

モダン柄の浴衣

次は着物と帯の色ですが、色は同系色の濃淡で合わせます。紺の着物には水色の帯。モダンにみせるには、紺の着物に黄色の帯や赤色の帯を合わせます。同系統のコーディネートはおとなしい印象に、反対色になるとモダンな印象になります。どちらでいくかという選択肢があるわけです。自分の気持ち、行く場所、会う人によって変わると思います。着物はまず、着て楽しいですし、コーディネートする楽しみもありますね。そして大事なのは似合うものを着るということです。どうしようかなと悩んだら鏡の前で気に入ったものを両肩にかけて見比べるといいですよ。顔がぱっときれいに見えるものを選びます。こういうことも着物をうまく着るコツのひとつですね。私はいつも言うのですが、洋服も着物も自分がきれいに見えるものを着ないと損をします。顔がきれいに見える、心が楽しくなる方を選ぶのが良いと思います。そうすれば「ええの着たはるな」と言ってもらえることにつながります。心が楽しくなるものを選ぶのが衣服ではないかと思います。「ほんまもん」を見る、「ほんまもん」を着ることが大事ではないでしょうか。

でも何よりも、自分の好きな柄・色が一番なのです。私は明るい色、元気を呼ぶ色、幸せになる色、笑顔になる色が好きです。自分だけがうれしくてもダメ。いるだけでぱっと周囲を明るくし、周りの人も「素敵やなあ」と楽しくなるのが着物の良さなのです。

着物をどんな風に着るのか、着方という点から考えると、私は浴衣《ゆかた》が着物の入門だと思っています。以前は浴衣は風呂上がりに着るものでした。昔、行水をしてベビーパウダーをつけて夏祭りに行った思い出があるのですが、今は若い方の浴衣は街着ファッションになっています。時代とともに段々と変わってきています。

それでは浴衣の着付けのお話をします。まず裾合わせをします。きれいに合わせます。腰ひもは真ん中をもって体の真ん中に当てます。後ろでひもを交差させ締めます。ここだけはしっかり締めないと正しい着付けができません。結ばないで左右に交差させておきます。ゆかたは長襦袢を着ないのですが、今日は長襦《ながじゅ》袢《ばん》を着ているので後ろの襟から長襦袢が出ていないか

着物の着付け

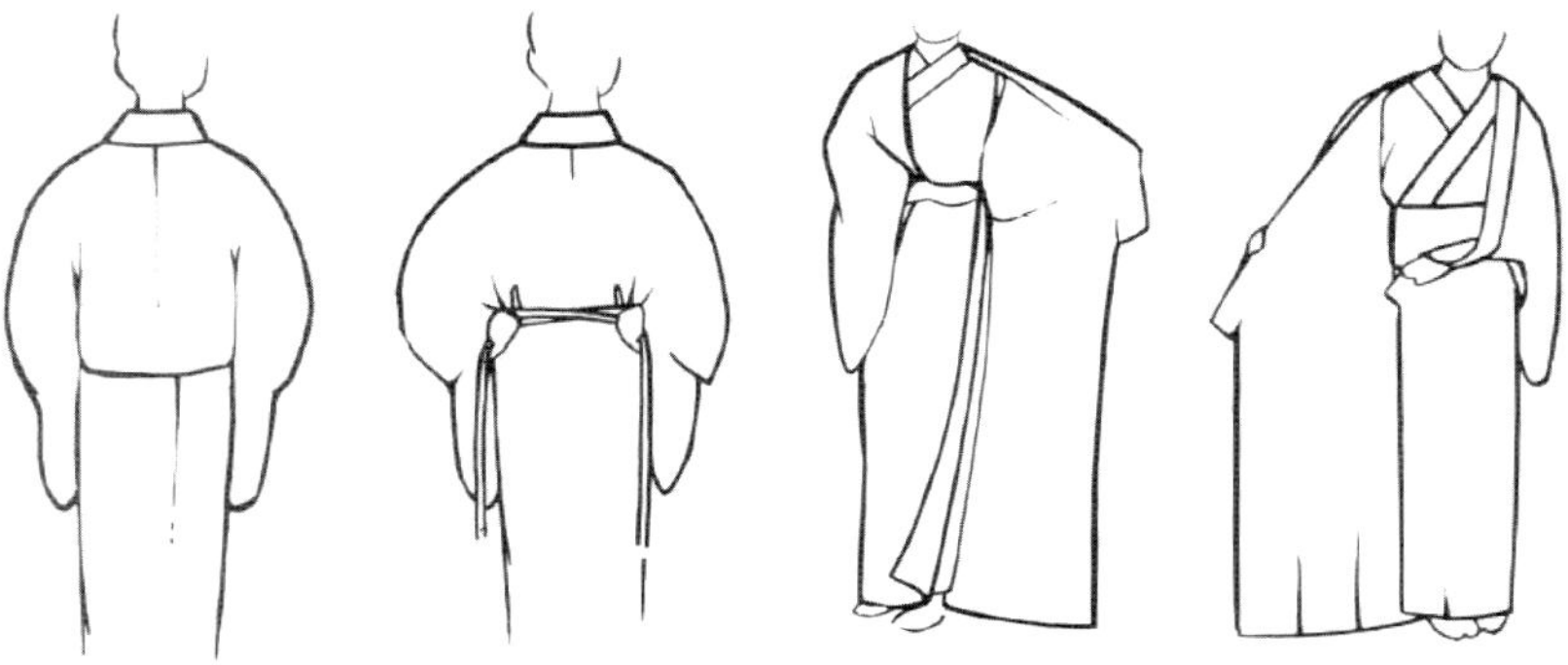

①裾合わせ1

②裾合わせ2

③腰紐を後ろで交差

④長襦袢と浴衣の衿を合わせる

確認します。衿を合わせてから、普通はこのままで腰ひもをし、伊達締めをするのですが、そうすると、お腹のところがかさばって太って見えます。そこで下前（内側）のおはしょり（※3）を上に折り上げて上前（外側）だけで整えます。これがコツです。脇のところから浴衣が出ていると太って見えますから、出ている部分をしっかりと入れておきます。おはしょりが長ければ左の腰骨まで折りあげて下さい。伊達締めで押さえます。後ろがくちゃくちゃにならないように美しく整えます。そして昔は帯板を帯の間に入れたのですが、それが難しいので最近はベルトがついていて便利になりました。ここで半巾帯を結びます。半巾帯の結び方は、難しいので前で結んでいきます。最初に帯の片方を肩にかけて、後ろの腰の位置ぐらいに長さを調整して巻いて行きます。ここで長さを決めることがコツです。帯は二回胴に巻いてしっかりと締めます。帯の締め方のコツは帯を巻く時に帯の下側をもって一回目からしっかりと締めていきます。帯巾の全部を持ってぎゅーと締めると、帯がしわくちゃになって傷みます。しわを作らないようにしましょう。そしてしっかりと締めま

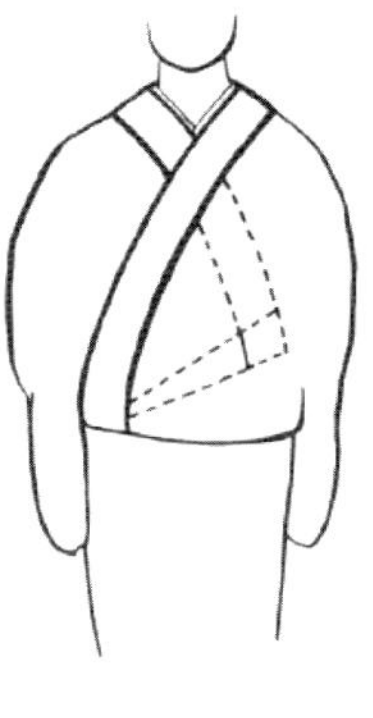

⑤下前のおはしょりを折り上げる

⑥上前を整える

⑦背中を整える

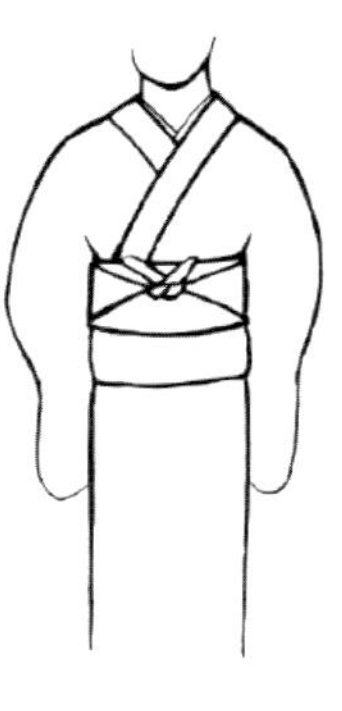

⑧伊達締めで押さえる

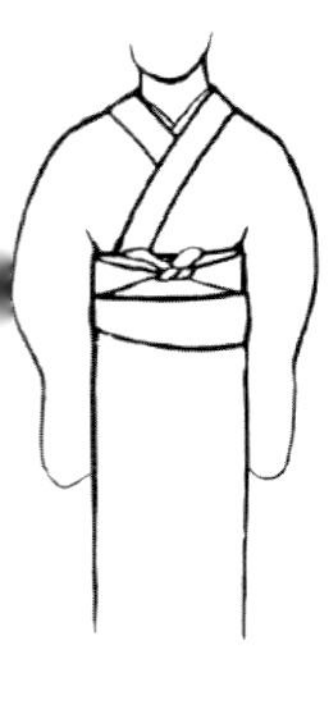

⑨おはしょりが長ければ腰骨まで折り上げる

す。次に前で一度結びます。短い方を肩に預け、長い方を結び目から、しっかりと広げてゆき、蝶々の型を作っていきます。蝶々のちょうど良い大きさは肩幅ぐらいにし、余った帯は内側に入れておきます。そして、帯巾で二つの山折りを作ります。肩にかけていた短い方の帯を細くたたみ、二つの山折りの上から結び目の下を通り、引き上げます。これを二度繰り返します。上に引き上げて残った分は胴回りの帯と帯板の間に上からいれて、下へ引き抜きます。蝶々の型をきれいに整え、時計回りに背中中心までまわします。後ろの胴回りの帯の下から出て残っているのを帯の中に入れると、結びあがります。こんな風にすると、浴衣をきれいに着ることができます。

　日本の文化は結びの文化だと思います。日本独自のものではないでしょうか。私は「花結び」というバラや水仙などのオリジナルの帯の結び方を幾つも考案しましたが、そこには結ぶ人と結んでもらう人のいろんな思いが込められています。一本の平面的な帯が、折り紙のように畳んだり開いたりすることによって、立体的な美しい型に仕上がります。

半巾帯の蝶々結び

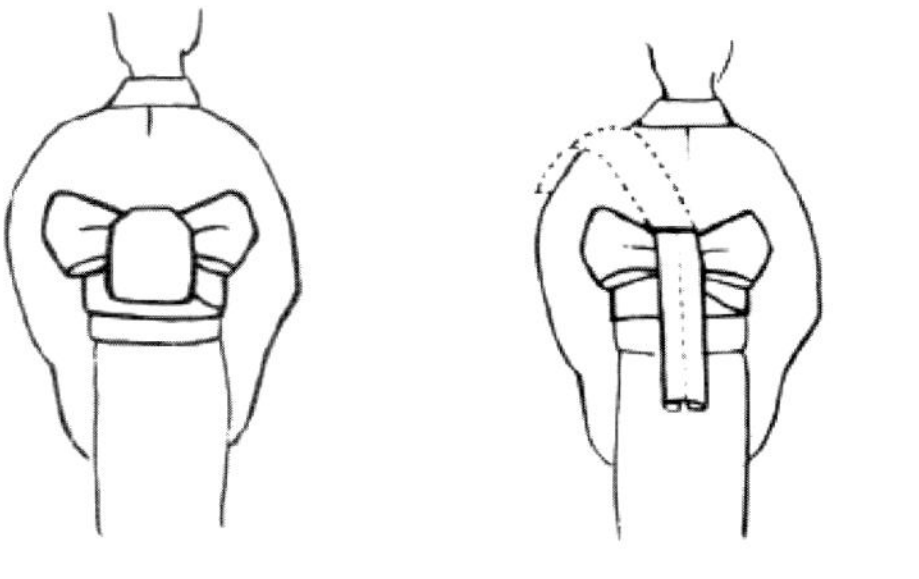

　結ぶのは、帯だけではありません。帯締め、帯揚げ、腰ひも、すべて結びます。和装から離れても、日本には水引、リボンから靴ひもまで、思いを込めて美しく結ぶという文化が息づいています。単に結ぶだけではなく、そこには人と人を結ぶ、人の心を思う、日本人ならではの豊かな感性まで伝わってきます。

　「結ぶ心」も、「相手を思いやる心」も、「物を大切にする心」が息づいています。日本の心を、これからも大切に継承していきたい、と願います。

［注釈］

（※1）江戸期元禄年間の町絵師だったが、後に小袖などの染め物や扇の意匠にかかわりその独創的な意匠は人気を博し友禅染の祖と敬われる。井原西鶴の「好色一代男」にも友禅の扇の見事さをたたえる一文がある。相当に流行したと思われる。その名は染めものの代名詞として今も受け継がれている。

（※2）室町時代から桃山時代末期まで小袖に施した染色紋様・技法。通例、縫い締め絞りで凹凸のある大きな図柄が特徴で、そこに墨色や朱色で絵を描いた。後には摺《す》り箔や絞り技法も取り入れ、よりあでやかになった。

（※3）女物のきもので着丈《きたけ》よりも最初から長く仕立てておき、腰のあたりでたくしあげる。このたくしあげた部分をはしょりと言う。おはしょりの上から帯を締める。裾の傷みが出ても、このおはしょりがあることですそを切って仕立て直すことができるメリットがある。

水口 一夫 氏

劇作・演出家（松竹株式会社 関西演劇室）

長年に渡り数多くの作品の作・演出を行う。近年では片岡愛之助主演『GOEMON 石川五右衛門』などの新作も多数手掛ける。

今日は祇園祭、鉾巡行の日ですが、祇園祭も芸能と深いかかわりを持っております。もともとは平安時代に流行した風流という、風が流れると書いて、「ふうりゅう」、「ふりゅう」とも言いますが、風流と関係があります。

どういうことかと言いますと、平安時代の文学、物語や和歌とか、そういったものを題材に、ちょっとした小物、箱などにデザインするということが風流と言われていたのですが、それがだんだんと意味が変わってまいりました。華美な衣装、きらびやかな衣装を風流と言うようになり、さらにそういう豪華な衣装を着て踊る、風流踊りというのがはやり出します。

この風流踊りと、一遍上人《いっぺんしょうにん》が唱えた念仏踊り（※1）

が合体して、全国のいろんな神社で芸能が行われる。神社で行われている芸能は、この風流踊りが原点になっていて、山車《だし》や練りものを豪華に飾って運行する、それも風流の一つの流行でした。宗教と風流が密接な関わりを持ち、いろいろな芸能が誕生していきました。

風流が最も盛んになったのは室町時代の終わりぐらいです。京都の町衆が非常に力を持ちまして、町ごとに土倉《どそう》（※2）が力を持ち、それを中心として町衆が風流のグループを作るのです。

どういう踊りをしたかというと、みんな仮装をする。その当時、日本に来ていた南蛮人の格好をしてみたり、七福神や動物の格好をしてみたり、そんな格好をしながら風流傘を中心にみんなで踊る。そういう踊りが非常にはやりました。

その土壌があって、出雲阿国《いずものおくに》が始めたかぶき踊りの流行をみるわけです。阿国のかぶき踊りは風流踊りのように華美できらびやかな変わった格好をします。歌舞伎ということは「かぶく」という動詞、傾《かぶ》くという漢字を当ててます。

傾くからまっすぐじゃあない、ちょっと歪んでいる、正常じゃない、変わっている、風変りである、新しい、そういったことを傾くと言いました。その当時、傾奇《かぶき》者《もの》という変わった格好をした長い刀を下げた侍がいたり、ひげを伸ばして、それを油で固めて、両ひじを張って歩くような侍がいたり、そういった傾くということがはやりました。

出雲阿国は、もともとは出雲神社の巫女だったといいますが、京都へやってきて、最初は「ややこ踊り」という踊りをやっていましたが、ある時、出雲阿国がやりだした踊りが、あれは傾いている、あれはかぶき踊りやと評判になったのです。『当代記』という慶長時代の話を年代記で書いている本が残っています。それによりますと、出雲阿国は非常に変わった格好をしている。頭にハチマキといいますか、バンダナをしまして、小袖を着て、帯ではなく、五色の糸をロープでくるくるっと束ねて帯代わりにする。ポルトガル人がはいていたようなパンタロンのようなズボンをはいて黄金造りの太刀を持っていました。

さらに、その当時できたニュータウン、六条柳町という花街へ阿国が男装をして出かけ、そこの女性のところに会いに行って遊ぶということをやった。今までにあった能とか狂言とか、そういった芸能と違って阿国のやったことに京都の人々はびっくり。これは傾いていると。

かぶき踊りや、ということで大変流行します。出雲阿国のかぶき踊りがそうやって流行すると、おもしろいものだから、他のグループによって同じような踊りがどんどんつくりだされていく。これを遊女歌舞伎とか、女歌舞伎とか言ったりします。

しかし、その後、追随する女歌舞伎というのは、六条柳町をはじめ、その後にできました島原などの女性たちが、昼間にあちらこちらでグループをつくって踊りました。阿国とは趣旨が違うわけです。芸を競うのではなく、どちらかといえば色を競うといいますか、華やかさを競うといいますか、そういう芸能という感じになってしまったのです。

阿国がいなくなった後、女歌舞伎の一行は、どこで公演したかといいますと、鴨の河原。今の鴨川と違って、昔は広い河原があり、流れがゆるく枝分かれしていて、中州があって、そこへ小さな橋がかかって対岸へ渡るような川でした。

四条大橋のような大きな橋はありません。その辺の河原で興行が行われるようになりました。それ以前から河原というのはアミューズメントパークみたいなところがあって、たとえば勧進能というのが行われたりします。これはお能の勧進ですから、たとえば、どこかの神社を直すとか、橋を架けるとか、そのためのお金を集めるために興行するのを勧進というのですが、そういった能が行われました。このほか、遊女歌舞伎が河原で公演したり、いろんな見世物、手品とか、珍獣を見せたりします。操り人形、曲芸、そういったものが河原で行われていましたし、そういった芸能を見ようとお客さんが詰めかけ、小さな屋台がいっぱい出るなど非常ににぎわっていました。

女歌舞伎と同じようにやっていたのが少年たちの歌舞伎、若衆歌舞伎で、今度は若衆歌舞伎がすっと台頭してきます。若衆というのは前髪をつけた少年が歌ったり、踊ったりします

若衆ですから、若い女性もそういう芝居を見に行く。これまた非常ににぎわうわけです。大坂（※3）の道頓

堀では50組の若衆が入れ替わり立ち替わり1日中、踊り狂ったという記録が残っておりますから、その人気はすさまじいものであったと思われます。そういう若衆歌舞伎がはやるのですが、これもまた風紀を乱すということで、幕府が禁止するのが1652年。これでいったん、歌舞伎の歴史は終わるのです。

その後、楽しかった歌舞伎、今までにない芸能であった歌舞伎をどうしてももっと見たい、あるいは歌舞伎でもうけた興行をする側が、もっと歌舞伎をやりたいというので、幕府に1年間陳情して、翌年の1653年に歌舞伎再開が認められます。

ただし条件を付けます。一つは、女性は出さない。それから若い衆、少年たちは出さないということです。もう一つは、今までの歌舞伎というのは、レビュー団（※4）ですね。歌ったり、踊ったり、そういった感じの舞台が歌舞伎だったのですが、踊りが禁止されました。

今までは能と一緒で、笛、小鼓、大鼓、太鼓の四つで演奏していたのですが、琉球から三味線音楽が入ってくると、舞台も華やかで、浮き立つような気分の音楽で、みなが踊るということでお客さんたちも楽しかっただろうと思います。そういうことがあって、もう1回やらしてもらおうという時に踊りはだめだという。いわゆる物真似《ものまね》狂言尽《きょうげんづくし》（※5）、お芝居をしなさい、お芝居だったら、やらせてやろうということです。新しく再開した歌舞伎の興行というのは結果的に、歌舞伎の独自性を決めてしまうことになります。

まず、女の人が出ないということは、男性が代わりに女形《おんながた》として女の役をします。そして物真似狂言尽、新しいお芝居をやりなさいというのですが、そんなに簡単に新しいお芝居がどんどんできるわけがありません。どうしたかと言いますと、先行している芸能、人形浄瑠璃の作品を歌舞伎に移していく。丸本《まるほん》歌舞伎とか、義太夫《ぎだゆう》歌舞伎とか言いますが、義太夫狂言の地の部分、演奏して太夫さんが語っているところ、それはそのままにしておいて、セリフの部分を役者たちが言って、そして三味線に合わせて動く。こういう演技形態を取るようになります。

歌舞伎はどんどん変化していくのですが、まず四条河原にあった劇場が、元和年間に京都所司代の板倉勝重（※6）によって公認、官許され、公演していい七つの劇場（※7）が決まります。これを「櫓《やぐら》を許される」、「櫓赦免《やぐらしゃめん》」といいます。櫓というのは、劇場の前に飾っている四角い櫓ごたつ（※8）みたいな木組みで、座の紋を染め抜いた幕が張ってあり、梵天といって2本の幣（へい、ぬさ）が立っていて、槍が5本並んでいる。そういう櫓を許された劇場だけが興行することができるのです。

それまで劇場は、もちろん四条河原にありましたし、五条河原や北野天満宮あたりにもありました。いくつかの劇場が散らばっておりましたが、幕府はそれを1

南座の櫓

七つの劇場の一つ、都万太夫座

か所に集めようとしました。花街と芝居というのは悪所と言い、悪い所と書きます。非日常の場所であると。それをあちこちでやると、目が行き届かないから一カ所に集めてしまおうと、七つの櫓が許されます。元和3年といわれています。

そのうちの一つが現在の南座です。その後、江戸でも4座、大坂でも5座、櫓が許されていくのですが、幕府が許した劇場として今も残っているのは南座だけです。

ですから、京都の南座というのは日本最古の、伝統ある劇場なのです。他の劇場は場所を替えられたり、あるいは火事でなくなってしまったり、いろいろあるのですが、南座だけが同じところにずっと建っていました。

今、南座と言いましたけど、当初は南座という名前ではありませんでした。京都は非常にややこしいのです。江戸は劇場の座主、劇場の経営者と興行する人が同じ人ですが、京都は全部違いました。劇場の所有者はいますが、それとは別に名代《なだい》というのがいました。名代は興行する権利を持っている人。興行権を持っている人の権利の名前を借りて、その劇場で芝居をすることになります。

早雲長太夫《はやくもちょうだゆう》とか、都万太夫《みやこまんだゆう》とか、いろいろ名前が書いてあります。これが劇場の名代です。名代が7人いて、その名前を借りないと興行できない。都万太夫座といっても同じ場所ではない。北座のほうでやったり、大和大路でやったりしますから、都万太夫座と書いてあっても、その都度ぐるぐる変わってまいります。

京都の場合、もう一つややこしいのは劇団の統率者、座本（座元）が別にいることです。たとえば都万太夫の名代を借りて、南座の所有者に芝居小屋を借りて、坂田藤十郎（※9）が座本となって公演する。その時に記録では坂田藤十郎座と書いてあったり、都万太夫座と書いてあったりするのです。江戸や大坂にはない、京都の特異性です。

京都がナンバーワンだったころから経済力が低下してきて、大坂のほうが勢いが出たり、あるいは江戸が盛んになったりします。その当時の劇場は全部板葺《ぶ》きです。本当は瓦を葺けと、お上から命令が出るのですが、簡単な板葺きで済ませてしまうので、火事で燃えやすい。しょっちゅう、火事で劇場が燃えています。燃えるたびに、だんだん劇場自体が疲弊してくるわけです。

七つあった劇場が六つになり、五つになり、四つになり、長いこと3座並立（※10）、北に二つ、南に一つという時代があって、やがて江戸時代の終わりごろになると、北座と南座の二つの劇場になります。明治25年には北座もつぶれて、南座だけが残ったという歴史が残っています。そういう中で、南座はずっと歌舞伎をやり続けた劇場で、しかも４００年の歴史を持っているということです。

女性が出られないので、女形が活躍するのですが、江戸では初期には、いい女形があまり出ない。江戸の芝居の女形は、初期のころは京都か大坂か、上方の女形が江戸に行って舞台に出ていました。

江戸というのは、どうしても気風が荒っぽいし、武家社会ですから、そういう柔らかい女形というのは、なかなか出てこない。元禄ぐらいになりますと、京、大坂で元禄の女形の四天王といいまして、水木辰之介、芳沢あやめなど、すばらしい女形たちが芸を競いました。中でも、芳沢あやめという女形は、普段から女として暮らさなければ舞台で女形とならない、という芸談を残しています。

福岡彌五四郎《やごしろう》という、その当時の狂言作者が書き残した『あやめ草』という本に、芳沢あやめの普段の言動を書いています。いろいろ面白い話が残っていて、楽屋でも女形は弁当をむさ苦しく食べたらだめだとか、あるいはごひいきのお客さんから、「最近、奥さんお元気ですか」と聞かれるようなことがあったら、顔を赤らめなければならないとか。そういったことも書いています。

そのような芳沢あやめという名優が出てきましたし、もう少し時代が下《くだ》ると、瀬川菊之丞という女形が出てきます。この人も『女方秘伝』という、どうしたら女形として大成するかという芸談を残しています。あやめが、どちらかといえば精神論的なのに対し、瀬川菊之丞は実際の舞台でこうしたらこう見えるというのをやっています。例えば、女の人が怒る時、カーッと怒ったらだめなのです。まず泣きなさい。泣いてから怒る。そうしたら女の人が怒っているようにみえるとか、あるいは非常に位の高い人の奥方の役をやる時は、自分がぶさいくであると思いなさい、ぶさいくな顔をしなさい。そうしたら、えらい奥方に見えるのだとか。

亡くなるまで振袖が似合って、「世界中の色を集めたような女形や」と言われたのが瀬川菊之丞。そういう女形がいろいろ出てきまして、歌舞伎の独特の演技論、演劇史というのが高まっていきます。

一方、男の役者では元禄期に京都に名優が出ます。先ほど申し上げました坂田藤十郎。この人はすごい。非常にまじめな人で、金子吉左衛門《かねこきちざえもん》という役者でありながら狂言作者でもある人が、坂田藤十郎の普段の行いを書いて残しています。藤十郎の家が四条河原町の上がったところ（※11）にあって、芝居が終わり、高瀬川のほとりに行くと、豆腐屋があった。豆腐屋のところに行くと藤十郎は動かないで、ずっと豆腐をつくるのを見ている。一緒に来た人がどうしたんですか、と尋ねると、「ああ、分かったからいい」と。そういう物事を熱心に研究する人で、ある役者がたとえば、何かセリフをひとつ言ってだめだったら、何回も何回も言わせて、できるところまでやらせてみたりします。

また、普通はセリフを言う時、初日はうろ覚えで大変なのですが、藤十郎さんは「どうしてセリフがそんなにスラスラ出てくるのですか」と尋ねられると、「私も本当は、うろ覚えになりかねないのだけど、まず、稽古を一生懸命する。そしてセリフが入ったら、いったん忘れる。忘れたら、忘れちゃって、初日には、相手のセリフを聞いて、それに答えるようにしてセリフを言う。そうすると、自然にセリフが出てくる」と答えています。

そういうエピソードも残っております。金子吉左衛門の『耳塵集《じじんしゅう》』という本に書かれています。そういった藤十郎の芸が開花したのは、もちろん本人の努力もありますが、忘れてならないのが作者の近松門左衛門です。

昔、京都に夕霧という非常に若くてきれいな太夫がいました。それが大坂の新町に移りまして、しばらくすると死んでしまう。あの美しい夕霧が死んだといって日本中の男性が悲しがったというくらい美しい太夫だったのですが、夕霧の何回忌かに、それを題材にした本を近松門左衛門が書き、坂田藤十郎が主役の伊左衛門《いざえもん》の役をやり（※12）、それが大ヒットしました。初演は大坂の荒木与次兵衛座という劇場で、その年のうちに同じ芝居を4回やって、生涯で18回やったというぐらいの大ヒットでした。

どういう芸かと言いますと、「傾城買狂言《けいせい》」といわれるものです。たとえば、「夕霧」という傾城（※13）を身分の高い若殿や、豪商の息子が、だんだんお金を使って落ちぶれていく。落ちぶれた果てに、落ちぶれた身なりでもう1回、相手に会いに行って、そしてうまくいってハッピーエンドになるというようなものです。

こういう色模様の芸を「和事《わごと》」といいます。江戸では「荒事《あらごと》」といって非常に荒々しい芸風が盛んなのですが、京都では特に、そういう色めいた和事というのがはやりました。「傾城買狂言」は坂田藤十郎の十八番で、それを確立しました。

落ちぶれた身で傾城に会いに行く、それを「やつし事」と言います。子どものころ、私がいい格好をすると、「あんた、やつしやなあ」と親に言われた記憶がありますが、坂田藤十郎の芝居の世界では、「やつす」ということは、落ちぶれて、たとえばいい着物、絹の着物を着ていたのが、着られなくなって紙の着物を着て、編み笠をかぶって顔を隠してもう一度、大好きな傾城に会いに行くという、それを「やつし」というのです。「やつし事」、そういうのをつくり出す、生み出していくのが坂田藤十郎なのです。

その時代が京都の歌舞伎が一番華やかな時代です。元禄の四天王と言われた女形がそろっていますし、坂田藤十郎がいる。山下半左衛門という役者もいました。坂田藤十郎に劣らぬ名人でした。山下半左衛門は華がある、その華を取ってしまった後が坂田藤十郎と言われた。これは坂田藤十郎をけなしているようなのですが、実は違う。藤十郎はリアルな芸をしたという評価なのです。リアルな芸を追及していく。そのころが江戸時代において、京都の歌舞伎が一番盛んであったと思います。

南座は、2018年11月にリニューアルオープンします。まず、顔見世です。

江戸時代の芝居小屋が抱えている役者はだいたい決まっているのですが、そこへ江戸から役者が上ってきたり（※14）、新しい子役が出たりする。そうすると、お客さんが、今年の新しい顔見世は何人やったとか、今年の新しい面《つら》見世（※15）は何人やろ、といったところから、顔見世という言葉が始まったのです。

それをうまく利用して興行しようとしたのが、大坂の名代です。毎年、1年契約で役者を替えていこうと、その披露の興行が顔見世だったのです。今年は、こういうメンバーで芝居を1年間、やり続けますという、その最初の月の興行が顔見世興行というわけです。特に京都の場合は、普段の芝居はあまり入らないけど、顔見世になるとよく入り、大坂は逆だ、というようなことが、昔から言われたりしました。

まず新しい役者がくると、口上《こうじょう》といって、舞台から客席に向かって、私はこういう者でございますというごあいさつがあります。

特に子役なんかにあいさつをさせる。こんなエピソードがあります。スズメという芸名が付いた親の子でしょうね、「私をスズメの子とおぼしめしまして、1匹、2匹、3匹、4匹、5匹（ごひいき）に願います」、なんてことを親が子に一生懸命教える。子どもも必死になって覚えて、初日から3日間、あるいは4日間、口上があるのですが、「私をスズメの子とおぼしめしまして、1匹、2匹、3匹、4匹、5匹…」止まらなくなってしまって、泣きだしたというような話が昔の本に載っております。そういう口上があったりします。

それともう一つは、手打連中《てうちれんじゅう》というのがありました。これは関西にだけです。大阪に笹瀬、藤石など四つの連中、グループですね。京都に大笹、笹木などの3連中がありました。連中というのは歌舞伎の応援団です。歌舞伎をバックアップするグループ。一人の役者ではなく、歌舞伎を応援する。連中に入るのは非常に難しくて、まずお金がないとだめ。そして芝居を愛せないとだめ。親、兄弟よりも連中のほうが大事やと思っているようなグループです。

顔見世になりますと、その連中が黒い紋付きを着て、「おでこ頭巾」という頭巾をかぶって、前に自分の入っているグループの紋を染め抜きまして、黒檀の拍子木を持ってチャカチャカ鳴らしながら出てくる。何をするかというと、顔見世の口上の時に登場して、役者をほめたり、あるいは進物の目録を渡して、ほめ言葉を言ったりします。桜づくしとか、貝づくしとか、シャレを効かせたほめ言葉を言って、手拍子を打って引っ込む。そういうグループがあったのです。

非常に盛んで、おまけにお金持ちで力のある団体ですから、劇場にも圧力をかけてきて、今年はこんな演目をやってもらいたいとか、あの役はこっちの役者にやらしてくれとか、そんなところまで口を出すようなちょっと煙たい存在でもありましたが、そういう連中が芝居を盛り上げていました。江戸時代ずっと続いていましたが、明治になると、プロの役者と素人が同じ舞台に上るのを禁止するという法令ができました。その連中が上がれなくなって、途絶えてしまうのです。

その後、これを懐かしむ人たちがいて、役者に連中の格好をさせて手打をやるということが何回かありました。もちろんプロの役者ですから、素人の旦那衆がやるのと違って、意味合いが変わってきますけど、そういう趣向をみせたことがありました。三番叟《さんばそう》とか、演奏に合わせて手打をするのが顔見世の風物詩の一つでした。今では歌舞伎の中ではしなくなったのですが、実は京都に残っているのです。

祇園町に「手打」というのがあります。祇園の芸妓衆がお祝いの席、パーティーとか、いろんなところで、黒の裾を引いて、黒檀の拍子木を持って登場します。手打連中の風習が祇園町伝わって、残っております。

[注釈]

(※1)踊念仏ともいう。鉦や鼓などを打ち鳴らし、念仏や和讃を唱えながら踊り歩く。平安時代に空也上人が始め、鎌倉時代に一遍上人によって広められた。中世以降、各地の民俗舞踊と合体して芸能化したとされる。

(※2)鎌倉時代に起こり、室町時代に発達した金融機関。土蔵に質物を納め、その質草に相当する金額を高利で貸与した。富裕な酒屋の兼業も多く、土倉・酒屋と併称された。徳政一揆の襲撃対象になる一方で、町衆の中心として都市自治の中核となった。

(※3)上町台地あたりの地名で、古くは難波＝浪速《なにわ》と呼ばれ、中世に小坂、のちに大坂となる。石山本願寺の跡地に大阪城が築かれて発展、江戸時代には天下の台所といわれた。明治になり、大阪と改められた。

(※4)歌と踊りに寸劇などを組み合わせ、多彩な演出と豪華な装置を伴うショーを演じる歌舞団のこと。レビューはフランスで起こり、19世紀末から20世紀にかけ各国で流行。日本では昭和の初めに少女歌劇団が演じ、発展した。

(※5)若衆歌舞伎の禁止後、歌舞伎再興の条件となったのが、役者の前髪を切ること(野郎歌舞伎)と物真似狂言尽を演じることだった。

「物真似」は写実的な演技をさすとされ、立役、敵役などの役柄が成立するなど演劇的に大きく進歩した。

（※6）江戸幕府初代の京都所司代で、慶長6（1601）年から20年まで務め、理にかなった裁きで名奉行と呼ばれた。北野、四条河原、五条河原などにあった芝居小屋を四条河原に集め、七つの芝居小屋が櫓（座）をあげることを許可した。

（※7）京では座本と芝居小屋の持ち主が別々で、座本が1年契約で小屋を借りていたので、○○座という名前は座本が持っていた。南座も、幕末には南側の芝居と呼ばれた、南座という名称は明治中期以降になってから。

（※8）木で組んだ櫓の中に熱源を入れ、布団をかけて暖をとるもの。いろりをルーツとする掘りごたつと、火鉢から発達した置きごたつがある。今日では電気ごたつが多い。

（※9）元禄時代を代表する上方歌舞伎の名優で、江戸の初代市川団十郎と並び称された。世話物を得意とし、和事の演出を創始。現在の4代目藤十郎は、3代目中村鴈治郎が2005年、231年ぶりにその名を襲名した。

（※10）官許7座のうち、1座が廃絶し6櫓となる。その後、大火で焼失、再建を繰り返し、江戸中期には、南側の「南の芝居」と、北側の「東の芝居」と「西の芝居」の3座となる。西の芝居は寛政6（1794）年の大火後は再建されなかった。

（※11）四条河原の7座が官許された後、京では新地開発が多くなされ、寛文12（1672）年に祇園町、延宝2（1674）年に東河原新屋敷、先斗町などの新地が開発された。藤十郎はそのあたりに住んでいたのだろうか。

（※12）夕霧と藤屋伊左衛門の情話を扱った歌舞伎「夕霧名残の正月」の主役である伊左衛門が大評判となり、藤十郎は生涯にわたって演じ続けた。近松門左衛門の作品に多く主演して人気を集めた。

（※13）君主の寵愛を受けて、城を傾けるほどの美女のこと、転じて遊女の称となった。特に太夫をさす。

（※14）政治の中心は将軍のいる江戸だが、首都は京都だったので京都に行くことは「京都に上がる」、江戸に行くことは「江戸へ下る」といった。東西の歌舞伎交流が盛んになり、上方の演出、役者が江戸に下るようになり、江戸の役者も京都に上るようになった。

（※15）江戸時代、興行主と役者は11月から翌年10月までの1年契約だったので、11月初めに新年度の役者のお披露目をした。面見世、顔見世と呼ばれ、新しい座組、座頭を観客に見せる大事な興行だった。

藤田　孝　氏

南座支配人

平成5年松竹株式会社入社。26年より南座支配人を務める。現在、大規模改修工事中の南座の本年9月竣工、11月新開場に向けた準備業務を進めている。

松竹㈱関西演劇室の水口一夫先生から、およそ400年ほど前からの南座について、まるでその時代を生きておられたかのように、生き生きと具体的に語っていただきましたが、ここからは明治以降の南座やまわりの街の様子などにつきまして、お話させていただきます。

明治時代の南座は、西に四条大橋と東に東山が広がり、江戸時代の四条大橋は木造でしたが、明治6年の大雨で橋が流されてしまい、翌年に洋風のラチスガーダー橋という鉄橋に架け替えられました。

当時の絵はがきでは、四条大橋の西詰めから見た南座と東山と突き当たりの八坂神社さんが描かれています。

四条大橋西詰から見た明治時代の南座

　四条通に面した南座の正面玄関の破風《はふ》の上にある公許《こうきょ》の証である櫓《やぐら》には、三方に幕を張り、梵天《ぼんてん》が置かれています。梵天は「八百万《やおよろず》の神を招く」というもので半紙大の和紙800枚をより合わせて作られています。

隣には今もある「祇園饅頭」さんが、にしんそばの「松葉」さんが角にあります。南座は、まだ木造2階建ての和風建築で正面にはいろんなのぼりが出ていて、にぎわいを感じさせていました。

　大正時代になると、市電（当時は京電）と京阪電車が走っています。南座の向かいには、「レストラン菊水」さんがあり、周りには他に高い建物がなく、菊水さんと南座が非常に目立っていたと思われます。

　昭和4（1929）年に新築開場した南座は、施行期間330日で完成しました。南座の吉例顔見世興行は、年中行事でもありますので、当時、この昭和の南座を建築する際には、昭和3年の顔見世興行を12月にきちんとやってから、約11カ月で竣工しました。鉄骨鉄筋コンクリート造り、地上4階、地下1階の現在の南座を昼夜兼行で1年かけずに建築したそうです。今では、ちょっと考えられないようなスピードです。

　昭和4年に南座を建てた時の上棟式の際には、職人さん、大工さんたちが市内を行列しました。またこの年、全歌舞伎俳優が松竹の所属になっています。

　昭和初期から中期にかけての南座界隈の雰囲気は、

大正時代の風景。奥から南座、祇園饅頭、松葉

南座の向かいにはレストラン菊水

昭和４年に新築開場した南座

昭和４年の上棟式の際の職人・大工の行列

大原女《おはらめ》が頭に籠を載せて四条通を歩いており、南座の正面には大きな看板がにぎにぎしく出ています。入り口のほうには積み樽があって、芝居のにぎわい、街のにぎわいから、往年の雰囲気が伝わってきます。

ちなみに、昭和４年に新築開場した南座の吉例顔見世興行のプログラムには、建物内部のロビーや、当時の売店、食堂のメニューが書いてあります。

昭和４年当時の客席図面によると、この時から１階平場の席、２階、３階とも、いす席になりました。１階・２階の西側と東側と二階の正面の一部だけが畳の桟敷席として以前の雰囲気を残していますが、他はほぼいす席に変わり、かなり近代化されたというように記録に残っています。

吉例顔見世興行は、みなさんご存じのように例年11月末頃に初日を迎えます。11月初旬に「まねき看板」に俳優の名前を書き始めますが、ほぼ同じ時期に千枚漬けを漬け始めるのといっしょに、季節の風物詩として全国ニュースに取り上げていただくことが多いです。そして公演初日直前に「まねき看板」が南座に掲げられると、京都に師走がくるということで、「京の年中行事」の掉尾を飾る顔見世が賑々しく開幕致します。

昭和の時代の南座内部のしつらえは昭和レトロの雰囲気を持ち、玄関を入ったところの客席へのドアは手入れが行き届き、磨きあげられており、すてきな内装です。思い出がある方もいらっしゃるのではないでしょうか。

昭和の南座をいろんな方が絵にしてくださっていて、上村松篁先生が平成元年にお描きになった「顔見世」、樋口富麻呂先生が昭和46年に描かれた「南座顔見世」という絵があります。

レトロな雰囲気を持つ昭和時代のエントランス

平成3年11月、平成の南座として新装開場しました。この時の工事は1年強かけて老朽化した設備や内装をすべてリニューアルし、平成の新しい時代を迎えました。照明やステージなどもコンピューター制御に変更し、歌舞伎をはじめとする伝統的な演目からミュージカル、コンサートなど幅広い演目を上演できる劇場へ生まれ変わったというのがこの当時の「売り」で、平成の二十数年間、南座は様々なジャンルの興行でにぎわいました。

平成時代のつい先日までの南座の劇空間は、古来の芝居小屋の情緒を伝える舞台上部の唐破風や桟敷席の欄干《らんかん》・擬宝珠《ぎぼし》など、日本の伝統的な建築様式をもつ特徴的な空間です。非常にきらびやかで、独特で、華やかな空間で、日本中探してもこれだけ立派な劇空間というのはないのではないかといわれています。

平成3年の新開場のときにしつらえた調度には、松と竹をモチーフにしたものがあります。私どもの会社は松竹（※1）ですので、そういったデザインも入っております。

その後、東山を借景として京都の歴史的景観に溶け込んだ南座は、平成8年12月に国の登録有形文化財に、また平成11年8月には京都市の歴史的意匠建造物にも指定されまして、文化的な価値がある近代建築と認められています。

松と竹がモチーフ

それでは本年11月にいよいよ新開場いたします南座についてお話しいたします。大屋根の瓦はすべて軽量瓦に葺き替え、約3万枚の三州瓦《さんしゅうがわら》を使っています。大量の瓦の軽量化は耐震補強に効果的であるということと、葺き替えにあたっては色や形について再検証し、従来以上に美しい稜線を描くよう葺き替えを行いました。また瓦の下の破風等の飾り金具の修復を行いました。

耐震補強工事がどういったものかと申しますと、建物の構造強度を詳細に計測した上で、建物各所の状

新開場した南座の劇空間

況に応じた最適な工法を選択し、全域の強度を法定基準値以上に向上させる設計でございます。その為に用いた鉄骨工法の代表的なものは、地下エリア等へのブレースの新設や大屋根を支える細い鉄骨類の増設、床面スラブを支える為の梁の増設など、各所に及びます。そして、壁や柱など鉄筋コンクリートによって強度を確保している箇所については、内部の鉄筋の酸化防止やコンクリートの中性化防止を行うと共に、客席空間とロビー空間を隔てる桟敷席横のコンクリート壁を一旦解体撤去し、分厚いコンクリート製の新しい「耐震壁」を設けるなど、地下から1階、2階にかけての耐震強度を高めるための大がかりなコンクリート工事を行いました。これらにより一般のビル建築とは異なる南座の劇空間に制約を加えることなく耐震性能の向上を実現いたしました。

工事にあたりましては「南座」の特徴である「桃山風破風造りの外観」(※2)と、古来からの日本の建築様式の伝統を受け継いだ内装により優雅な雰囲気の中で舞台を鑑賞していただける「華麗で典雅な内部空間」を保存、再生するということを重要なコンセプトと致しました。そのため、3D点群データの採取やBIMという建築設計の最新技術を駆使して、「南座らしさの保存活用」を図りました。また、客席では、舞台上部の唐破風や、客席大天井の折り上げ格天井、桟敷席の欄干・擬宝珠など古来の芝居小屋の情趣を伝える構造物を残すことができました。そして昭和初期に制作され南座の各所に設置されてきたレトロな照明器具については、保存再生したうえで、管球をすべてLED化するなど、従来の魅力を今後に残していくことを基本としています。

また、今まではなかったお客様用のエレベーターを、耐震補強工事と同時に新設し、新設計したいす席に更新したほか、化粧室の設備も全面更新するなど、バリアフリー対応の向上や観劇時の利便性など、より快適な劇場をめざしております。

1階客席全体を舞台と同じ高さのフラットな床にして、これを生かして舞台と客席を一体化するような新しいスタイルのエンターテイメントも開催する予定です。

新しい南座のコンセプトは、基本的に南座の魅力を最大限に活かし、皆さまに慣れ親しんでいただいた南座が、またきれいな姿で、そして安全性も向上させ、さらに新たな魅力も融合することができる劇場に生まれ変わるイメージです。

また平成28年1月以降、お休みをいただきまして、およそ2年9カ月ぶりに開場するのを受けて、興行内容につきましても、開場後の約1年間は、伝統的な公演から新しい形の公演まで幅広くとりそろえるなど、お休みをいただいた分、お客さまに多数お越しいただけるよう多彩な公演（※3）をご用意、準備しているところです。

南座の起源ははっきりと文献に残っていませんが、慶長年間にはすでに同じ場所に芝居小屋や存在していたようです。その後、元和3年頃、時の京都所司代、板倉勝重が7つの櫓を公許した、と言われていますので、その年を「南座発祥」とすると、1617年ですので、400年を超える歴史がある劇場、と言えます。その南座が新しいスタートを切るにあたりまして、長年、京都で皆さまに愛され、皆さまに育てていただいた南座、皆さまの南座が新しい時代の南座になっていくよう、作り手、そしてご覧いただくお客様、私ども運営するスタッフが一丸となって努めてまいります。

そして、400年の歴史を踏まえた南座が、この先50年、100年、そしてその先も、日本最古の歴史を持つ劇場、日本文化の中心都市であります京都の四条河原で、これからも劇場として発展し続けるよう願っております。

最後に水口先生から一言お願いいたします。

私は京都・祇園に生まれまして、子どものころから南座に入り浸りの生活を送ってまいりました。戦後、祇園町の歌舞練場が進駐軍に接収されており、昭和25年から南座で都をどりが3年連続して行われたことがありました。私の姉が舞妓で南座の舞台に出ておりました。しょっちゅう、遊びに行っていた関係で、それからも南座前の絵看板を見ておりますと、劇場のお姉さんが「入って見い」と言って、入れてくれました。毎日見に行き、親が迎えにくるというような日々でした。

私にとって南座は、まるで母親のような存在であって、現在の私は南座につくっていただいたと思っております。大事で、大好きな南座がこれからも、京都のため、あるいは日本の文化のため、すばらしい舞台を多く生み出していくことを願ってやみません。

追記　南座がリニューアルされたことを記念して、2018年10月27日、「南座発祥400年　南座新開場祇園お練り」と題して、歌舞伎俳優69人によるお練りが、南座〜八坂神社間で行われました。歌舞伎史上最大規模のお練りは大変なにぎわいで、全国的にも注目を集めました。

［注釈］

（※1）昭和10年に洪水で流失。17年に現在の鋼板桁橋に架け替えられ、40年に高欄部分が新設された。川の中に2つの橋脚を持ち、東行きは3車線、西行きは2車線の車道がある。平安末期に勧進により架けられた、との記録が八坂神社に残る。

（※2）松竹株式会社の前身である、白井松次郎、大谷竹次郎兄弟の松竹合名会社が、南座を買収し、明治39年から経営に当たる。大正9年、松竹キネマ合名会社を設立。昭和12年、松竹興行を吸収合併し、松竹株式会社と改称する。

（※3）松本白鸚、松本幸四郎、市川染五郎の高麗屋三代の襲名披露で幕開け。東西合同歌舞伎の吉例顔見世のほか、坂東玉三郎特別公演、都をどり、新作歌舞伎「NARUTO - ナルト - 」などが予定されている。

田中　安比呂　氏

第二〇四代賀茂別雷神社（上賀茂神社）宮司

平成27年賀茂別雷神社第42回の式年遷宮を奉仕。京都古文化保存協会理事長、全国賀茂社連合理事長、葵祭行列協賛会理事なども歴任し、文化財の保存等にも努めている。

賀茂《かも》別雷《わけいかづち》神社（通称・上賀茂神社）（※1）のこと、京都文化のことをお話ししたいと思います。どうかよろしくお願い致します。

京都というところは文化のるつぼといいますか、千年の間、都があっただけに大変、古くからの文化、伝統文化が続いているところであります。

当神社は京都の中でも最も古い神社の1つでありまして、平成6年に世界文化遺産に登録されました神社でございます。

平成28年5月には世界の主要国首脳が集うサミットが三重県伊勢で行われました。安倍総理は世界の首脳の方々を伊勢の神宮に案内し参拝されました。伊勢の神宮はわが国民の「心の故郷」と言われており、ま

賀茂別雷神社の楼門

さに古くから続く神社です。

　ここに世界の首脳がお見えになり参拝されました。安倍首相夫人は各国の首脳夫人とともに参拝し、神楽の奉納をご覧になられ日本の文化にふれていただきました。

　同神宮は平成25年に第62回目の式年遷宮を行いました。その遷宮によりまして同年1年間に１２００万人の参拝者にお越しいただき、昨年も８８０万人の方々がご参拝されました。世界にはいろいろな宗教がありますが、その建物などを見ますと非常に立派なものです。キリスト教では立派な教会があります。それだけに年間1千万人が参拝する神道《しんとう》の建物はどんなに立派かと思われるころでしょう。でも伊勢神宮をはじめとする神社は小さな建物です。世界の首脳からすれば、自身が住んでいる家よりももっともっと小さな御殿なのです。伊勢神宮は白木による全く色彩のない素朴な建物に神様をお祀りしています。日本の独特の文化です。世界の首脳の方々は日本の文化についてより深いご理解を得られたのではないかと思います。

当神社は先ほども申しましたが、京都で最も古い神社の1つと言われております。わが国で現存する最も古い歴史書に『古事記』というものがあります。『古事記』は第43代の元明天皇、奈良に都を定めれた女性の天皇の時代にできました。稗田阿礼《ひえだのあれ》が日本の歴史、天地《あめつち》のひらけし時、つまり宇宙がどろどろしていた時から始まるのですが、その日本の歴史を暗記している阿礼に事故があったならどうなるのかと思われ、これを残しておこうと、太朝臣安万呂《おおのあそんやすまろ》を呼んで書き写して出来たのが『古事記』で、西暦712年、和銅5年に完成しました。その8年後の720年、養老4年に『日本書紀』が出来上がりました。

この『古事記』の中にこういう文章があります。初代天皇、神武天皇《じんむてんのう》ですが、宮崎県の日向から東征され今の和歌山県の熊野に上陸され、道に迷われた時に、大きな3本足の烏が出てきて、道案内をします。八咫《やた》烏《がらす》といわれています。

先日にサッカーのワールドカップが行われましたが、日本の選手のユニフォームに、この八咫烏のワッペンがつけられていました。

「やた」は長さの単位でした。8という字はたくさんとか大きいと言う意味があります。日本には八百万《やおよろず》の神がいらっしゃるといわれます。たくさんの物を売っているから八百屋さんといいますでしょう。

八咫烏をモチーフにしたおみくじ

その後、書かれました『新撰姓氏録《しんせんしょうじろく》』や『山城《やましろの》国風土記《くにふどき》』ができた時、京都は山城国と言われていました。播磨や薩摩の国と言われるように、風土記は国単位で綴られています。それぞれの国に昔から言われている物語や神話、決まり事があるのですが、それを書き残したのが風土記です。

そこに八咫烏は賀茂建角身命《かもたけつぬみのみこと》であると書かれています。この賀茂建角身命と丹波伊可夜比売命《たにはいかこやみめのみこと》が一緒になってこの京都の地にお住まいになりました。その地を賀茂の地といわれたのです。

それがいつ頃のことかと言いますと、『日本書紀』のなかにこのように書かれています。神武天皇が今の奈良県の橿原神宮のあたりで即位されたのですが、今年（２０１８年）は戊年でございますが、神武天皇御即位を元年とする皇紀で言いますと、今年は２６７８年ということになります。

その年のお正月の元旦に即位されたわけです。これを現代の暦にしますと2月11日になります。これが日本が生まれた日として、今日、建国記念日と言われているのです。その神武天皇になられる前に案内したのが賀茂建角身命でありまして、その孫を祀っているのが賀茂別雷神社なのです。

この賀茂建角身命と丹波伊可夜比売命が一緒になって玉依比古命《たまよりひこのみこと》という男の子と玉依比売命《たまよりひめのみこと》という女の子をもうけました。ある日のこと天から赤い矢が放たれました。風土記にこのように書かれております。

この赤い矢が賀茂川を流れてきた時に、川辺で玉依比売命が身を清めていました。不思議に思って拾い上げその矢を家に持ち帰って枕辺に置いて寝たところ子どもが生まれたのです。

赤い矢を拾い上げる玉依比売命

お父さんは娘に子どもが出来たと言うことを聞き、娘に相手はどこの誰かと聞いたそうです。そうすると、娘は相手は分からない、赤い矢を持ち帰ったら出来たと言います。月日が満ちて男の子が生まれました。お父さんは跡取りができたと大変喜んで大きな屋敷を作って全国にいる神様を集めて大宴会をしました。

孫に向かっておじいさんはこう言ったのです。「全国の神様がいる。お前のお父さんがこの中にいるはずだ。お前のお父さんだと思う神様にお酒を一杯ご馳走しろ。そうしたならお前のお父さんと認めてあげよう」と。

そうすると、この孫は手に持っていた盃をいきなり天井に投げつけて「わが父は天《あま》つ神なり」と言って天井にぼーんと飛び上がって行きました。そして天井を突き破って屋根から空に向かって飛び立って行ったのです。

大きな雷がどんと落ちてくるなか、大きな雷を別け入るように天に上っていったので、そこにいた多くの神様は「何と力の強い子なのだ、雷を別け入るような子だ」として賀茂別雷神という名前を頂いたと言う

七日七晩の宴

ことです。

大切にしていた子どもが、大事にしていた孫が空に昇っていなくなったとおじいさん、おかあさんは大変嘆き悲しみます。戻ってほしいと毎日お祈りしていたそうです。

そうするとある晩、「私に会いたいと言うなら、きれいにして榊を立てて馬を走らせて葵と桂の木をたくさん飾ってお祀りすれば降りて行きますよ」というご神託があったそうです。そこで言われた通りにすると、この神が天から降りて来たのが神話として残っているのです。


この降りて来たというところが当神社の北の方にあります神の山、神山《こうやま》です。京都産業大学のすぐそばにあります。円錐形の山です。山の上にはとても大きな岩があります。

この岩の上に天から降りて来たということが『山城国風土記』に書かれているのです。わが国では神様は大きな岩とか千年杉といわれる木に宿るということが神社の成り立ちだろうと思われます。

神山に降り立つ別雷神

したがって神山でお祀りをしたのが当神社の始まりだと思います。その後に御殿をつくりますが、当神社は神様の名前をそのままつけております。通称上賀茂神社と申します。下鴨神社はお母さんの玉依比売命とそのお父さんの賀茂建角身命をご祭神としています。下鴨神社の正式名称は賀茂御祖《みおや》神社と言います。

ですから賀茂社は下鴨、上賀茂一体です。本来、ひとつなのです。そういう意味におきまして昔の人は、賀茂社は両社のことを言いますので、混同を避けるため上の方にあるから上賀茂神社、下の方にあるから下鴨神社と称しました。それは平安時代に成り立ったと言われています。

神話のお話を続けて参りました。それに伴って行われますいろいろな神事があります。まず9月9日は重陽の節句です。奇数と言うのが陽であり、偶数が陰であるという陰陽の思想があります。陽で一番大きい数字は9です。それが重なることで重陽と申します。この日には当神社では烏相撲《からすずもう》が行われます。

烏は地面をぴょんぴょん飛びます。立砂の前で相

烏相撲

撲に先立ち勝利を予め祝う神事があります。ご神前で相撲を取るのは小学生です。それと禊《みそぎ》というのがございます。玉依比売命が賀茂川で水遊びをされ身を清められていた時に、赤い矢が流れて来たと言うのが当神社の成り立ちと先に申しましたが、5月15日、賀茂祭、通称葵祭《あおいまつり》が行われます。

斎王代さんが当神社と下鴨神社と隔年で5月4日に身を清められる、禊の儀が行われます。これも神話にちなんだ行事として昔から行われていました。

源氏物語の中でも斎王さんが身を清めると言う話が出て来ます。そして毎年6月30日には禊（みそぎ）の行事として「大祓《おおはらえ》」というのがあります。これを伝えましたのが『小倉百人一首』に収められる藤原家隆が詠んだ和歌でありまして「風そよぐ　ならの小川の夕暮は　みそぎぞ夏の　しるしなりける」というもので、当神社境内に流れていいます御手洗川《みたらしがわ》という川は下に行きますと、ならの小川となりまして、この小川において身を清める行事がございます。

父親探しをしたということですが、また賀茂祭、5月15日にはたくさんの食物等を御殿にお供えします。

葵祭の斎王代

内陣に23品、外陣に65品と高坏《たかつき》に8品、このほかに庭上にも唐櫃に収めてお供えします。これは120品です。全部で216ものお供えを致すわけです。父親探しに全国の神様を集めて御馳走したと言う神話にちなんだものです。

賀茂祭の時には全国の神様に集まっていただいて、一緒になってご馳走を食べていただきたいということです。たくさんのお供えをして神様をおなぐさめするというのが葵祭の特色だろうと思います。

5月15日にお供えする食物

神様が降臨された時に葵の草を飾れということでございます。葵はハート型の小さな葉っぱの草です。平安時代には「あふひ」と書いたそうです。この「ひ」にはいろいろなことを重ねることができます。お日様、燃える火もそうです。

「ひ」には神様の御霊という意味もあります。つまり、この草を飾ることによって、神様にお会いすることができる、人と人との出会いをつないでくれるという信仰があります。

この草はひとつの芽から必ず葉が2枚出て来ます。二葉葵と申します。1つが2つになる、これが縁起がよいとされました。

葵と言いますと、徳川家康が思い出されます。葵の家紋が有名です。徳川家は三河国、今の愛知県の出身です。愛知県にあります賀茂神社に対して強いご崇敬の念をお持ちでした。

葵は賀茂社の神の紋、神紋になっていますので、葉を3つくっつけた三葉葵を考え出したという風に言われています。

二葉葵

この葵がどうして信仰を集めるのかと言いますと、春になると葵は小さな葉を出すのですが、同時に小さな花を葉の下につけるのです。普通、植物の花は葉の上に来て、花を主張し種を残し子孫を残そうとするのですが、葵はそうではありません。小さく可愛く咲くのが葵の特色だと思います。すごく日本的な楚々とした花なのでなお一層多くの方々の信仰の対象になるのではないかと思います。

当神社では毎年5月5日に賀茂競馬《くらべうま》を行います。これは900年以上前の寛治7年（1093年）より行われています。いわゆる我が国の競馬発祥の地と言われております。馬が走ると言うことを大変大切にしていたのです。

昔は神山でお祭りをしていたという歴史があります。今は御殿に神様をお祀りしています。その御殿の前で立砂という円錐形の砂山を2つ作ります。これは神山をかたどったもので、神の依り代として作られています。

山は神山で1つの山なのに、立砂は2つあります。何故2つあるかと言いますと、これも陰と陽を表しているのです。向かって右には三葉の松を植えます。左には普通の松を植えています。偶数と奇数、2つを揃えて1つだということになります。

賀茂競馬

細殿の前にある立砂

賀茂祭が始まったのは6世紀半ば欽明天皇の時代とされています。奉仕する男性の方は必ず葵を冠につけます。女性は胸につけます。賀茂祭の独特なことは、宮司が勅使さまに向かって祝詞《のりと》を奏上する事です。勅使さまは、国の繁栄と幸せを天皇に代わって祈ります。

宮司はそのお祝いの御祭文《さいもん》、いわゆる祝詞を御殿にお供えし戻って来て、「雷の神さまは確かに天皇の祝詞をお聞きになった」ということを申し上げるのです。そして宮司が勅使に向かって1回拍手します。そうすると勅使さまは拍手を1回返します。引き続いて宮司がもう1回拍手します。勅使さまが拍手を返します。こうして拍手を取り交わします。そして宮司は葵の草を勅使さまにお渡しをし、お供えが終わったことを報告するのです。これが賀茂祭の特色であろうかと思います。大きな意味のある儀式であります。

毎日のように雨が降って天気が定まらない。せっかく植えた作物の実がならい。国民の間に病気が流行ってしまう。欽明天皇が卜部《うらべ》伊吉若日子《いきわかひこ》に占いをさせたところ、祭りをちゃんとしていないからだという結果が出て、名代を立ててこの祭りをしたのが始まりと言われます。

　そして当神社の最も特色があるのが、斎王代という女性がご奉仕する点です。この始まりは実は平安時代、嵯峨天皇の皇女、有智子《うちこ》内親王さまが斎王としてお務めいただいてから、４００年間にわたって天皇の皇女さまが35代務めて来られた歴史があります。

　残念ながら鎌倉時代にその制度がなくなってしまいました。それで昭和31年（１９５６年）に賀茂祭の「行列」が復興されました時に斎王に代わりと言うことで斎王代がご奉仕されるようになったのです。

　京都で生まれ育ったお嬢さんが選ばれて行うようになりました。今年は昭和31年から数えて第63代目の斎王代となります。斎王代に付く約50人の女性が平安時代の衣装でご奉仕します。

　話は前後しますが、後白河天皇の第三皇女の式子《しょくし》内親王さまに斎王として7歳から17歳まで十年間、お務めいただいたのですが、大変和歌の上手な方でした。その和歌が『小倉百人一首』に収められています。みなさま、ご承知と思いますが、「玉の緒よ　絶えなば絶えね　ながらへば　忍ぶることの　弱りもぞする」という和歌を残されています。

　また『新古今和歌集』には「斎院にて侍《はべ》りける時神館にて」と記して「わすれめや　あふひを草に　ひきむすび　かりねののべの　露のあけぼの」と詠まれています。昔は神館《こうだて》というものがありまして、斎王さまはそこに一晩お泊りになるというのが決まりでした。斎王さまが神様とご一緒になって帰って来られる、一晩お泊りになると言うのは大変思い出深いことになると思われます。

「斎《いつき》のむかしを思ひ出でて」と記して「ほととぎす　そのかみ山の　旅枕　ほのかたらひし　空ぞわすれぬ」と詠まれています。やはり大変に強い印象を持たれたのではないかと思います。

　紫式部は斎王さまではなかったのですけど、この賀茂祭のことに大変興味をもっておられ、『源氏物語』にも賀茂祭のことがたくさん書かれています。境内に片岡の社（片山御子神社）というのがあります。別雷神のお母さん玉依比売命を祀っています。ここに紫式部さんはたびたび参拝されたようです。
和歌も詠んでいます。「賀茂にまうでて侍りけるに、人の、ほととぎす鳴かむと申しけるあけぼの、片岡の梢おかしく見え侍りければ」と記して「ほととぎす声まつほどは　片岡の　もりのしづくに　立ちやぬれまし」と。この和歌も『新古今和歌集』に収められています。

ほととぎすは夏に来る鳥なんですが、先ほども申しましたが、玉依比売命さまが賀茂川で身を清められていた時に流れてきた赤い矢を持って帰って賀茂別雷命をもうけたことにちなんで、「ここで待っていれば素晴らしい人が来るのではないか、来るまで待っていましょう」という、いつの時代でもお嬢さんが大切な人との出会いを夢見る思いがあります。そういう願いが込められた歌と言えるのではないでしょうか。

京都の文化、神社の文化と言いますと、すべての神社ということではないのですが、当神社には式年遷宮という制度があります。式年とは決められた年ということです。当神社で御殿を作りましたのは、第40代天武天皇の時代でした。白鳳6年、西暦678年、社殿を作りお祀《まつ》りをしました。それまでは神山でお祀りをしていたということです。

ですが、山の上でお祀りをするのは大変なことです。そこで御殿を作ったのがさきほど申しました西暦678年のことでした。その後、長元9年、西暦1036年の遷宮の時に第60代の後一条天皇が21年ごとの式年遷宮の制度を定められました。

式年遷宮は伊勢の神宮が最も有名です。第62回目の式年遷宮は5年前の平成25年（2013年）に行われました。伊勢の神宮が20年ごとの遷宮なので、当神社は1年ずらして遷宮を行うようにというお達しをいただいたのです。

この遷宮とはすべての御殿を新しくすることになります。国宝・重要文化財になっております御殿ですが、本殿に加えて権殿《ごんでん》（常設の仮殿）という全国にも例にない、ひと柱の神様に御殿が2つあるという形を取っています。

この御殿は古くからの形が今日まで続いているということなんです。この大きな特色は同じものを作り

本殿（右）と権殿

直したということです。ご承知のように神社の外ですけども、賀茂川が流れています。そして東には高野川が流れています。そして中州ができます。そこに下鴨神社があります。何故川の中に神社があるかと申しますと、豪雨の時に自然の水で清められると言いうことです。当神社境内に御手洗川やならの小川などがあって明神川に注ぎますが、御手洗川の中州に神社がございます。

こういう配置になりますと、二度も境内を流れる川で清められて御殿に行くことになります。何か事があった時、そういうことは水に流そうと言います。水にはすべてを清める力があるのです。

第1回の遷宮と言うのは桓武天皇の時代の西暦784年に行われています。それ以来、続けられてきて今回平成27年が第42回目の遷宮になります。さきほど申しましたように当神社には本殿と権殿という2つの建物があります。

この遷宮の時には本来はまず権殿を解体しまして、同じ形の建物を作り、本殿に住まわれていま（おられま）す神様をそこにお移りいただいて、本殿を作り直すことになります。これが本来の遷宮です。こういう形にすることで建築技術などの伝承につながっていくと言われています。14、5歳で見習いとして入った人が親方から技術を学んで20年後には立派な宮大工さんとなるのです。そしてまた次の子どもに教えるのです。次の遷宮まで元気でいらっしゃる方は棟梁として携わられるのです。

神社仏閣等を専門に建てる大工を宮大工と言います。湿度が高く、気温の変化が激しい京都で社寺を建てる宮大工は大変な苦労を積み重ねて来られました。木材の切りだしから加工まで手掛け、釘を使わない「木組み」という技法で建てます。熟練の技術が必要なため、少なくとも10年以上の修業が必要だと言われています。また、木造建築に欠かせない錺《かざり》金具を作る錺師の存在も貴重です。錺金物の鋳造《ちゅうぞう》や鍛造《たんぞう》、彫金《ちょうきん》などの金属加工や細工を施す仕事で、釘隠しや襖の引手、屏風金物などに使われています。繊細で美しい錺金物はその建物の品格まで表現しています。祇園祭の山鉾などにも使われています。ご存知のように京都の職人さんの素晴らしい匠の技、技術の賜物です。

よく言われるように西洋は石の文化です。あのピラミッドなど４０００年、５０００年のものとされ、石の文化はずっとつながっています。日本は木と紙の文化と言われています。１３００年前に建てた法隆寺は修復を重ねて、未だにしっかりと立っています。木造建築と言えども、１０００年、１５００年は十分にもつのでございます。

その建物を４０００年、５０００年、ずっと同じ形で続けて行く時にどうしたらいいのか。先人の方が考えられた時に、同じものを建て替えること、作り直すことによって最初の形を永遠につないでいくことができるのです。これが日本人の基本的な考えであろうかと思います。

本殿御扉の両側に「影狛《かげこま》」という絵があります。１５０年前に建て替えた時のものですが、江戸時代に狩野派の絵師が描いたものを今日までそのままに伝えております。そして今回の式年遷宮については、本殿は国宝に指定されていますし、その周りは重要文化財となっています。今、それは建て替えることはできませんから、檜皮《ひわだ》屋根他の修復をもって遷宮を行っています。

今回はすべての建物の屋根の葺き替えを行っております。檜《ひのき》の皮を剥ぐにあたって、檜の皮を剥ぐ技術を持った方に木に登ってもらって剥いてもらいます。これは大変な作業です。その前に、檜皮は一度剥いてから10年後に再生した「黒皮」を使います。これが油分を含んだ良い皮なのです。

わずか2本のロープだけで梯子《はしご》も使わずにどんどん登っていって皮をきれいに剥いで行くのが「原皮師《もとかわし》」の仕事です。皮をはがされて檜は大丈夫かと思われるでしょうが、表だけを剥きますので十年たてば新しい皮が出来て元に戻ります。剥いた皮を鉈《なた》で切ります。専門家は同じような形でぱんぱんぱんと切っていきますが、これも大変な技術だろうと思います。

そして屋根の今までの古い檜皮をすべて剥がして、新しい檜皮で葺いていくのです。これは昭和11年（1936年）の時の棟札ですが、こういうものもずっと残されています。遷宮のたびにどういう人がどういう風にしたかを後世に伝えるためです。

屋根の葺き替え

竹で作られた釘を口に含みまして打ち付けて檜皮を固定します。この釘を作る方は今や全国に2名しかおられません（※2）。この技術も将来に伝えて行くのは大変重要だと思います。皆さんの力によって屋根がきれいに出来ていくのです。

権殿の屋根が平成26年にできましたものですから、本殿から権殿に神様にお移り頂く仮遷宮を行いました。その際は御殿の前に幕をはりまして神様が移っていただくことになります。権殿の前には祭を行うために仮の板間を作りまして、1年間こちらでずっとお祀り致します。そして本殿のお屋根がきれいになって、権殿から本殿に御移りいただき平成27年10月に正遷宮を行いました。

今回はご神座という神様がおわすところの錦の帷《かた》子《びら》も復元新調しました。これも京都の技術で織成しています。

このように神様にも、私たちが生活していくうえで衣食住が必要なように、着るもの、食べるものと住むところが必要になります神道の神様は常に私たちと一緒におられます。私たちと同じ生活をされているという考えです。ですから、神様に着ていただく装束もあります。今は夏物、薄手の物が入っています。装束は毎年5月12日に、それまでの冬物の装束を出し、夏物の装束を御殿に入れます。そして11月12日には夏物から冬物に替えます。

食べるものについては毎朝午前6時ごろにはお食事（神饌《しんせん》）を差し上げます。着るもの、食べるもの、住むところはこのようになされています。これは神様がかぶる冠です。私たちの冠は纓《えい》という部分が垂れ下がっていますが、神様や天皇はそうではありません。立つた纓を使われます。

もちろん沓《くつ》もあるわけでして、そのほかに身を守るための宝刀もあります。弓矢も置かれ、食事に使われるお椀から生活に使われるものがすべてあります。これが神社の特色です。また神さまのご神座の中央には御茵《おしとね》と呼ばれるいわゆる座布団を納めます。神様がいつもおられるというしつらえになっています。神社の大きな特色ではなかろうかと思います。神さまはいつでも私たちとともにいらして私たちを守って頂いて

神様の装束

いるのです。こうして遷宮をもって昔からの形を伝えて行かねばならないと言うのが昔からの考えです。これらはすべて昔からの京都の伝統技術で支えられています。神様の衣服もしつらいもすべて京都の伝統工芸によるものなのです。しかし、何百年という時の中で、かろうじて技術は伝わっても材料が失われるものや、ごく僅かになってしまうものもあります。もちろん、技術が失われる危機に見舞われるかもしれませんが、遷宮という節目は伝統の技術を学ぶチャンスでもあるのです。

俳人の松尾芭蕉が言われたように「不易流行」という言葉があります。不易、変わってはいけないものと、流行、時代とともに変わって行くものとを指しています。変わっていいものもあるでしょう。ですが、その元は絶対変わってはいけないものがあるという考え方が大切にされています。

そしてそのことは私たちが学生時代に学んだ『御成敗式目』にも書かれています。これは鎌倉時代の北条執権時代の西暦1232年、貞永元年にできたものですが、その第一条に「神社を修理し祭祀をもっぱらとすること」と書かれています。神社のお祀りごとをしっかりやりなさいということなのです。この神さまはすばらしい大切な神様なんですよと。

誰もお参りするものがなく御殿の屋根も破れて雨漏りがする、そんな御殿に祀られている神様では神様として力を発揮することができない、御殿はきれいにし、ちゃんとお供え物をして神様に対する祭事をちゃんとしなければいけないということが書かれているのです。

私たちは常に神さまに対して毎日、毎日、おかげさまで平穏であることの感謝を常に心し、神さまに対する思い、ご加護を大切にしなければならないということがこの式目の第一条で書かれています。神社と云うものは、祀られている神様というものは私たちと一緒に生活されている、一緒になって守っていただいているのです。

世界にはいろいろな宗教がありますが、日本では神様に私たちと同じものを着ていただき、同じものを食べていただくのです。神は偉大で私たちと違うと言う宗教もあります。ですが、日本の神様は私たちとともにあるという考え方で、神様のご加護で毎日過ごさせていただいている、感謝の念を持っているというのが私たちの考えではないかと思うのです。神様と同じものを食べ、暑い時も寒い時も同じように暮らす。意識しなくとも神様と一緒にいる、というのが日本の文化です。

みなさまも機会がありましたら当神社、あるいはお近くの神社へお参りし神さまのご加護を念じられるのは大切なことではと思います。

［注釈］

（※1）京都市北区上賀茂本山にある。下鴨神社と合わせて賀茂社と総称し、上賀茂神社は上社と呼ぶ。続日本紀にも記され、社伝では天武天皇6年（677）に社殿造営と記される古社。本殿や権殿は国宝。毎年5月、賀茂社として執り行う葵祭は有名。

（※2）釘には鉄釘、木釘などがあるが、竹釘は字の如く竹を削って作った釘である。屋根の固定、竹製の縁台や袖垣などに使用される。出雲大社の屋根の檜皮の固定にも使われている。

渡邉　隆夫　氏

西陣織工業組合理事長

渡文株式会社代表取締役社長、京都府中小企業団体中央会会長。(一財)伝統的工芸品産業振興協会会長時代には伝統工芸士の認定制度の改善を図り全国各地の産地の振興を図るとともに、伝統産業を始め中小企業の振興・発展にも尽力。

今日は、西陣と西陣織の歴史、現況について皆さんにお話ししたいと思います。

西陣織にはさまざまな品種があります。伝統的な帯地や着物、金襴のほか、服飾品、洋装など多様な織物が作られています。こうした袋帯、なごや帯、綴帯から男女の着物、ネクタイ、さらにカーテンまでそのアイテムの多様さ、用途の広さは、多品種少量生産（※1）の西陣織ならではです。これが西陣織の個性なのです。

西陣織はそれぞれの織屋で、特色のある織物を織っています。そこが西陣織の面白みで、「真似」をしないのが西陣織の特色でもあるのです。そもそも伝統的工芸品は長い歴史と技術を積み重ねて現代へと受け継がれてきました。しかし、代々西陣織を作ってきた人たちは、歴史にはこだわらずに、新しい物を現代に生み出してきています。それには、それまでの時間や経験の蓄積、そして何よりも作り手の探究心や工夫が重要だと思うのです。

西陣産地の特徴と現況は、中小企業の集団といっても間違いはありません。西陣織の出荷額としては年間（平成30年）300億円を越えますが、そこに業者が約350社も存在するところに中小企業の集団であることがわかります。そして設備台数は力織機《りきしょっき》（※2）が2500台、手織《てばた》（※3）等約900台、直接、間接の従事者は約2万人に上ります。

西陣の名称は、約550年前の「応仁の乱（1467～1477）」（※4）の際に、西軍の陣の跡であったことから生まれました。また、織物の歴史としては、秦氏《はたし》の織技術によるもので平安時代にまで遡り、宮廷文化を中心に発展したというのが定説です。応仁の乱で諸国に避難していた職人たちは、戦乱が終わると東陣・西陣に帰還し、地方で習い覚えた新技術も加えて、京織物を再興しました。西陣で織物生産を生業としていた綾織物の職人集団を「大舎人《おおとねり》座」、東陣の練《ねり》貫《ぬき》職人集団「白雲村」は京都での営業権を争っていました。練貫は経糸《たていと》に生糸、緯糸《よこいと》に練り糸（精練した糸）を使った平織の絹織物です。1535（永承10）年の下知《げじ》により、京都が絹織物の生産を独占することになり、1548（天文17）年には「大舎人座」の職人のうち31人が足利幕府の官職に就き、「西陣」ブランドが確立されました。「西陣」の織物は、富裕な町人の圧倒的な支持を受け、元禄～享保年間に最盛期を迎えます。

明治に入って京都府は、1872（明治5）年に、フランスのリヨンに職人の井上伊兵衛、佐倉常七、吉田忠七を派遣して、ジャカード機（※5）を導入しました。それまでは人が高機の上に乗って、織り手の掛け声で機の上にいる職人が経糸を上げて杼《ひ》を通す、「空引き機」で複雑な文様を織っていました。

「西陣」という名称は西陣織工業組合の商標として登録がされていますが、西陣という行政区域は特になく、西陣織に携わる業者がある区域は京都全域に及んでおり、上京から北区、南は丸太町、北は上賀茂から東の烏丸、西は西大路にまで広がっています。

西陣織の形態は大別すると三つに分けられていて

①自分の工場でのみで生産をしている織屋、②織物業者が製織を委託する「出機《でばた》」のみで生産をしている織屋（これは業界制度で、京都市内だけではなく丹後地区などに多くみられる）、③自己工場と出機を併用して生産を行っている織屋に分かれます。

そういうことから見て、西陣産地は分業によって高度に発達したところでもありますが、もう少し具体的に見ますと、製織段階にいたるまでには数多くの準備工程が必要であり、西陣産地では、これらの工程が製織段階での出機のように、すべて分業で行われています。そのため、図案家や意匠紋紙業、撚糸業、糸染業、整経業、綜絖業、整理加工業などの専門の業者が独立して事業を営んでおります。

これらの業者は、いわゆる西陣の地域で織屋と混然一体となって存在し、それぞれの仕事を分担しています。西陣産地で社会的分業が高度に発展しているというのは、こうしたところに表れています。

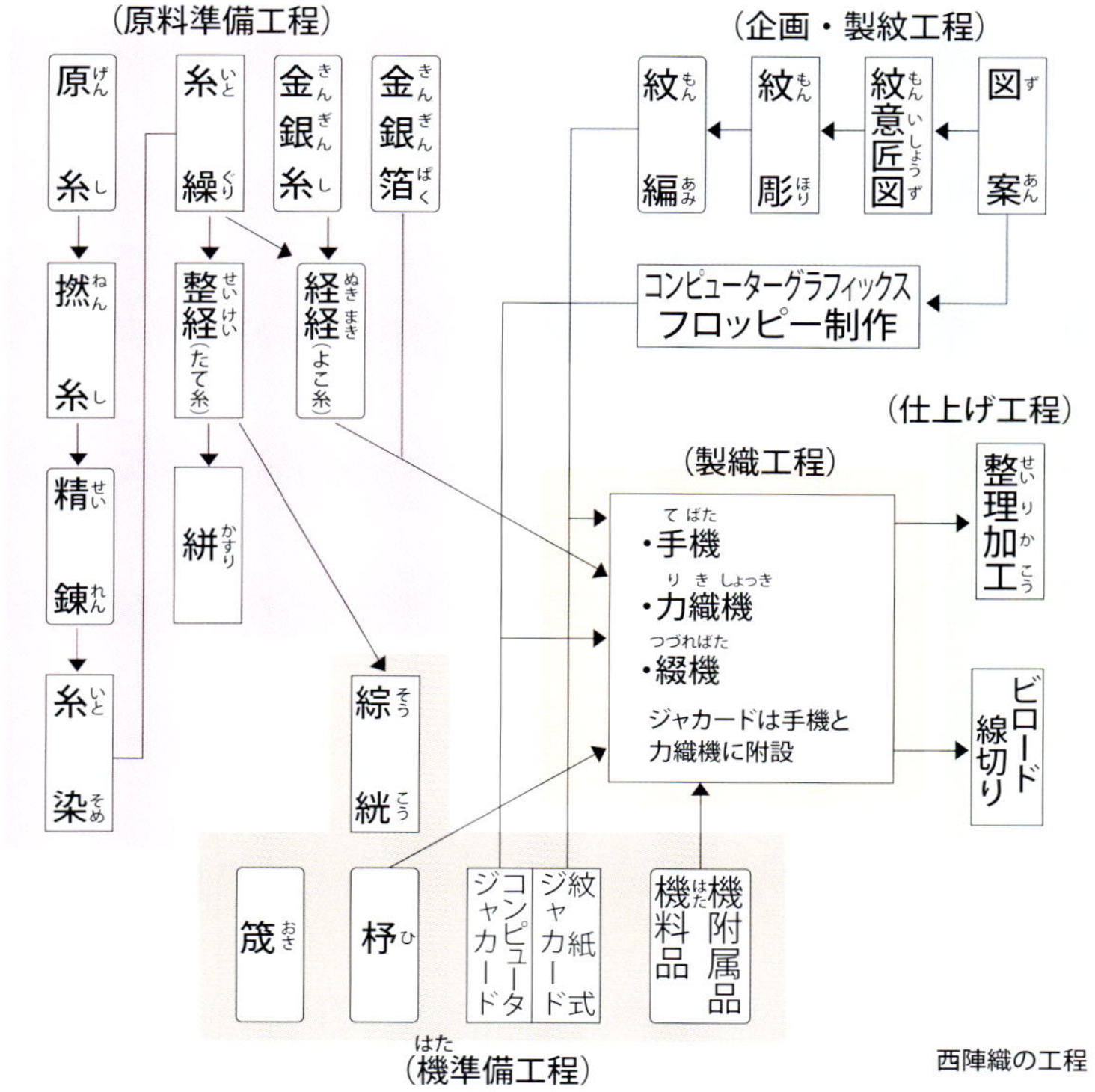

西陣織の工程

はじめに、西陣織にはさまざまな織物のアイテムがあるとお話ししましたが、西陣織の特色の一つは染色した糸を使って模様を織り出す織物という点です。だから、織り上がるまでには多数の工程を必要とします。これらの工程はほとんどが分業システムによって専門職の人々の手で行われていますが、大きくは「企画・製紋」「原料準備」「機準備」「製織」「仕上げ」の各ブロックに分けることができます。どの工程も欠かすことができず、一工程無くても織物はできません。どの工程も平等に必要。私はこれを水平分業制と呼んでいます。

企画・製紋工程では、織物の基本となるデザインや組織（経糸と緯糸の組み合わせ方）を決定し製織時に織機（ジャカード）に指示する紋紙を作ります。現在はコンピューター・グラフィックスを使用し、紋紙に代わってフロッピーやメモリーカードを使用することが主流です。原料準備工程では、織り出す織物に必要な種類の糸を準備（本数・長さ・太さ等）し、必要な色に染め、織機にセットできるように整えます。また、絢爛豪華な西陣織を織りだすために金糸・銀糸・箔な

紋紙と織機

ども準備します。先染め織物である西陣では、ここも非常に重要な工程です。そして、「機準備」では、織物を織るには、緯糸が通る杼道をあけるため、経糸を引き上げねばなりません。ジャカードの指令にもとづいて、経糸を引き上げる綜絖の工程を経て、最終の織物を織る製織へと移ります。どんな糸をどんな色で染めて、どう加工して柄をつくるか。職人は一人一人が織物デザイナーとしての役割を果たしています。織物全般のことを熟知していないとできない作業です。西陣では使っている織機には「手機」「力織機」「綴機《つづればた》」があります。

　また、「綴機」の作業は、ジャカードの作用によらず、西陣は、独特の爪掻で紋様を表現してゆく織り方で、西陣織の中でもっとも歴史のある手法の一つです。すべてを人の手足で操作して、文様は下絵を見ながら織師の感性で織り上げます。そのため同じものは二つと存在しません。爪で掻き寄せ織り込む爪掻の文様はたとえ、おなじ文様であっても厳密におなじ文様には織り上がりません。織る人の爪を見てもらえばわかりますが、爪先がギザギザになっています。「西陣爪掻本《にしじんつめかきほん》綴織《つづれおり》」といい、爪で織る芸術品とも言われているほどです。機械は使わず、人の手足のみで操作する「綴機」を使用し、「爪掻」という伝統的な技法で文様を織り上げます。この時、緯糸で経糸を包み込むように織るため、表面に経糸が見えないように織り込んでいくと、表裏とも同じ模様が現れるのです。文様そのものは立体的な仕上がりになります。

　次に絹糸の話をします。カイコは絹を吐いて繭を作ります。なぜカイコが繭《まゆ》を作るかというと、カイコは、イモムシのような形態の幼虫から羽根のある蛾になります。この間、安心して天敵から身を守るため、シェルターのようなものを自ら作ります。このシェルターが繭です。

　カイコとは家蚕《かさん》と呼ばれる、家畜化された昆虫のことです。鱗翅目《りんしもく》カイコガ科の昆虫で、家畜化されているので家蚕と呼ばれますが、一方、家蚕に対して野蚕《やさん》は自然の中に生きている昆虫のことです。養蚕とは、家蚕を飼育することで5000年の歴史を持ち、中国で始まったと言われます。日本へは中国から伝わり、紀元前200年頃から平絹が出土しています。283年には秦氏が養蚕と絹織物の技術を伝え、奈良時代には各地で養蚕がおこなわれるようになり、絹は租庸調の税金にもなりました。現在の日本の遺伝子技術は明治期より始まった養蚕技術の開発によって世界一になりました。

カイコは卵から育て、脱皮と「眠《みん》」を4回（春蚕、夏蚕、初秋蚕、晩秋蚕）繰り返し、5齢目で繭を作り蛹になります。この間、桑の葉を盛大に食べ、約1カ月。繭を作る期間は環境などによっても変わります。繭は熱乾燥し、中の蛹は死にます。これを乾繭《かんけん》といいます。この繭を温かなお湯に浸し、繊維質をほぐして糸口を引っ張るように引き出して、糸をとります。1本の糸は約2~3デニール。一般的には4~11個の繭

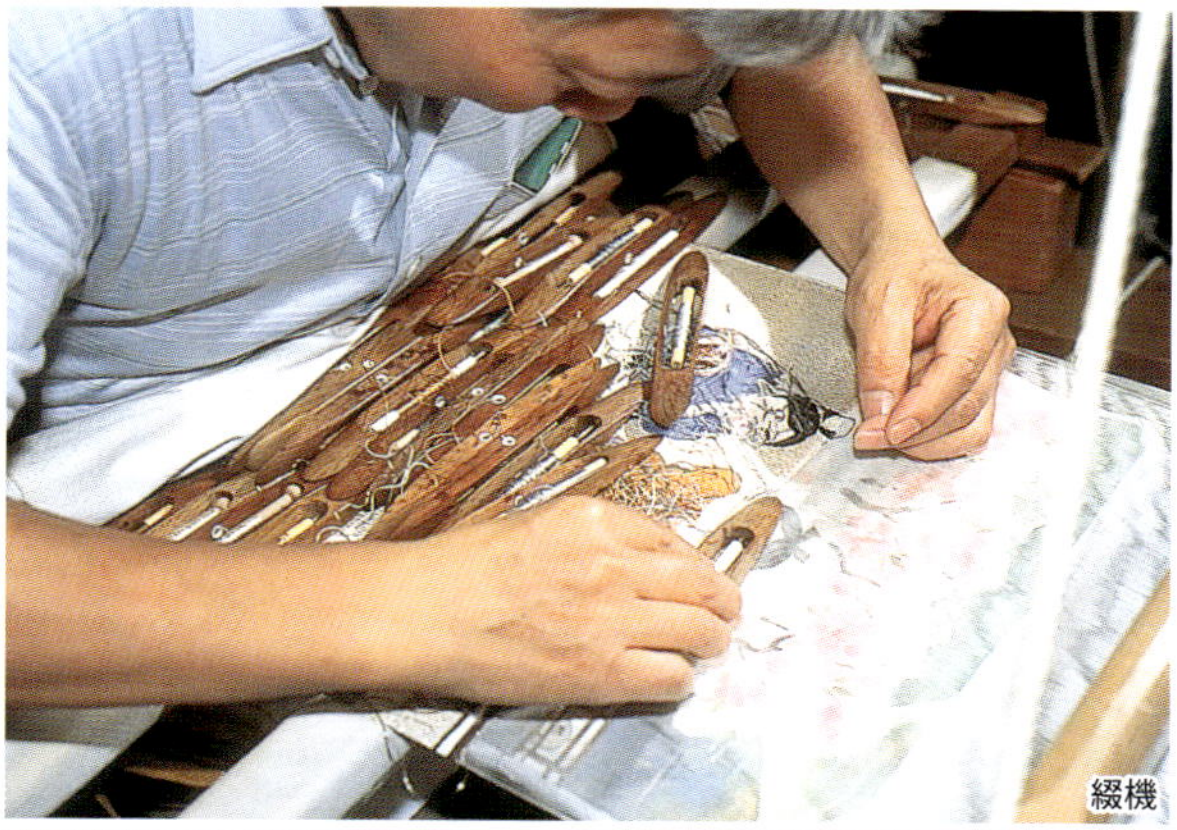
綴機

手機

力織機

を合わせて1本の糸とし、これを生糸といいます。

一方、野蚕には、様々な色の繭があります。緑色の繭が美しい天蚕《てんさん》や柞蚕《さくさん》など、家蚕にはない独特の味があります。絹の特性は何と言っても、美しく、こしがあることです。また染色性も良く熱を伝えにくく、光沢、風合いが良い、深みのあるつやがあるのが特徴です。琉球多蚕繭《たさんけん》といって一つの繭に2~3匹入っている大きな繭もあります。これは家蚕ですが、糸には太細のフシがあり規格外の糸として扱われます。最初は大島紬を織るのに使っていました。もともと紬は野蚕や家蚕のなかでも不揃いではねられたものから自家用に織られたものです。

蚕の糸を延すのには、お湯に付けてクルクル回します。蚕が吐く絹糸はわずか0・02㎜という細さですが、吐糸管《としかん》から吐きだされるときにまとめられて1本になるため、蚕は繭をつくるために、2日以上もこの糸を吐き続け、その長さは約1500mにもなるのです。これほど丈夫な長い天然の繊維はどこにありません。

ただ、繭一個だけでは織物にはなりません。蚕の繭を乾燥させて糸を引き出し、ほぐしたたくさんの繭をほぐして糸にします。それだけでもだめで、糸をあわせて生糸をつくるのです。蚕は繭になってからおよそ12日間で羽化してしまうため、急いで蒸気の熱で繭を乾燥させます。それを「貯繭《ちょけん》」といいます。主な工程としては、製糸に虫食いがないかを選択する「選《せん》繭《けん》」とか、繭をほぐしやすくする「煮繭《しゃけん》」やゴミを取り除く「繰糸《くりいと》」といったきめ細やかな配慮でやっと終了です。

この後、織るためには精練や撚糸《ねんし》の工程が必要です。精練は苛性ソーダなどで洗うことで、生糸に付着しているセリシンなど取り除きます。これにより、白が鮮やかになり、糸も滑らかになります。

撚糸は糸に撚りをかけることで、生糸を2本以上揃えて撚りをかけると丈夫になるだけでなく、S撚り、Z撚りなど、撚りをかける方向によって織物の風合いが変わるなど、撚糸によっていろいろな可能性を展開することができます。

ここまで、西陣織の形態や特色についてお話ししましたが、この先は少し私の個人的な西陣に対する思いなどを皆さんにお話ししたいと思います。

　私は子どものころから父親の仕事風景を見て、自分が父親と同じ道に進むのは必然であると確信していました。大学卒業後、東京の呉服問屋に入社し、1964年、25歳の時に父の会社である渡文に入りました。そのころから今に至るまで、ええもんを作るために、トップクラスの職人に頼んで仕上げていく。そのために自分にしかできないことがあると考えてきました。

　現代で言うと、「ディレクター」や「プロデューサー」に近い仕事です。その中でも大きな仕事は西陣織の完成図を考えることです。例えば、デザインソースをどっから持ってくるのか、材質はどういうものを使うか、そのための加工をどうやってするのか、設計はどうするのか。西陣織に関係するさまざまなことを考慮して、これらのことは一人ひとりの職人に伝えるようにしています。

　そうはいっても、製作総指揮という仕事は単純に美意識があればできるというものではありません。西陣織の一つひとつの仕事を理解することはもちろん、古今東西のデザイン・美術の知識の蓄積も必要であす。そのためには、多くのトップクラスの職人さんたちと対話し、物作りの理屈や思想を共有するように努めてきました。そうすることで自分の感覚を高め、物の良し悪しを判断できるようになったと考えています。現在、渡文の製作総指揮が出来ているのは、そうした職人さんたちとの対話の賜物なんです。

　古今東西のさまざまな物に、新しいデザインの可能性が含まれていると私は考えています。ですから、私はギリシャ織物など、歴史のひも解きはもちろん、現代のデザイナーの仕事にも注目しています。これらはすべて、西陣織のさらなる可能性のためです。

　いいデザインは、パッとしたひらめきで出るのではありません。日ごろから、何を見、何を考え、何を感じてきたかという経験の蓄積が大事なのです。たとえば縄文土器の文様を新しい帯のデザインに利用できるのではないか。もしそれを利用するなら材質や加工はどうしようかと試行錯誤する。そこに可能性が潜んでいると思うのです。我々は魔法使いとは違います。

創造的な仕事をするには、どこかにヒントがあるはずです。以前、帯の織見本を見て「これだけでも結構おもしろいな」と思ったことから、織見本をそのまま帯にしたところ、思いがけずヒットしました。固定観念でものを見ていてはいけない、ということですね。

特にいま、私が着目しているのは、禅宗と言う日本の宗教が日本人の美意識を創造しました。それは、不要なもの削り取る、そして「間」を開ける。簡潔を旨として、そぎ落とした余分のないものを美の究極とします。要らない物だけを削り必要な物だけを残すということは日本特有のデザインの思想であり、日本のデザインの原点です、禅僧の美意識はすごいなと思いますね。京都特有の絢爛豪華な表現はもちろん、足し引きが完全になされた最高の形を求めることは探究心をくすぐります。禅僧がかつて描いた美を西陣織に溶け込ませ、新たな形を世に提案したいものですね。

先ほども言いましたが、私は、西陣織の面白みは、「真似」をしない所だと思っています。伝統的工芸品は長い歴史と技術を積み重ねて現代へと受け継がれてきたものです。しかし、代々西陣織を作ってきた者たちは「西陣織は歴史にはこだわらない。なぜなら人の真似をするのが忌み嫌われる。新しい物を現代に生み出すためには必要なことや」、と言います。新しい物とは、無から有へとポンと魔法のように生まれるものではない。それまでの時間や経験の蓄積、そして何よりも作り手の探究心や工夫が重要なのです。

そう考えると、西陣織ってコンテンポラリーだと思いますね。経糸と緯糸が織りなす西陣織は平面である染色とは異なり、立体的な文化であるともいえます。今も手作業であることを考えると、3周遅れてやってきた経と緯の交る文化であり、デジタルな発想も可能な多重層の織物なのです。そこにどんな糸、色を合わせていくか。どんな織物をつくっていくか。糸の太細、絹・綿・麻などの天然繊維から、ポリエステルのような人工繊維、また、金・銀等も利用してあらゆる糸材で立体的に織り上げる技術が西陣にはあり、世界初の織物をつくることもできるのです。

伝統という言葉の裏側にある「古い」や「前時代」のイメージに捉われず、いつの時代でも西陣織は新しい物や新しい考え方を提案し続けてきました。だからこそ、過去の歴史にはこだわらないのです。

長年、御所の織物として頂点を極めてきた西陣織は、庶民のファッションとしての歴史はまだまだ浅いと考えています。西陣織と庶民との接点が生まれたのは近代からで、長い間、公家や皇族しか着られなかったものが、徐々に庶民へと広がり、戦後、正装としてはもちろん洋服と同様にファッションとしても楽しめる時代を迎えました。

帯だけでない西陣織の魅力、楽しさにいち早く気付いたのは女性です。まず、古裂《こぎれ》としての可能性に着目し、古裂で現代の日常生活に合った小物や雑貨を作りました。洋服などファッションに取り入れたのも女性です。同時に、タンスの中に眠っていた着物や帯をリサイクルする喜びにも目覚めました。今ではどれも当たり前のことですが、30年ほど前、まだ誰もしていなかったことを始め、今では一つのジャンルとして確立しています。

西陣織をはじめ、織物にとっていかにその時代のファッションに合わせたものを総合的に作るかが重要だと思っています。たとえば、カーテンならカーテンだけ、女ものなら女ものだけと、一つの物を作るだけでは織物業界は衰退してしまう。現代の多くの人が身につけたくなるものを多種多様にそろえることで、生き残れます。

その多彩な活動によって作る量が増えることで同時に職人の腕を磨く良い機会になり、次の時代を担う人材育成も果たせるはずです。現代を生きる私たちは、これからもコンテンポラリーなものを提供し、西陣織の可能性を広げていきたいものです。

◇　◇　◇

渡邉　私の話はこのあたりにしまして、この京都学講座の主催者である京都造形芸術大学の大野木啓人さん（常務理事・教授）に登壇していただいて、対談する形で話を進めさせていただこうと思います。

大野木　今の渡邉さんのお話を聞いていますと、明治になってから日本で短期間に絹糸つくりが広がったのですが、それには何か特別な理由がありましたか。

渡邉　まず。その時代のヨーロッパ、南北アメリカでスカートをはくようになり、ストッキングが必要となりました。当時ストッキングの原料は絹だけで、そのため急激な需要が起こりました。そのころは、絹の産地としては中国、ヨーロッパが中心でしたが、フランス、イタリアの蚕はウィルスによって急に亡び、年によって生産量にばらつきがありました。一方、日本は、寺子屋での、「読み書きそろばん」教育で男女問わず識字率が90％にも達し、また、道徳教育も高く、工業生産に必要なチームワークもある国民性でした。蚕は衛生学に基づく飼育が必要で、養蚕業は、またたく間に日本のお家芸となりました。今で言うところの知識産業です。

大野木　私が今着ている着物は古い伝統的技術とは違って、新しい提案の着物なんですよ。これを着ていますと見た目は着物ですが、デニムの生地でできていて心はカジュアルなんです。なかなかいい感じですよ。もう一つ宣伝させてもらいますと、履いているシューズですが、これは学生のアイデアで出来たものです。見た目は草履のようで、これなら着物を着ても楽にはけて違和感がないんですね。とても人気があるんですよ。西陣でも伝統的技術だけでなく、新しいことにチャレンジされてますが、こういうことも大事ですね。

渡邉 おっしゃる通りです。昔から西陣では着物だけではなく、広幅織物（※6）をしていたんですが、私が理事長になった時には、昔20軒近くあった広幅織物の業者が2軒になったんです。小幅織物（※7）より早くすたれたんですね。

大野木 長い歴史の中で、織物を作る人間の感性に一番適し、作業もしやすいものが創造されて残ってきたということでしょうかね。

渡邉 そうですね。

大野木 昔からの技術や伝統を「守ろう、守ろう」としている西陣を、どんどん新しいものを取り入れていけばどうかという考えがありますね。例えばここにある昔の生糸ですが、やはりこれは新しい技術で置き換えるとか、できないものですか。

渡邉 いくらでも可能ですよ。例えば科学繊維がなかった時に、いろんなテクニックで挑戦してきましたね。

大野木 いまこれぐらいのものを再現しようとして、今の技術でできるということですね。西陣ではこれまで技術を積み上げて良いものを作ってきてるのですが、最近はライフスタイルが変わって今までの良いものは高いのでやめておこう、１００均でいいやというような時代になってますね。こうした風潮の中で、業界をどうしていくか、大変難しいと思うのですが、なにかいいヒントはありますか。この講座も十二、三回やってきましたが、なかなか

いい答えが出ないのですが。

渡邉 はい分かりました、というのは大体うそですよ。伝統的な産業の現状をみていると、苦戦しています。いまは、少子化、高齢化で昔と違って社会に大きな変化が起こっています。小手先のことではなくもっと本質的なことを考えてやっていかないとね。合理的なことばかりでなく、非合理的なことも自分の生活の中に取り入れていくことも大事ですね。難しいことですが。

大野木 確かに心の問題は大きいですね。経済観念だけではいけないでしょうね。これからの世の中は、思いやりをもって生きていくことが大切だと思ってます。うちの大学も、心豊かに思いやりを持って生きる人間をどう育てるかというのが課題です。これからの時代は、良いものを愛し、自然を生かす、また優れた工芸がないと世の中が味気ない。その時に、伝統的工芸品のようなものが大事だと思うのです。そういうものが無くなったら本当にうるおいのある生活ができるのかと思いますね。世の中が味気ないですよ。そうでないと世の中がどんなに便利になっても、人間のモノづくりはなくてはならない仕事だという気がしていますね。

渡邉 日本人のアイデンティティーが何かといえば、やはり伝統文化、伝統工芸を大切にし、生活に生かしていくということでしょ。合理的なことばかりでなく、非合理的なものも大事にしていく。こういう世界をつくっていかないといけないですね。

大野木 京都は日本の文化が凝縮されたような場所ですね。そこで今、職人さんの後継者がいないという問題があります。また伝統的な産業の原材料の入手難という問題も出ています。新しいことは取り入れ、時代に合わせながら物を作ることは大事ですが、職人の手がかかっても、手作りのものを大切にして楽しめる、そういう世界が心豊かな世界だと思うのです。理事長はこれからやりたいということはどんなことですか。

渡邉　やっぱり西陣地区の発展に力を尽くすことですね。産業振興だけでなくね。西陣地区は大変交通網が悪いんですよ。電車を走らせるとかいろんなやりたいことはあるんですが、現実的なこととしては、地域の広告塔的な働きをしないといけないかな、とは思ってますね。

大野木　理事長は結構、言いたいことを言われるけど、それが誰もが認める人柄で、リーダーシップをもってやっておられる。私たちもそのやり方、人柄から勉強させてもらってます。考え方も若いし、フットワークもよい方なので、これからも文化やモノづくりなどいろんな面でいいにくいことも言ってもらってしっかりやってください。

渡邉　私ももう80歳ですからね。合理的とか非合理的とかという発想ではなく、ともかく京都や西陣のために、積極的に言うべきことはいうようにしてやっていこうと思います。

［注釈］

（※1）少品種大量生産向けの生産システムに代わって、市場の変化や顧客ニーズに対応するため、多様な種類少の製品を少量ずつ生産すること。

（※2）機械動力式の織機。最初はイギリスで製造されて、織物生産の主役となり、産業革命を主導した。

（※3）機械式の織機に対して、職人が手で織る手織はいまでは伝統的な布や高級品、工芸品をつくる際に使われる。

（※4）室町時代の応仁元（1467）年に発生し、11年間にわたって争われた内乱。室町幕府の家督争いから、京都を舞台に、細川勝元と山名宗全が東軍、西軍に分かれて争った。

（※5）織物をパターン通りに仕上げるために、パンチカードを使用した最初の力織機。

（※6）反物の幅が普通幅のものより広いものをいう。着物だけでなく、布団や洋服地、カーテンなどに対応している。

（※7）幅の狭い織物で、日本の和服用反物の一般的な幅。

あとがき

京都には、平安京遷都以来の1200年の悠久の歴史の中で育まれてきた素晴らしい文化や伝統が今も脈々と受け継がれています。しかし現代においては、伝統・文化にあまり関わることなく過ごす人が増えてきています。このままでは、京都の、ひいては日本の文化はどうなってしまうのか。

そこで本学では、京都の伝統・文化をより深く学び、継承していくために「京都学」と題した講座を開くことになりました。伝統・文化を担う各界を代表する方々15人、そうそうたるメンバーを講師にお招きし、それぞれの視点から京都の魅力を語っていただきましたが、改めて、京都とは、伝統とは、といったことを考えさせられたのでした。

伝統……言葉で表すと簡単ですが、受け継いできた方々の努力は並大抵のことではなかったでしょう。各々さらりと語られていましたが、その歴史は濃密で、また背負われた責任の重さは計り知れません。覚悟を決めた方々の思い、熱意はたいへん尊いものに感じました。

京都という場所だからこそ、多くの素晴らしい伝統文化、伝統工芸品が生まれました。御所を中心とする貴族、寺院、武家の人々によって育てられ、洗練されてきました。素晴らしい使い手たちです。では、現代、人々はその伝統・文化に向き合い、共に歩いて行けるような心構えを持っているでしょうか。日常生活から遠ざけてしまい、自ら触れに行こうとする人はどれだけいるでしょうか。

京都学で伝えたいのは、京都にあって当たり前と思いがちな伝統・文化の世界を、これからの未来のために私たちも継承していかなければならない、ということです。私たちとは「使い手」のことです。伝統・文化を担う人々、つまり「作り手」とともに伝統・文化を支え合うべく、私たちは傍観者ではなく「作り手」を育てられるような「使い手」にならなければなりません。

今回の講義を一冊にまとめ、より多くの人に京都における伝統・文化の奥深さ知っていただき、興味を持っていただければと思っています。

最後になりましたが、京都学講座の講義内容を適宜校正しまとめ上げ、出版にご尽力くださった本学顧問の宇野佳男氏、准教授の岡村暢一郎氏、京都新聞出版センター様に厚くお礼申し上げます。

京都造形芸術大学常務理事・教授
大野木　啓人

●写真協力（50音順）

華道家元池坊

賀茂別雷神社（上賀茂神社）

祇園甲部歌舞会

京鹿の子絞振興協同組合

京都迎賓館

京都市伝統産業課

京都市歴史資料館

京都市生涯学習総合センター（京都アスニー）

京都造形芸術大学企画広報課

公益財団法人京のふるさと産品協会

宮内庁正倉院

一般財団法人今日庵

今日庵文庫

株式会社実業広告社

下出蒔絵司所

松栄堂

松竹株式会社　南座

田畑コレクション

ＤＮＰアートコミュニケーションズ

西陣織工業組合

服部和子きもの学院

柊家

瓢亭

溝縁ひろし

㈲サブアーツ

●参考文献

『京風着つけ』発行 主婦と生活社、著 服部和子

『きもの・てきすと』発行 服部和子きもの学院、著 服部和子

『南座』発行 文献書院（1929年）、著 堂本寒星

企画　学校法人瓜生山学園 京都造形芸術大学、京都新聞 COM

制作プロデュース　宇野佳男
企画・制作協力　株式会社実業広告社

取材協力　プロネット京都
編集協力　佐々木歩
装丁・デザイン　京都新聞印刷

～京都造形芸術大学「京都学」～
京都で育まれてきた日本の伝統と文化の真髄

発行日　2019年4月8日　初版発行　©2019
監修　大野木　啓人
編者　宇野　佳男
　　　岡村　暢一郎
発行者　前畑　知之
発行所　京都新聞出版センター
〒604-8578　京都市中京区烏丸通夷川上ル
TEL075-241-6192　FAX075-222-1956
http://www.kyoto-pd.co.jp/book/

本書は京都造形芸術大学において「よい使い手、よい作り手」をテーマに実施された平成30年度「京都学」における講義記録を基に、15人の講師皆様の協力を得て編集し、まとめたものです。
平成30年度　京都造形芸術大学「京都学」
担当教員　岡村暢一郎（准教授）、中山博喜（准教授）
コーディネート　大野木啓人（常務理事、教授）、宇野佳男（顧問）

印刷・製本　双林株式会社
ISBN978-4-7638-0716-8　C0095
Printed in Japan
・定価はカバーに表示しています。
・許可なく転載、複写、複製することを禁じます。
・乱丁・落丁の場合は、お取り替えいたします。